メンタルスペース理論による日仏英時制研究

ひつじ研究叢書〈言語編〉

【第67巻】古代日本語時間表現の形態論的研究　　　　　　　　鈴木泰 著
【第68巻】現代日本語とりたて詞の研究　　　　　　　　　　　沼田善子 著
【第69巻】日本語における聞き手の話者移行適格場の認知メカニズム
　　　　　　　　　　　　　　　　　　　　　　　　　　　　　榎本美香 著
【第70巻】言葉と認知のメカニズム−山梨正明教授還暦記念論文集
　　　　　　　　　　　　　　　　　　　　　　　児玉一宏・小山哲春 編
【第71巻】「ハル」敬語考−京都語の社会言語史　　　　　　　辻加代子 著
【第72巻】判定質問に対する返答−その形式と意味を結ぶ談話規則と推論
　　　　　　　　　　　　　　　　　　　　　　　　　　　　内田安伊子 著
【第73巻】現代日本語における蓋然性を表すモダリティ副詞の研究　杉村泰 著
【第74巻】コロケーションの通時的研究−英語・日本語研究の新たな試み
　　　　　　　　　　　堀正広・浮網茂信・西村秀夫・小迫勝・前川喜久雄 著
【第76巻】格助詞「ガ」の通時的研究　　　　　　　　　　　　山田昌裕 著
【第77巻】日本語指示詞の歴史的研究　　　　　　　　　　　　岡﨑友子 著
【第78巻】日本語連体修飾節構造の研究　　　　　　　　　　　大島資生 著
【第79巻】メンタルスペース理論による日仏英時制研究　　　　井元秀剛 著
【第80巻】結果構文のタイポロジー　　　　　　　　　　　　　小野尚之 編
【第81巻】疑問文と「ダ」−統語・音・意味と談話の関係を見据えて　森川正博 著

ひつじ研究叢書〈言語編〉第79巻

メンタルスペース理論による日仏英時制研究

井元秀剛 著

ひつじ書房

目　次

1章　序論	1
2章　テンス・アスペクト・モダリティ	5
2.1.　概観	5
2.2.　スペース	22
2.3.　メンタルスペースにおけるテンスとアスペクト	25
2.3.1.　基本スペースとテンス	25
2.3.2.　アスペクト	32
2.3.3.　メンタルスペースによるテンス・アスペクト規定の特徴	36
2.3.4.　フランス語の大過去と前過去	38
2.3.5.　日本語のテンス形態素「―シタ」の記述	42
2.4.　時制形態の価値	45
2.4.1.　現在形	45
2.4.2.　未来形	54
2.4.3.　過去形	62
3章　従属節の時制	67
3.1.　英語における間接話法の時制をめぐる問題	67
3.1.1.　現在形、過去形の解釈の多様性	67
3.1.2.　未来形の制約	68
3.1.3.　BASEからのアクセス制約	69

3.2.	Cutrer (1994) による間接話法の原理	70
	3.2.1. Access Path: V-POINT/@ →ターゲット	73
	3.2.2. Access Path: BASE → V-POINT/@ →ターゲット	74
	3.2.3. Access Path: V-POINT/BASE →ターゲット	80
	3.2.4. 関係節との違い	83
3.3.	Cutrer (1994) 説の問題点	84
3.4.	改案	85
3.5.	Cutrer (1994) の問題に対する解法	90
	3.5.1. 現在形、過去形の解釈の多様性について	90
	3.5.2. 未来形の制約について	91
	3.5.3. BASE からのアクセス制約について	93

4章　日本語と談話構成原理　95

4.1.	言語による時制選択の異なり	95
4.2.	日本語における相対テンスと絶対テンス	96
4.3.	談話構成原理と日本語	97
4.4.	日本語のテンス形態素「―シタ」の本質的機能とテンス・アスペクト	104
	4.4.1. 提起した問題の解答	104
	4.4.2. 形態素「―シタ」の全体像	115
4.5.	BASE initial 言語と BASE final 言語	132
	4.5.1. 日本語は EVENT よりの視点をとる	132
	4.5.2. 過去形の語りにおける現在形の混在	134
4.6.	日本語の視点制約	137
4.7.	結論	140

5章　過去と仮定性　143

5.1.	考えるべき問題	143
5.2.	仮定性にまつわる用語について	145

5.3.	フランス語の半過去と過去性	146
5.4.	過去性と蓋然性	150
5.5.	日本語における過去性と仮定性	154
5.6.	英仏語における過去性と仮定性	160
5.7.	英仏語における帰結節の構造	163
5.8.	英語の仮定法構文のスペース構成	165
5.9.	結論	170

6章　フランス語における « aller + inf »（近接未来）　171

6.1.	形式	172
	6.1.1.　PRESENT PROSPECTIVE	172
	6.1.2.　PAST PROSPECTIVE	173
6.2.	構造から導かれる性質	174
	6.2.1.　構文制約	174
	6.2.2.　quand 節の中に置くことができない	176
	6.2.3.　BASE から断絶した未来に FOCUS を置けない	178
	6.2.4.　FOCUS においてイベント P は未実現である	179
	6.2.5.　否定文で現れにくい	179

7章　フランス語の半過去　181

7.1.	概観	181
7.2.	半過去の基本的属性の現れ方	196
	7.2.1.　IMPERFECTIVE	196
	7.2.2.　PAST	224
7.3.	半過去がもつ派生的性質	238
	7.3.1.　含意	238
	7.3.2.　直前状況型スペース構成	240
7.4.	半過去まとめ	251

| 8章　結論 | 255 |

参考文献	257
あとがき	263
索引	265

1章　序論

　本書は、Fauconnier(1984 英語版は 1985)にはじまるメンタルスペース理論を用いて、現代のフランス語、英語、日本語という言語が個別に備えている時制体系を、統一的に、一般言語学的観点から記述することを目的にしている。メンタルスペース理論は発表の当初から言語学をはじめ、哲学や心理学など広範な領域で注目を集めた理論で、Fauconnier(1997)から Fauconnier & Turner(2002)というように発展を遂げてきた。当初は言語の指示をめぐる極めて有力な言語理論の 1 つと考えられてきたが、今では人間の思考に関する認知科学上の理論として言語学の範囲に収まらない内容を扱うようになってきている。もっとも、本書の関心はもっぱら言語学内部に留まるものであるから、Brending theory と呼ばれるようになってきた Fauconnier(1997)以降の理論には直接かかわらない。あくまで、Fauconnier(1997)までの、意味論から語用論にまたがる内容を形式的妥当性を重視しながら構成された言語学の理論的装置として用いるものである。

　この理論におけるテンス・アスペクト研究は、Fauconnier(1997)も引用している Cutrer(1994)に始まるもので、ほとんどこれが唯一のものであると言ってよい。Cutrer の独創性は、とりわけ伝達文における時制選択の制約を Fact/Prediction 原理という法則を持ち出して記述したことにある。筆者は Cutrer の考え方に基本的には賛成しながらも、彼女とは異なる見解を持っており、Cutrer のこの原理をどのように修正発展させることができるのか、という問題が本書がまず取り組むべき問題である。さらに Cutrer(1994)の分析は、フランス語を少し扱っているものの主として英語の分析が中心になっ

ており、本格的な対照研究を行う段階にまでは達していない。筆者は本書において、3つの言語の対照にこの理論を用いることにより、理論的にもさらなる精緻化をはかりたいと考えている。さらに、いかなる言語理論といえども、それが単なる原理の図式化の段階で終わってしまうならば、個別言語の文法機能の研究にはあまり寄与しない。そこで本書は、具体的にこの理論を用いて、フランス語の特定の時制形式の分析にどのような光をあてることができるか、という試みを行ってみたい。

以上のように本書が問題にする研究の内容は、大体以下の3つに絞られるであろうと思われる。

(1) 理論的研究：メンタルスペース理論をより一般性のある時制体系記述の原理として整備することである。
(2) 対照研究：メンタルスペース理論の枠組みに基づき、仏英日本語の比較対照を行うことである。
(3) 個別言語の記述：メンタルスペース理論の枠組みに基づき、個別言語における時制体系の精密な分析、記述を行うことである。

この3つの内容にそって本書は以下のように構成される。

2章　テンス・アスペクト・モダリティ

ここではまず、本書が扱う諸概念の一般的な定義から始まって、メンタルスペースの操作概念の規定、さらに、この理論の観点からテンス・アスペクト・モダリティがどう扱われるかという方向で進めていく。この議論の中で、抽象的に規定されるFUTUREの指標にフランス語の「未来形」はあてはまるものの、英語のwill形はあてはまらないというように、個別言語の時制形式の対照も扱うことになる。

3章　従属節の時制

Cutrer(1994)によるいわゆる間接話法の時制についてCutrer(1994)が提示した問題を概観し、その問題点を指摘したうえで、解決法を前章の議論をふまえて展開する。前章と本章の扱うテーマが主として(1)の理論的研究にあ

4章　日本語と談話構成原理

　本章と次章が筆者のオリジナルな主張に基づき展開される、本格的な(2)の対照研究に相当する。装置として用いるのはCutrer(1994)が提案した「談話構成原理」であるが、彼女が提案した原理を日本語にあてはまるようにするには、いくつかの原理を逆転して適応しなくてはならないことを提案する。日本語と英仏語の間の大きな違いは、V-finl言語である日本語の場合、「述定の内容のあとに時制要素」が付加されるに対して、V2言語である英仏語では、「時制要素の後に述定の内容が明示される」ことにある。V2言語を基にしたCutrerの談話構成原理では、話し手の「今ココ」に相当するBASEと呼ばれるスペースから出発し、そこから述定の内容であるEVENTと呼ばれるスペースに視点が移動するとされているが、日本語は逆にEVENTに最初の視点があって、視点は最後にBASEに戻ってくるというような構造になっているのではないか、というのが筆者のアイデアである。これによって、なぜ日本語では文章がイベントよりに記述され、過去のできごとの記述の中に現在形が頻出するのか、ということをはじめとし、英仏語と日本語の時制選択の違いが理論的に説明できるという主張が中心になる。

5章　過去と仮定性

　この章も前章の内容をふまえている。まず、多くの言語で仮定法の前件に過去形が用いられるのはなぜか、過去形と反実仮想性の関係をどうとらえたらよいのか、という問題意識からはじめる。そして、反実性と過去性との関係においても、日本語と英仏語では異なっており、英語やフランス語ではif節の内容を後置できるのに、なぜ日本語ではできないのか、という問題も含めて、過去性に対する理論的な考察を深めていく。

6章　フランス語における « aller + inf »（近接未来）

　この章と次章が(3)の個別言語の記述にあたる。この章では今までそれほ

ど深く研究の対象にとりあげられてはいないが、メンタルスペース的アプローチが有効な説明を提示できるテーマとして、近接未来の形式である« aller + inf »をとりあげる。この表現の様々な制約がメンタルスペースの規定でうまく説明が可能であることを示す。

7章　フランス語の「半過去」
　この章では逆に、フランス語学の伝統の中で最も多く議論が重ねられてきた「半過去」の時制形態の分析に、メンタルスペース理論がどのようにアプローチできるかを問題にした。ここではあえて網羅的に「半過去」のあらゆる用法を検討し、それらがすべてメンタルスペースによるPAST + IMPERFECTIVEという規定で説明可能であることを主張する。

8章　結論
　全体のまとめと今後の展望を記して本書をしめくくる。

　以上が全体の構成である。

2章 テンス・アスペクト・モダリティ

2.1. 概観

　動詞の研究の中でテンスとアスペクトに関する問題は、最も論文の数が多く、言語の研究にとって中核をなすことがらである。日本語で「時制」「相」と訳されるこれらの概念について、まず一般的な定義を与え、その上でメンタルスペース理論ではどのように分析されるのかという手順で述べていきたい。

　一般にテンスとは動詞で示される事行[1]が時間軸の上でどこに位置づけられるかを話し手の位置から示す標識のことを言う。事行のどの部分を描くにせよ、その事行全体を時間軸上に位置づけるわけであるから、事行の外側からみている時間ということで、工藤(1995)は、テンスを

（1）　基本的に、過去、現在、未来のような〈発話時を基準軸とする、出来事の外的な時間的位置の相違〉を表し分ける文法範疇である

（工藤 1995: iii）

と定義している。最も代表的なのは過去形で、多くの言語で事行が過去であることを表す動詞の形を持っているのが普通である。次に多いのが現在形であるが、これは有標の過去に対し、無標の「非過去」を示すのが普通で、そのため現在形という名称が必ずしも適当とはいえないこともある。さらに、過去、現在に対し、未来形をたてた方がよいと思われる言語もある。ただし

未来形は推量表現によって示されることも多く、未来の事行を現在形で表現する場合も多い。

これに対しアスペクトとは、時間軸にそって展開される事行のどの側面に注目するのか、ということを示すものである。工藤(1995)はアスペクトを

（２）　時間のなかで展開する出来事を、（ロシア語の完成体のように）一括化して完成的に捉えるか、（ロシア語の不完成体や英語の進行形のように）不完成的に捉えるかの、〈出来事の内的時間に対する視点の相違〉を表し分ける文法範疇である　　　　　　　　　　　（工藤 1995: iii）

と規定し、テンスの外的時間に対して、内的時間という表現をとっている。テンスは描かれる対象の位置を指定するものだから対象の側にそった時間のとらえ方、アスペクトは対象のどの側面に注目するかということだから主体の側にそった時間のとらえ方という見方もできるかもしれない。代表的なのは完了アスペクトで、これは事行が完了した状態に焦点をあてるもので、英語やフランス語では助動詞と過去分詞という組み合わせで表現される。この完了の対概念として未完了アスペクト、さらに始発相や継続相をたてることもある。

テンス・アスペクトがそれぞれ別の文法範疇としてたてられながら常に並列的に述べられるのには理由がある。まず区別する理由だが、異なった形態を用いて異なった意味を表現するから、という当たり前の理由である。形態面からみていくと、典型的なテンスである「過去形」は、英語もフランス語も動詞の活用によって示される。

（３）a.　He *wrote* a letter.
　　　b.　Il *écrivit* une lettre.
　　　　　彼は手紙を書いた。

これに対し、典型的なアスペクトである完了は原則として「助動詞＋過去分

詞」という複合によって表現される。

（4）a. *Having written* a letter, he handed it to Mary.
　　b. *Ayant écrit* une lettre, il l'a remise à Marie.
　　　彼は、手紙を書いて、それをマリーに渡した。

(4)の場合、分詞法に置かれた having written や ayant écrit は「書く」というイベントが完了した状態を表しており、このイベントが成立した時間に関しては何の情報も与えていない。時間はあくまで主節の動詞の時制によって決定され、時間軸上のいかなる位置にも置くことができるから、分詞法に置かれた「助動詞＋過去分詞」はテンスと切り離された完了アスペクトのみを表す形式なのである。
　主節の述部に置かれた場合もみてみよう。

（5）a. He *has written* a letter.
　　b. Il *a écrit* une lettre.
　　　彼は手紙を書いた。

この場合、完了アスペクトと過去テンスの違いが問題になるが、英語の場合、ここでもテンスとアスペクトは独立して機能している。(5a)で has に与えられた現在テンスは、この文があくまでも主語である he の現在のありようを述べているということを示している。一方 have ＋ written という形式が完了アスペクトを示しており、問題となるのは「書く」という事行が完了した側面であり、現在テンスは事行のこの側面を時間軸上の現在に位置づけているのである。このことは(5a)と共起する副詞のふるまいによっても示される。

（6）a. He has written a letter *now*.
　　b. *He has written a letter *yesterday*.

時間副詞はこの事行がどの時点で有効なのかを示している。メンタルスペース理論では主節の時間副詞によって示されるスペースは焦点スペース(FOCUS)と呼ばれ、主文の述定がその効力をもつ、表現したいことの中心があるスペースであるとしている。(6)が示すのは、主節の述語が has written という「現在完了形」と呼ばれる形式を取ったとき、焦点スペースを現在に置くことはできるが、過去に置くことはできない、ということである。has written によって示される「書き終える」という事態が有効なのは、現在(now)であって、過去(yesterday)ではないのである[2]。つまり、描かれている事項のどの時点における状態を描こうとしているのか、どの時点に着目しているかという着目の仕方がテンスとアスペクトで異なり、過去と完了は意義素としても異なった内容を示していることになる。確かに過去の出来事があり、現在はその出来事が完了した状態としてあるわけだから、過去と完了は常に隣接した関係にあるわけだが、注目している時点は別である。

　また、過去と完了が常に併存しているのであれば、これら 2 つの範疇を同一のものとして処理してもよさそうだが、英語の過去進行形やフランス語の半過去はテンスとしては過去だが、アスペクトとしては未完了の属性を備えている。

（7）　A ce moment-là il *mourait* de faim.
　　　その時、彼は空腹で死にそうだった。

(7)の mourait de faim(「餓死する」の半過去)は副詞 à ce moment-là(その時)と共起していることからわかるように、テンスとして「過去」であるが、この時点ではまだ死んでいないのだからアスペクト的には「未完了」である。こうしてみると過去が未完了とも組み合わされることもあるわけだから、テンスとアスペクトは活用された動詞の意味をめぐる 2 つの異なったパラメータであるということがわかるだろう。
　日本語の場合でも体系的なテンス・アスペクト論では、次のようにテンスとアスペクトを担う形式を区別している。

(8)

アスペクト テンス	完成相	継続相
非過去	スル	シテイル
過去	シタ	シテイタ

（工藤 1995: 8）

　このように、意味的な相違と、それに対応する形式的な相違があるために、テンスとアスペクトは伝統的に区別されるのである[3]。

　次にテンスとアスペクトが常に並列的に論じられる理由に移る。この場合も意味論的理由と形態論的理由がある。意味論的理由としては、どちらも時間に関係しているという点で共通であり、同じ事態の異なった側面を記述しているにすぎず、明確に峻別することが難しい、ということがある。前述したようにテンスとアスペクトの意味的相違は焦点の置き方の違いにすぎない。「もう風邪はすっかり治りました」と言明したとき、「風邪が治る」という事態そのものは過去に位置づけられるが、「もう」という副詞の仕様からもわかるように、話し手の意図としてはそのような事態が完了した現在のありようを述べているのである。従って同じ言明が過去とも完了とも理解される側面を持っていると言えるだろう。これを(8)の図式に従って単に「過去」と片付けてしまっては表現のもつ大切な意味の一部を捨象してしまうことにつながりかねない。「―シタ」について述べた尾上(2001)の次の観察は、この二面性を的確に表現している。

(9)　「最広義完了」を過去への関連で把握し、現在あるものの起源を過去に見るという「―シタ」の世界は […] 変化が完成した結果として現在を見るのであるから、アスペクト的に言えば「完了」である。と、同時に、起源はあくまで現在に対立する起源として、テンスであるほかない。このように、テンスとしての「過去」（T「過去」と略記）とアスペクトとしての「完了」（A「完了」と略記）とは、「―シタ」が表現するものを2つの角度から言い分けたものに過ぎない。T「過去」とA「完了」とは「―シタ」の個々の用例において指摘できる二面と

してある。 (尾上 2001: 375)

このように、完了と過去の差は述べられるべき事態の対象的側面に求められるべきではなく、述べる主体の認識的側面に求められなくてはならないので峻別することが難しいのである。

　形態論的理由としては、同一の形態がテンスの標識としてもアスペクトの標識としても用いられることがあり、同一のものさしで処理した方がずっと簡単なのではないかということがある。(9)にあげた尾上(2001)の観察は文字通りシタが過去と完了の双方の意味を担っているという主張である。実際

(10) a. 病気はもう治った。
　　 b. やっと試験が全部済んだ。
　　 c. 健康が何より大事だとつくづくわかった。 (尾上 2001: 372)
(11) a. 先週の日曜日は六甲山に登った。
　　 b. あの時はずいぶん腹が立った。 (尾上 2001: 373)

と並べてみると、(10)は完了、(11)は過去という解釈に傾く。しかしこれは(10a)における「もう」、(10b)における「やっと」や、(11a)の「先週」、(11b)の「あの時」という副詞の影響が大きく、シタ形そのものはこの両者の意味を内包していると考えるべきだろう。(10c)では明示的に完了を要求する要素はなく、文意によっている。これに「あの時」という副詞がつけば当然過去になる。このように「完了」「過去」という区別は日本語本来のものではなく、(8)も過去と完了に別の形態を与えているわけではない[4]。このことはフランス語はともかく、英語と日本語の大きな違いの１つを構成している。なぜ現代日本語で完了と過去を形態的に区別しないのか、という問題は後ほど考えてみたい。

　一方フランス語についても、明確に過去形と区別された英語の(5a)に対応する(5b)についてみると、英語では(6)で示すように「have＋過去分詞」の形は過去の副詞と共起しないのに対し、(12b)が示すように、フランス語で

は共起可能である。

(12) a.　Il *a* maintenant *écrit* une lettre.
　　　　彼は今手紙を書いたところだ。
　　 b.　Il *a écrit* une lettre hier.
　　　　彼は昨日手紙を書いた。

すなわち、「avoir + 過去分詞」という形式は現在のみならず過去も焦点スペースとすることができる。実際この形式は「複合過去形」と呼ばれ、フランス語学習者はこの形式をアスペクトの標識としてではなく、テンスの標識として学ぶのである。もっとも英語同様現在完了を示すのが本来の機能であり、今でもその用法は見られる。

(13)　　Oh! Ne regrettons pas le passé, murmura-t-elle. A présent, j'ai tourné la page.　　　　　　　　　　　　　（Gide *La porte étroite* in 島岡 2000: 600）
　　　「もう、過去を悔いるのはやめましょう」と、彼女はつぶやいた。「今では新たなページをめくったのですから」。

(13)において、A présent（現在では）という副詞が使われていることに注目してほしい。この副詞が焦点スペースを導入し、tourner la page（頁をめくる）という行為が完了した正に現在の状態をこの文は述べているのである。これが元来の「avoir + 過去分詞」という形式の用法であり、その意味で英語の現在完了形と変わらない。

　ただ、行為が完了し終えた状態というのは、その行為がすでに過去のものであり、過去にその行為が生起したという事実と常に併存する。前述したように過去と現在完了の違いは行為そのものに注目するか、その結果状態に注目するかという注目する時点の違いであって、描かれている現象は全く同じといってもよいのである。そして人間は往々にして静的な状態よりは動的な変化の方に注意を向けやすいという性向があるから、完了の意味は過去の意

味にシフトしやすいのである。日本語でも、先ほど問題にした助動詞「た」は完了の助動詞「たり」から来ているので、本来は完了の形式が過去の形式に転用されたものである。英語の場合も「have + 過去完了」の形式だけは「現在完了」にとどまっているが、「had + 過去分詞」となると文法上の名称は過去完了だが、表している意味は過去の完了にとどまらず、過去の過去を示すこともできる。

(14)　Leopold *had finished* his project last Friday at 6.　　（Cutrer 1994: 228）

(14)はその意味であいまいである。Leopold がプロジェクトを完了したのが、last Friday at 6 であることも、それ以前であることも考えられるからである。

(15) a.　Today is Tuesday. I talked to Leopold last Friday.
　　　　Last Friday, he had already finished his project.　（Cutrer 1994: 228）
　　b.　Today is Tuesday. Natasha talked to Leopold last Friday.
　　　　He had finished his project last Friday at 6.　（Cutrer 1994: 230）

(15a)の環境では、last Friday at 6 の時点ではすでに終えていたのであり、had finished は「過去＋完了」を表していると分析できる。しかし、(15b)の環境では last Friday at 6 はまさにこの時点で終了したのであるから「過去＋過去」であると分析するのがふさわしい。
　このようにアスペクト形式の完了はしばしばテンス形式としての過去に転用されやすく、ここに至って意味の共通性が形式の共通性にまで至ることになる。となると、あるテンスなりアスペクト形式を担う言語形式を分析しようとするとき、テンスまたはアスペクトのどちらかの側面だけを問題にしたのではその言語形式の本質はつかめないことになる。これがテンス・アスペクトとしばしば対になって論じられることの理由である。フランス語の複合過去、英語の過去完了などの形式の担う意味を考えるとき、この2つのカテ

ゴリーを並列的に論じなくてはその本質がつかめないだろう。

　フランス語の半過去の分析のように、同じ記号にテンスとアスペクトの要素を認め、その意義素の組み合わせと現れを文脈の中で考察する、という分析方法は常に有効である。だが、そもそも過去と完了の意味は隣接しているので、この種の分析においても常に困難さが伴う。(8)の表によれば、日本語の「スル／シタ」の対立は「非過去／過去」のテンスの対立であるとされているが、「未完了／完了」のアスペクトの違いであるととれないこともなく、従属節の中に置かれた場合、テンスの違いなのかアスペクトの違いなのか判定することはかなり難しい。

(16) a.　この鞄は日本に来るとき、母が私に買ってくれました。
　　 b.　この鞄は日本に来たとき、母が私に買ってくれました。

(16)では「日本に来る」というイベントは、「スル」で表現された(a)も、「シタ」で表現された(b)も、話し手の位置からみて過去に生起したものである。従ってテンスについて当初あげた(1)の定義に従うなら、この部分にはどちらも「過去」の標識が付されなくてはならない。ところが実際は「スル／シタ」の対立が、主文が表現するイベント「母が私に鞄を買う」との相対的な前後関係を示す指標として働いている。そこで、テンスの定義から「話し手の位置を基準点として」という部分を取り除き、何らかの基準点からみた事行の時間軸上における前後関係を表すものをテンスとする、というようにテンスの概念を拡張して処理することが行われている。(16)の例では、主文のイベントが生起する時点からみて、未来・未完了のイベントは(a)のように現在形スルで表され、主文の時点からみてすでに終わってしまったイベントは(b)のように過去形シタで表される、と分析される。(16)のように主文以外の位置を基準として時間関係を示すテンスは「相対テンス」、主文に現れるシタのように、話し手の位置を基準とした時間関係を表すテンスは「絶対テンス」と呼ばれている。しかし、相対テンスの場合、テンスはそもそも示されておらず、「未完了／完了」のアスペクト対立が、「スル／シタ」の対立

で示されているとみることも可能であろう。(16b)において、「日本に来た」という句が示しているのは、鞄を買ってもらった時点からみて過去に生起したできごとではあるが、従属節なのでその出来事そのものにスポットをあてるのではなく、鞄を買ってくれた時点にスポットが当てられていると判断すれば、「日本に来た」というのはその時点において完了した動作でもあるのである。(16)をアスペクト対立ではなく、テンス対立であるとみなすのは、(8)の図式を守り、体系的一貫性を保持することからくる要請という側面も大きい。

　工藤(1995)は従属文における「スル／シタ」の対立をどうとらえるか、について内容に踏み込んだ議論をしている。まず、従属文内におけるこの対立をどうとらえるかについて(A)以前―以後の相対的テンス、(B)完了―未完了のアスペクト、(C)その両方という3つの立場があることを確認する。そしてAやBの立場では説明できない例があることを述べCの立場をとっている。Aの立場では説明できない例としてあげるのは

(17) a. 田舎に帰った時、偶然旧友に会った。＝田舎に帰っている時、偶然旧友に会った。
　　 b. サラダを作る時に、包丁で手を切った。＝サラダを作っているときに、包丁で手を切った。　　　　　　　　　　　　　　（工藤 1995: 223）

で、(17a)の場合、〈結果段階〉をとらえているがゆえに、「帰っている時」に言い換えることができ、(17b)の場合、〈動作過程段階〉をとらえているがゆえに、「作っている時」に言い換えることができる、ということを観察する。ここから、ここで生じている対立は〈以前―以後〉の外的時間関係の相違ではない、と判断してAの立場を退け、「帰った時」におけるシタは、「帰るという移動動作自体の完了」を表し、「作るとき」におけるスルは、「作るという動作自体の未完了」を表していると結論づけている。直感的にも納得がいき、この主張自体に問題はない。別の言い方をすれば、(17a)の「帰った」はイベントを過去のものとしてとらえているのではなく、「帰った結果、田

舎にいる」という行為完了の状態としてとらえているのであり、(17b)は、イベントがすでに生起していてまだ完成していない側面をとらえた未完了アスペクトを表現している、ということになる。

　ただ、このような立場をとると(8)の図式を一部放棄せざるを得ず、「スル／シタ」のそれぞれの語性をどのようにとらえるべきか、という本質的な問題が生じて来るであろう。Aの立場からすれば、(17a)について、「帰った」を「帰っている」に置き換えても同一のイベントを語ることができるが、前者はそれをひとまとまりのイベントとしてとらえ、後者はそれを展開中のできごととしてとらえるというとらえ方が違っている、そして、全体としてとらえた場合、あくまでも「帰った」という行為は「旧友に会った」というイベントからみて過去なのである、と主張し、(17b)については、グローバルに出来事をとらえた場合、「サラダを作る」という行為と「包丁で手を切る」という行為を、同時であるととらえることができ、そのため現在形が用いられている、と主張することになる。この立場からすればテンスを表していさえすればよいのであって、アスペクトをも表しているかどうかは問題にならないのである。

　次にBの立場に対して、反例としてあげるのは

(18) a.　京都に行った後、奈良に行った。＝奈良に行く前に、京都にいった。
　　 b.　京都に行った後、奈良に行く。＝奈良に行く前に、京都に行く。

（工藤 1995: 223）

である。これらの組み合わせに対し、「「行った後」と「行く前」は、スルもシタも、アスペクト的には同じであって、ただ、主文の出来事時との外的時間関係が、「以前」か「以後」かで異なるがゆえに、左右のどちらの従属複文を使用しようと、同じ時間関係を提示することができる。」と主張している。しかし、Bの立場をとるものがこの論法を素直に受け入れるとはとても思えない。Bの立場は「行った後」と「行く前」におけるスルとシタにアス

ペクト的対立を見いだし、「pシタ後q」はpが完了として表現されるためにqより前、「qスル前p」はqが未完了として表現されているがゆえにpより後、という時間的前後関係を示しているとするものである。従って(18)における左右2つのペアが同一内容を表すからといって、それを根拠にpとqが同一のアスペクトで提示されているということにはならない。Bの立場からすれば、前後関係のある出来事がシタとスルを入れ替えることによって同じように表現されるということそのものが、アスペクト的違いを持っていることの例示になる。そもそも「pシタ後q」と「pスル前q」は、qの内容やqが置かれる時間とは無関係にこの形しか存在せず、「*pスル後」「*pシタ前」のような形は許容されない。これはテンスを問題とする基準点とは無関係に、「pスル」はpを未完了の状態としてとらえるが故にpのイベントの後を表現することができず、「pシタ」はpを完了したものととらえるが故に、完了する前の状態を問題にすることができないと説明した方がわかりやすい。イベントを真に全体的に表現している「到着」という名詞の場合、「到着前」と「到着後」のどちらも可能なのに対し、「到着する」という動詞になると、「到着する前」と「到着した後」という表現しか可能ではない。この違いは「到着する」が示しているのは「到着」というイベントに加えて、スルがもつ限界達成前の段階というアスペクト的意味が加わったものであり、「到着した」が示しているのは「到着」+限界達成後の段階というアスペクトである、と考えるのである。確かに(17)と(18)の例を比較すると、(17)は動詞が表現するイベントの部分的な側面にスポットがあてられ、(18)はイベントを全体的に把握しているような印象がある。しかしながら名詞と動詞の振る舞いの違いなどを観察するとき、たとえ一見すると全体的な把握を行っているように見える(18)のような例でもアスペクト的意味を内包しているととらえた方がよいように思われる。またそのような理由から筆者は尾上(2001)が主張するように「─スル」形が「テンスアスペクトの面で無色である」という立場をとらない。名詞表現との比較から明らかなようにテンスはともかくとしてアスペクトが無色であるということは言えないだろう。

こうしてみてくると、従属節の「スル／シタ」の対立はAの立場からで

もBの立場からでも説明が可能であると思われる。工藤のとるCの立場は、ある時はA、ある時はBというように現象によってテンスとアスペクトをアドホックに選択するものであるが、説明としての一貫性を欠くというきらいがなくもない。テンスとアスペクトは、対象の側では同一の事態を、主体の側で異なった側面を強調して記述しているにすぎず、これらの属性をあわせもった全体として「スル／シタ」の対立をとらえることが一貫して可能であるという立場を筆者はとる。求められるべきはそのような共通性と異質性をきちんと記述仕分けることができるような概念の定義であり、現代日本語でなぜ、テンスとアスペクトが同一の形式で記述されるのか、という論理であろう。この姿勢は尾上(2001: 364)の「1つの形態の中にテンス、アスペクト、ムードの表現をあわせて読み取っていこう」という立場に通じるものである。実際「―シタ」が過去以外の内容を表現している例を尾上(2001)からひくと

(19) a. ［見通しの獲得］
　　　(詰みにつながる手筋を発見して三１角を打ちながら)よし、これで勝った！
　　b. ［決定］
　　　よし、買った！
　　c. ［要求］
　　　どいた！　どいた！
　　d. ［単なる状態］
　　　とがった鉛筆は折れやすい。　　　　　　(尾上 2001: 373–374)

のように多岐にわたり、これらをすべて一般的に理解されている「過去」というテンスカテゴリーでくくることにはかなりの無理があるような気がする。(19bc)が表しているものはテンスやアスペクトというより次に述べるモダリティであろう。尾上(2001)はこのような観察から(8)の図式を全く認めていない。だが、対照研究という立場で見た場合、言語にまたがって適応で

きる意味指標が必要であり、その指標と各国語の形態の中にできるだけ単純な関係を付与することが望ましい。そこで筆者自身は、あくまでも(8)の図式を守る方向でテンスマーカーがアスペクトマーカーとしても機能し得る論理を追求していく。その際、対照研究に資するという立場から、金水(2000)のように、形態と独立した意味的カテゴリーとしてテンス・アスペクト、さらにはムードをたてることにする[5]。自然言語で、現実世界のありようを述べるあらゆる文は何らかのテンス的価値を持ち[6]、そこで表現される事行も、その全体的把握もアスペクトの一種と考えるならば、何らかのアスペクト的価値をもつことになる。この立場に立つなら、「完了」を表すとされている「—シタ」で表現された(10)もテンス的意味から解放されるわけではないので、(10)の各文はテンスとしては現在、アスペクトとしては完了と解釈されることになる。同様に(11)はアスペクトとしては完成相を表し、(8)の表の通り、(11)の各文は完成相過去を表すことになる。こうしてみると、「シタ」形が過去と完了の意味を併せ持つというのは、より正確に言うと、完成相過去と完了相現在の意味を併せ持つということである。ここに至って同じ1つの記号が、「過去」と「現在」という完全に対立する価値の指標として使われていることになり、大きな問題に直面することになる。このため形態と意味との整合性を重んじる立場の岩崎(2000)は、(10)と同様の「もうご飯は食べた」の「食べた」は完成相過去でしかありえないと主張している。しかし、シタという形態素が何を表しているかは別として、「もうご飯は食べた」の文全体が、解釈レベルにおいて「完了相現在」のテンス・アスペクト的意味を担っていることは様々な事実から確かめることができる。寺村(1984)が行ったようにこの文を疑問文に置いた「もうご飯は食べた？」の答えが「まだ食べていない」であって、「いや食べなかった」ではないこと、さらに英語に翻訳する場合も Have you finished lunch yet? と現在完了形で表現するのがよりふさわしい内容となることなどである。なぜこのような解釈が生じるのかという事実を説明する必要があるだろう。もちろん、この場合も、いかなる定義においてこの文のテンスが現在なのか、ということには答えなくてはならないし、ひるがえってシタの形態的意味が過去であるとす

る、その過去の定義はいかなるものに基づくのか、さらに、形態的に過去を表す記号が用いられていながら、解釈レベルで現在というテンス的価値を帯びるのはなぜなのか、という問いに答えなくてはならない。

　これらの問題に対する筆者の解答は次節に述べるが、シタ形が(8)のように第一義的には「過去」と把握するのがよく、「完了」の意味は副次的に生ずるとすることの形態論的な根拠についても述べておきたい。英語の have + pp. や be + 〜ing のように典型的にアスペクトを担う形式はテンスから独立し、その全体を現在形もしくは過去形に置くことができる。日本語のテイル形も「テイル／テイタ」の対立が示すようにテンスの指標を付加することができるから、純粋にアスペクトのみを表していると言えるだろう。ところがシタ形が表している「完了」は have + pp. が had + pp. になるような形でその全体を過去に置くことはできない。(10c)は副詞の置き方によって現在完了の意味も過去完了の意味も表すことができる。

(20) a. 今、健康が何より大事だとつくづくわかった。
　　 b. そのとき、健康が何より大事だとつくづくわかった。

(20a)のシタが現在完了を表しているとするなら(20b)が表現しているのは過去完了であろう。しかしその過去性は形態的な指標を持っていない。つまりアスペクトマーカーとしてのシタはテンスマーカーを拒絶する点でテンスと独立してはおらず、純粋なアスペクトと認定することは難しいのである。

　最後にテンス・アスペクトと並んで論じられるモダリティについての考察に移りたい。

　モダリティとは一般に「判断し、表現する主体に直接関わる事柄を表す形式[7]」を言い、エピステミック(認識的)モダリティと、デオンティク(義務的)モダリティを主要な下位範疇としてたてる研究者が多い。

(21)　He *may come* here.

(21)はエピステミックモダリティの典型的な例で、「彼がここに来る」という命題の真偽に対する話し手の判断を示し、真の可能性があると言明するものである。これに対し

(22)　You *may come* here.

はデオンティックモダリティの典型で、「あなたが来る」というイベントの実現に対し、それを許可するという話し手の態度の表明を表している。英語やフランス語ではこのモダリティは助動詞によって表現され、(21)や(22)のように同じ助動詞が2つのモダリティ解釈の可能性を潜在的に有しているのが普通で、エピステミックな解釈を受けるかデオンティックな解釈も受けるかは文脈による。形態的には動詞の活用によって示されるテンスとも、用いられる助動詞の種類の異なりによってアスペクトとも区別される概念だが、意味的にはテンスとアスペクトが相互に密接な関係を持つように、テンスとモダリティにも密接な関係がある。まず、よく知られているように純粋なテンスカテゴリーとして「未来」をたてるのが妥当な言語はむしろ少なく、英語や日本語のように「推量」というモダリティを表現するのが本義と考えられる表現によって代用されることが多い。実際

(23) a.　The train leaves tomorrow at 8 o'clock.　　　　(Cutrer 1994: 156)
　　 b.　The train will leave tomorrow at 8 o'clock.

(23ab)の違いは、時間軸上全く同じ位置に置かれる同じイベントを問題にしているのであるから、テンスの問題ではなくモダリティの問題である。どちらも「その列車が明日8時に出発する」という事実を述べているが、(23a)ではそれを確かな予定として述べているのに対し、(23b)では「推量」のモダリティを帯びて述べられているのである。ここに至ってテンスとモダリティの重なりがはっきりする。仮に will を純粋にモダリティーマーカーとしてとらえ、(23)はテンスとは無縁の現象だと説明するにしても、(23a)におい

てwillと範列関係にある形態素はテンスマーカーとしてのPRESENTである。これはこの形態素が「過去」のマーカーと対立することによって「現在」というテンス価値を持つことになるのと同じ意味において、Factというモダリティ価値を持つということを意味している。Cutrer(1994)はPAST, PRESENT, FUTUREというテンスを定義し、それぞれにFact, Fact, Predictionというモダリティーを必然的に付与している。経験的な基盤を求めても、過去の出来事として述べるものは「事実」と認定され、未来のできごとはあくまで「推量」の対象でしかありえないはずだから、テンスを本義にし、モダリティは付随的なニュアンスであると解釈するのも1つの言語学的な態度である。しかし、後に述べるように英語の助動詞willは未来とは無関係な場所でもPredictionを表すものとして用いられ、逆に未来を表していると解釈される場では常にPredictionの意味を内包しているので、これはFUTUREを表すテンスマーカーではなく、Predictionを表すモダリティーマーカーであると解釈したほうがよい。一方多くの言語が持つPASTを表す形態素は、直感的にはテンスマーカーとしての性格が強く、モダリティは過去性からくる付随した属性であると考えられるだろう。しかしながら、

(24) If it *was fine* tomorrow, I would take a walk in the forest.

に見られる過去形には時制の意味はなく、純粋な仮定というモダリティを表すマーカーとして機能しているようにも思える。モダリティは本書の扱う範囲を超えるものであるが、テンスマーカーとして使用される記号がモダリティを表現するために用いられる場合、そのような用法を無視してテンスだけを考察することは出来ないだろう。テンスとしての過去性とモダリティに属する仮定性に関する問題については後に改めて1章をもうけるが、以上の考察からテンス・アスペクト・モダリティが相互に独立した文法範疇であり、それを表す典型的な形態も異なっているが、意味的に極めて隣接した関係にあり、併存し得るものであることが了解されたと思う。時間的に過去に生起したものであると記述することは、現在においてはすでに完了したアス

ペクトをもつものであり、モダリティとして事態を確かにすでにそうであるとして述定することなのである。

2.2. スペース

ここで、これまで定義を棚上げにして用いてきた「スペース概念」について定義しておきたい。メンタルスペース理論におけるスペースは、理論の根幹をなす重要な概念でありながら、明確な定義が与えられているわけではなく、用いる学者によって微妙に異なった対象をそう呼んでいるようである。そこでここでは名詞句の指示やテンス・アスペクトの理論に最も有効になるような形で、筆者独自の定義を与えたいと思う。以下のようなものである。

(25) スペース：述定の対象となる最小の心的表象が存在し、述定による属性を保持していると考えられる領域

複数のスペースが介在している文をみてみよう。

(26) In 1929, the president was a baby. （Fauconnier 1985: 30）

この文の構造を図示すると以下のようになる。四角で囲まれた範囲がスペース、円がカテゴリー、点がその要素を表す。

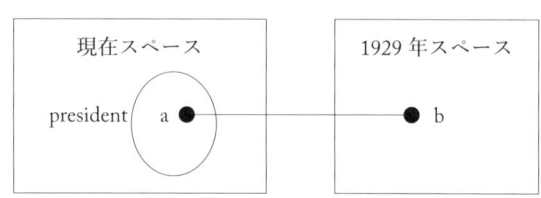

図1　例文26の構造

(26)は親スペースである「現在スペース」と、FOCUSである述定が行われ

る「1929年スペース」が介在している。現在の大統領はaに示した点だが、これは現在スペースでのみpresidentという属性を持ち、このカテゴリーの要素である。aの側から言えば、aがpresidentという属性を保持している時間的空間的に限定される領域が1つのスペースとして認識されるということになる。この現在スペースは(26)において明示的に述べられてはいないが、前提として存在していると考えてよい。in 1929というのはスペース導入詞であり、これによって実際に動詞句の述定が行われるFOCUSが導入される。このスペースではaはもはやpresidentではなく、述定を受けるのはaとidentityというコネクターで結ばれたbである。ここでbの側から見るとa babyという属性を受ける領域が1つのスペースであると認定されることになる。presidentにしてもbabyにしても、そのどちらの属性も当該のスペースの中だけでしか有効ではない。

　スペースはそこに存在する対象やその属性のとらえ方によって、その範囲を自由に変えられるし、その中で成立する事態に関してスペース間の連絡があり、かなり柔軟性をもったものである。このスペース認識とその成長に関してDinsmore(1991)の用いる「継承」(inheritance)と、「統合」(consolidation)という概念を採用したい。「継承」とは、異なったスペース間で、定義的に、あるいはデフォルトの推論によってその内部で成立する命題を共有することを言う。例えば現在の現実スペースで命題P「サルコジがフランスの大統領である」が成立するが、この現実世界に生きているフランス人ポールのメンタルスペースの内部でも、特に明示的に断らない限り、同じ命題が真として成立していると考えてよいだろう。この時、親スペースから命題Pが子スペースに継承されるのである。一方、統合とは原理上異なりうる複数のスペースを大きなひとつのスペースとしてまとめる働きを言う。例えば(i)「私は昨日1冊の本を買った」(ii)「家に帰って読んでみたら非常に面白かった」(iii)「そこで同じ著者のものをもう1冊買ってみることにした」と続く一連の談話を考えてみよう。原理上スペースは述定の数だけ存在しうることになるが、通常われわれは必要に応じてそれらを合体して処理している。上の例で(i)と(ii)は時間的にも空間的にも異なった場面で成立している。つまり(i)

のスペースと(ii)のスペースは異なっている。実際(i)の場面で本を買った本屋の店員について言及したりすれば、その店員は(ii)の場には存在しないだろうから、(i)と(ii)は異なったスペースと談話解釈上も処理されるであろう。ところが、買った本に関する限り、この本は同一の対象が(i)(ii)(iii)のスペースで、同じ「本」という属性を保持して存在しているのである。このとき本を中心に考えた場合、(i)から(iii)までを一連の出来事が起こったスペースとしてまとめて理解することが可能である。この時、小スペース(i)から(iii)を統合して中スペース(I)を作ったと考えるのである。この談話はこのあと、著者の生い立ちから思想の背景等の考察に移るかもしれない。そこでも述定のたびごとにさらに小スペース(iv)(v)(vi)等が構築され、それらがまとまって中スペース(II)が作られることになるだろう。さらに、文脈の展開によって(I)(II)が統合されて大スペースが出来上がることもある。

　スペースもまた指示対象同様、言語内世界に構築されるものであって、現実をモデルとしながらも、必ずしも現実と完全に対応するわけではない。

(27)　Sonnez. Le boucher vous conseillera.　　　　　(Martin 1986: 197)
　　　呼び鈴を鳴らしてください。肉屋がご用を承ります。

これはガラスの向こうで6人ほどの肉屋が働いているスーパーマーケットの精肉売り場の張り紙である。たくさんの店員がいるのに、唯一性の含意を持つ定冠詞 le が用いられた興味深い例で、東郷(2001)にもとりあげられている。ここでは時制が未来に置かれていることに注目してほしい。conseiller という場面は、今ここの場面ではなく、未来スペースにおいて成立することであり、現実の肉屋の売り場における現在スペースと、この肉屋が助言を与える未来スペースが重ならなくてはならない必要性はない[8]。だとすれば、肉屋が何人もでアドバイスを与えるのではなく、1人がアドバイスを与えるようなフレームをこの未来スペースと重ねて理解してもよいであろう。その場合、その未来に置かれた助言スペースの中では肉屋は1人しかいない、と考えるのである。

2.3. メンタルスペースにおけるテンスとアスペクト
2.3.1. 基本スペースとテンス

　以上の考察をふまえて、メンタルスペースによるテンス・アスペクトの定義を行う。この枠組みを使って本格的な時制論を展開したのはCutrer(1994)であり、Fauconnier(1997)も時制に関しては基本的にCutrer(1994)を踏襲している。彼女は談話の展開にあたって本動詞の時制が構築するスペースを、(28)にあげる4つの基本スペースに還元する。単一のスペースがこの複数の基本スペースの役割を担ってもよい。なお、(28)はCutrer(1994)があげたものではなく、その意図をくみつつ、日本語等にも適応可能なものとして筆者が独自の修正を加えたものである[9]。

(28)　BASE：　　話し手が言語活動を行っていると想定されるスペース。「イマ、ココ」といったトークン再帰表現が第一義的に参照するスペース。

　　　V-POINT：　定形動詞が表すイベントが描かれたスペースに、直接テンス素性を与えるスペース。

　　　FOCUS：　　話し手が定形動詞によって表現したい表現意図の中心がおかれるスペース。発話の述定や真偽値の判定がなされるスペース。

　　　EVENT：　　定形動詞が表しているイベントが置かれるスペース。

このうちV-POINTの定義中にある「定形動詞が表すイベントが描かれたスペース」とは、第一義的にはEVENTなのだが、英仏語の定形動詞のEVENTはFOCUSと重なり、またアスペクト素性が形態的に与えられた完了形などのイベントはFOCUSの中で描かれたものと解釈されるので、通常はFOCUSと考えてよい。形態的なアスペクト素性をもたない日本語の「―シタ」形の場合のみ、FOCUSではなくEVENTにV-POINTがテンス素性を与えることになる。

Fauconnier(1997)の例示する(29)の例をみてみよう。

(29)　Max is twenty-three. He has lived abroad. In 1990, he lived in Rome. In 1991 he would move to Venice. He would then have lived a year in Rome.

（Fauconnier 1997: 73）

まず、現在形で書かれた最初の文は4つの基本スペースがすべて同一のスペースに置かれる。次の現在完了では live abroad というイベントが成立する EVENT が構築されるが、残りの3つのスペースは最初のスペースに重なる[10]。

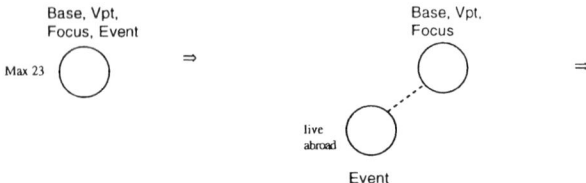

図2　第1文のスペース構成　　図3　第2文のスペース構成

3つ目の文では、In 1990 というスペース導入詞によって新たなスペースが構築され、EVENT と FOCUS がここに移る。4つめの文では BASE は「現在スペース」、V-POINT は「1990年スペース」、FOCUS と EVENT が新たに導入された「1991年スペース」にある。

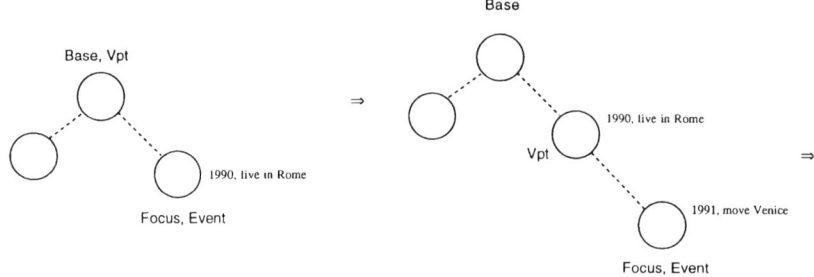

図4　第3文のスペース構成　　図5　第4文のスペース構成

最後の文では4つがそれぞれ別のスペースにあり、BASE は「現在スペース」、V-POINT は「1990 年スペース」、FOCUS は「1991 年スペース」、EVENT は 1991 年にいたる時間軸上新たに作られるスペースにあり、そこで live a year in Rome という事態が成立する、と考えるのである。

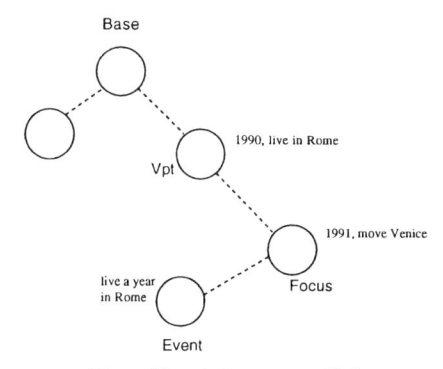

図 6　第 5 文のスペース構成

　この図式は古典的な Reichenbach(1966)の図式に対するメンタルスペース流修正版である。よく知られているように Reichenbach(1966)は発話時(S: point of speech)、出来事時(E: point of the event)、参照時(R: point of reference)の 3 つの時点の組み合わせによって各国語の時制の価値を記述する試みをおこなっている。メンタルスペースでは時間軸上の時点をスペースととらえ、スペースをめぐる一般論の中に、時制をも、とりこもうとする試みであるから、Reichenbach(1966)の 3 つの時点はスペースに対応することになる。(28)の 4 つの要素と比較すると S は BASE, E は EVENT だが、R は FOCUS と V-POINT に分かれることになる。3 つの基準点を 4 つに増やすことの利点は 2 つある。1 つめは(15)が例示する過去完了形が持つ 2 つの異なった価値を記述し分けることができることである。Reichenbach(1966)の図式では(15)は(a)も(b)も E—R—S ということになってしまう[11]。しかしながら(15a)と(15b)では、過去形／現在完了形の違いに対応する違いを内包しており、この違いを記述し分けることが望ましい。Cutrer(1994)の図式を用いた場合、(15a)は EVENT—FOCUS, V-POINT—BASE であるが、

(15b)は EVENT, FOCUS—V-POINT—BASE ということになり、FOCUS 位置の違いとして記述仕分けることになる。過去形と現在完了形の違いも FOCUS 位置の違いであるから、それと平行した形で記述することが可能になるのである。Cutrer(1994)の図式のもう１つの利点は、(29)の最後の文のような過去未来完了形を正しく記述できる、ということである。(29)について例示したように、最後の文は４つの基本スペースがすべて異なった位置にある。この文を記述するためには４つの基準点がいるのであって、Reichenbach(1966)の３つの基準点では記述しきれないのである。

　典型的なテンスである絶対テンスは以下のように定義できるだろう。

(30)　絶対テンス：BASE からみた FOCUS の時間関係を指定する指令

英語やフランス語のテンスを分析するためにはこの絶対テンスをテンスと定義すれば十分である。しかし、相対テンスをもつ日本語のテンスも含めた議論をするとき、このテンスの定義では不十分である。そこで、通常相対テンスを(30)にならった書き方をするなら

(31)　相対テンス：BASE とは異なる BASE に準ずる V-POINT からみた FOCUS の時間関係を指定する指令

というような形で設定し、テンス概念を拡張することがおこなわれている。しかし、これでも日本語の形態素シタをテンスマーカーと規定するためには十分ではない。(19)はほとんど過去とは無縁と思われるし、

(32)　[彼が政権から去った] あとが心配だ。　　　　　　（岩崎 1999: 17）

だと、「去った」のシタ形によって示されている「彼が政権から去る」というイベントは、「心配だ」のイベントが置かれる主節時からみても未来にあり、通常相対テンスの基準時[12]とされる主節時から見た過去を表している

とは言えない。ここから岩崎(1999)は「マエ節アト節内のル形・タ形は相対的テンスではなく、述語内でその時点が確定されるアスペクトである」と主張している。しかしながら、岩崎(2000)でテンスとアスペクトを完全に区別し、主節ではシタ形が過去というテンスしか表さないと主張しながら、全く同じ記号が環境が変わることによって、本来「意味的にも形態的にもとけあうことのない」アスペクトを表すことになるのはなぜか、ということの説明は岩崎(2000)にはない。

　Cutrer(1994)はテンスカテゴリーとして、4つの基本スペースと同様にすべて大文字で書かれる PAST, PRESENT, FUTURE を用いるが、これらは通常使われる意味・形態的カテゴリーである「過去(形)」「現在(形)」「未来(形)」とは全く異なっている。後者は形態と意味にまたがる概念で、英語など個別言語の記述だけならこれで十分である。例えば英語の「過去(形)」は −ed に代表される独自の形態素をもった動詞の形態の名称であると同時に、この形態が表す絶対テンスの価値の名称でもある。これに対し、PAST は純粋に意味論的な概念であるが、あくまで隣接したスペース間の時間的前後関係を示すのみで、BASE の位置とは無関係である。Cutrer(1994)による PAST の定義は以下のようになっている。

(33)　PAST identifies or cues construction of some space N. It indicates that:
　　a.　N is in FOCUS
　　b.　N's parent is V-POINT
　　c.　N's time is prior to V-POINT (parent)
　　d.　Events or properties represented in N are FACT from V-POINT (parent)
　　e.　N has certain relational properties vis-à-vis other spaces (accessibility)
　　　　　　　　　　　　　　　　　　　　　　　　(Cutrer 1994: 180)

筆者もこれまで、この Cutrer(1994) の規定を採用してきたが、実際の使用をみると、これらの大文字で書かれた時間の用語を、FOCUS や BASE の

位置とは無関係に、単に隣接したスペース間の時間関係を示すために用いられていることも多い。PAST が FOCUS を指定すると規定したのは、Cutrer (1994) が扱った英語やフランス語の形態的な「過去形」が、FOCUS が PAST で指定される EVENT にある場合のみの実現形であるから、そこに引きずられた規定であろう。日本語の「―シタ」形などは FOCUS と無縁であるから、凡言語的な規定としては FOCUS 条件をはずすことがかえってのぞましい。そこで、筆者は改めてテンス的意味を構成する意味素性として以下の3つを規定したいと思う[13]。

(34) a. PAST：あるスペースからみて隣のスペースが時間的に先行する位置にあることを示す。スペース属性は Fact である。
b. PRESENT：あるスペースからみて隣のスペースが時間的に先行する位置にないことを示す。スペース属性は Fact である。
c. FUTURE：あるスペースからみて隣のスペースが時間的に後の位置にあることを示す。スペース属性は Prediction である。

具体的な例をみてみよう。(15b) の第2文は S1 を火曜である現在、S2 を Natasha talked to Leopold のイベントが起こった先週の金曜日、S3 を Leopold が finish his project のイベントを行った先週の金曜日6時を表すスペースとそれぞれすると、以下のような関係で示される[14]。

(35) He *had finished* his project last Friday at 6.

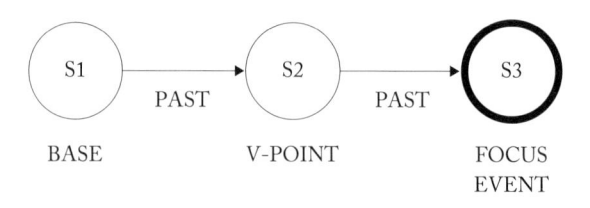

S1 —PAST→ S2 —PAST→ S3
BASE   V-POINT   FOCUS
                      EVENT

この時、S1 と S2、および S2 と S3 の関係はそれぞれ前のスペースからみて

PASTの関係にある[15]が、形態的には最初のPASTは過去形(had)に2番目のPASTは完了形(have finished)に対応している。このようにPASTは形態の名称ではなく、形態によってになわれるべき意味素性なのである。

(34ab)の規定からわかるように、PRESENTはPASTと相補的な概念として示されている。これは英語や日本語のようにFUTUREを担う独自の形態素を持たない言語が多いので、非過去として現在を規定することが有効であるとの判断から来ている。実態を正確に表現するならNON-PASTのような名称の方がふさわしいが、多くの言語で「現在形」というカテゴリーをたてているのでPRESENTという命名になっている。未来形をもたない言語では未来のイベントはPRESENTによって指定されることになる。

(36) a.　The train leaves tomorrow at 8 o'clock.　　　(Cutrer 1994: 156)
　　　b.　列車は明日8時に出ます。

一方未来形を備えている言語では、PRESENTが指定するスペースはFUTUREが指定するスペースを完全に覆うことになるので、未来の出来事の場合、全く同じ内容が未来形でも現在形でも表現できることになる。

(37) a.　The train will leave tomorrow at 8 o'clock[16].
　　　b.　Le train partira demain à 8 heures.

この場合PRESENTで指定される(36)とFUTUREで指定される(37)の違いはスペース属性の違いで示され、(36)はそのイベントを確定ずみの予定としてFactという属性を付加して描くのに対し、(37)はあくまでも予想Predictionのニュアンスをこめて描くということにある。

　PAST, PRESENT, FUTUREという意味素性のカテゴリーは様々な言語でしばしば対応する形態を持ち、極めて有効な操作概念となりうる。絶対テンスの価値はこの素性の組み合わせを使ってBASEからFOCUSまでのアクセスパスによって示すことができるし、相対テンスの価値も基準となるス

ペースからのアクセスパスとなるだけだから問題なく、多くの言語がもつ時制形態素の価値をこれらの素性を使って示すことが可能である。後述するが日本語の形態素「―シタ」は PAST のマーカーとして規定するのが最も包括的な把握になると考えている。

2.3.2. アスペクト

2.1. で述べたように、アスペクトとは元来「動詞で示される事行の時間軸にそった様態変化のどの側面に注目するのか」ということがらを指定するものである。動詞で示される事行の実現は EVENT で成立するものであり、そのスペース内部のスポットのあて方の問題にかかわるので、すべてのアスペクトマーカーの働きをスペース間の構成を規定するものとして記述することはできない。例えば、「～はじめる」というのを起動相のアスペクトマーカーと考えることはできるが、「話しはじめる」を「話す」というイベントが実現するスペースとそれ以外のスペースとの関係性に帰着して分析することはあまり建設的ではないだろう。「話し始める」「話しかける」「話し出す」「話し終える」などをそれぞれ「話す」にかかわる別のイベントととらえて、そのイベントのありようを語義の問題として処理するのがよいと思う。しかし、その一方で、アスペクトとは「変化のどの側面に注目するのか」という注目のあて方や、どこから見るかという視点の置き方の問題でもある。「注目をあてる」というのは FOCUS をどこに置くかということと関連性があり、どこから見るかというのは V-POINT をどこに置くかということと関連があるから、EVENT と FOCUS もしくは EVENT と V-POINT の関係に還元できるものも存在する。日本語の「～テイル」や英語の have + pp のように、極めて生産性の高いアスペクトマーカーはしばしばスペース構成によって規定できるアスペクトのマーカーであることが多い。

　メンタルスペース理論で規定するアスペクト素性を EVENT と FOCUS の関係に帰着できるフォーカスアスペクトと、EVENT と V-POINT の関係に帰着できる視点アスペクトに便宜上分類すると、前者として3つ、後者として2つの相補的なアスペクトを規定できる。

2.3.2.1. フォーカスアスペクト

Cutrer(1994) は PERFECT と PROGRESSIVE を設定している。それぞれ以下のように規定できる。

(38) PERFECT(完了相)は EVENT として以下の性質を持ったスペース M を指定する。
   a. M は FOCUS ではない。
   b. M の親スペースは FOCUS である[17]。
   c. M の時間フレームは FOCUS より前である。

(39) PROGRESSIVE(継続相)は EVENT として以下の性質をもったスペース N を指定する。
   a. N は FOCUS ではない。
   b. N の親スペースは FOCUS である。
   c. N の時間は FOCUS を含む。FOCUS は N の内部にある。

この場合、(a)(b)の特徴はフォーカスアスペクトという性格から自動的に導かれるもので、示唆的特徴は(c)にある。また Cutrer(1994) の規定では(b)(c)の FOCUS はいずれも V-POINT となっている。

上の2つに加えて、筆者は PERFECT とちょうど逆の性格を持つ PROSPECTIVE というカテゴリーを提案したい。

(40) PROSPECTIVE(将然相)は EVENT として以下の性質をもったスペース L を指定する。
   a. L は FOCUS ではない。
   b. L の親スペースは FOCUS である。
   c. L の時間フレームは FOCUS より後である。

テンス同様、網羅的なカテゴリー規定をするためには、このようなカテゴリーも当然必要になってくると思われる。実際、あとで述べるようにフラン

ス語の"aller + inf"の形式はこのPROSPECTIVEの実現形であるとみなすことができる。PROSPECTIVEはPERFECTとちょうど逆の形で規定されるが、時間関係は微妙に異なる。PERFECTの場合FOCUSと時間的な重なりが一部生じてもかまわないのに対し、PROSPECTIVEの場合、少なくともフランス語の"aller + inf"を観察する限り、重なりはみられないようである。図式すればPERFECTの場合、M ≦ FOCUSであるのに対し、PROSPECTIVEの場合、FOCUS < Lとなる。この重ならないという性格をPROSPECTIVEの本来的な性格とみなしてよいのか、またはaller + infの形の特徴と考えた方がよいのかは今の時点ではわからない。

2.3.2.2. 視点アスペクト

　Cutrer(1994)はV-POINTとFOCUSの関係を示すものとしてPERFECTIVEとIMPERFECTIVEという相補的な関係を立てている。彼女の場合、それはFOCUSを指定する指令であるが、もっぱら形態を規定するのに用いられており原理上は形態が指定するスペースとV-POINTの関係である。英仏語では通常形態はFOCUSを指定するために、V-POINTとFOCUSの関係のように感じられることもあるが、これは結果的にそうなるにすぎない。大過去の助動詞として用いられた半過去の視点アスペクトを問題にする場合にはあてはまらないし、日本語の「―シタ」形はEVENTとV-POINTの関係として視点アスペクトが指定される。これまでの記述にならって以下のように規定しておく。

(41) 　PERFECTIVE(完成相)は形態がV-POINTとは異なるスペースを指定する。
(42) 　IMPERFECTIVE(未完成相)は形態がV-POINTと同一のスペースを指定する。

要するに、イベントをそれが生じたスペースの外部から、イベント全体を把握する形で描くか、同一のスペースの内部から、イベントの始まりと終わり

を問題にせずに把握する形で描くかの違いである。(41)の規定から PAST と FUTURE はデフォルトでは PERFECTIVE となる。PAST、FUTURE という認定は V-POINT が EVENT とずれていなければ成立しないからである。日本語の「スル／シタ」が完成相であることはこの事実に対応している。ただしフランス語の半過去は PAST + IMPERFECTIVE と分析される。この場合、PAST によって BASE から時間的に過去にある EVENT/FOCUS スペースが指定されたあと、V-POINT が BASE からその EVENT/FOCUS の位置に移動するという 2 段階の操作を想定することになる。半過去は -ait という単独の形態素で示されるもので、そこに 2 段階の操作を読み込むことは感覚的には不自然であるが、PAST と IMPERFECTIVE は同時に成立しない矛盾した属性である以上、理論的整合性を保持するためにはプロセスを 2 つに分ける以外に仕方がないのである。ただ、この規定は理論の上だけで必要とされるテクニカルな操作というだけでは、必ずしもない。フランス語の半過去に関しては、Ducrot(1979) や Berthonneau & Kleiber (1993) などに代表される「照応説」という考え方が根強くあり、それによると半過去単独で過去の時間を設定することはなく、必ず過去の時間を示す文脈的要素(これを代名詞の照応にならって antécédent(先行詞)と呼ぶのだが)があり、しかる後に初めて用いることができる。例えば、

(43)　　Paul entra(E1). Marie *faisait* la vaisselle(E2).
　　　　Paul entered. Mary was washing the dishes.

(Berthonneau & Kleiber 1993: 57)

において、文 E2 が単独で現れることはなく、必ず E1 のような文脈が必要である。(43)の場合、最初の E1 の段階で EVENT/FOCUS スペースが過去に作られる。この時 V-POINT は BASE にあるが、次の E2 の段階になって E1 で指定された EVENT/FOCUS の位置に V-POINT が移動し[18]、PAST IMPERFECTIVE である半過去によってイベントが描かれているということになる。

表層に現れる時制形式は BASE から EVENT に至るまでの基本スペース間の時間関係の総和が、それぞれ個別の言語規則に従って実現したものである。例えば(29)の最後の文は PAST + FUTRE + PERFECT であり、表層で would have lived の形で実現する。尚英語の場合、過去完了は PAST + PAST の実現形式であるから、PAST は実現形式として語尾変化によって示される「過去形」と have + pp. の 2 つを持ち、have + pp. は PAST と PERFECT という 2 つのテンス・アスペクト素性の実現形式となっているのである。

2.3.3. メンタルスペースによるテンス・アスペクト規定の特徴

　上述したテンス・アスペクト規定の最大の特徴はテンスとアスペクトをスペース構成の問題に還元したことにある。これによってテンスとアスペクトが同一レベルで議論できるようになるばかりでなく、隣接スペース間という最小構成単位の規定によって、様々な言語のテンス・アスペクト的価値を記述しわけることも可能になる。さらに、テンス・アスペクトを単独の文の解釈指標として設定するのではなく、談話の進行にともなって複数の文にまたがって展開されるスペースのダイナミックな構成指令として設定したことも、メンタルスペースによる時制論のもう 1 つの大きな特徴である。談話の進行にともなって以前から存在していたスペースに新たな属性が加わったり、新しいスペースが構築されたりするが、4 つの基本スペースはそれらのスペース間を時に重なりながら移動していく。V-POINT は談話が展開する以前は BASE にあるのだが、しばしば移動する。(29)の最後の文は V-POINT が 1990 年スペースにあるが、これはその 2 つ前の文でこのスペースに FOCUS が設定され、そこに V-POINT が移ることによって可能になったものである。この文のスペース構成を正確に把握するためにはそれ以前の文の内容を参照しなくてはならない。Cutrer(1994)はこのような複数の文にまたがって機能する基本スペースの移動の原理を談話構成原理として主に次のような内容を規定している[19]。

(44) 談話構成原理(Cutrer 1994)
- a. あらゆる解釈のプロセスにおいて、FOCUS は 1 つしか存在しない。
- b. 単一の階層構造において、BASE は 1 つしか存在しない。
- c. BASE は最初の V-POINT である。
- d. FOCUS が BASE にあれば、V-POINT も BASE にある。
- e. 新しいスペースは BASE もしくは FOCUS から作られる。
- f. FOCUS は EVENT、BASE、以前の FOCUS、新スペースにシフトすることができる。
- g. V-POINT は FOCUS もしくは BASE にシフトすることができる。
- h. EVENT は FOCUS になりうる。もしくは FOCUS あるいは V-POINT の娘である新スペースにシフトすることができる。

これは英語やフランス語などの V2 言語による観察をもとに規定されたものであり、日本語など Vfinal 言語では一部修正が必要だと考えられるが、ここではこの規定が文をまたがって機能するということを理論の特徴の 1 つとしてあげておきたい。この原理によって Cutrer(1994)は次の談話における容認度の違いを説明している。

(45) a. Have you met my brother? —I met him yesterday at 2 o'clock.
b. What happened yesterday at 2 o'clock. —*I have met your brother.

(Cutrer 1994: 210)

(45a)の質問文は現在完了形であり、PRESENT + PERFECT を表す。このとき BASE, V-POINT, FOCUS は同じスペースにあり、そこから PAST の位置に EVENT があって、そこで "meet my brother" というイベントが成立する、という構成になっている。答えの文は過去形で表現されており、英語の過去形は BASE からみた PAST の位置に FOCUS をおくという指令なので、FOCUS が質問文の EVENT の位置に移動している。この移動は(44fh)

に則っており適格である。これに対し、(45b)の質問文は過去形により PAST を表現しているので、過去スペースに FOCUS がある。答えの文は現在完了形で示されているので PRESENT PERFECT を表さなくてはならないが、そうすると FOCUS の位置は現在、EVENT の位置は過去スペースに置かれることになる。この過去スペースの位置は文脈上もともと FOCUS がおかれていたスペースと重なるので、それまで FOCUS であったスペースが単なる EVENT になってしまうような移動である。(44h)はこのような移動を認めておらず、不適格になるというのである。説明はまどろっこしいが、(44h)が示す内容は「EVENT は新しいスペースに作られるか、そこが FOCUS であるか、そこに FOCUS が移るかでなくてはならず、過去の FOCUS スペースが単なる EVENT に格下げされることは許されない」ということのようである。いずれにせよ、単独の文だけを問題にするのではなく、2つ以上の文にまたがる談話の流れとしての時制を扱うことができる装置なのである。

　それでは、このようなメンタルスペースの装置が、どのような時制現象を説明記述するか、ということの例として「フランス語の前過去」と「日本語の「―シタ」をとりあげてみたい。

2.3.4. フランス語の大過去と前過去

　フランス語には英語の過去完了にあたる形態が2つある。大過去と前過去であり、どちらも助動詞 *avoir*(≒ have)もしくは *être*(≒ be)と過去分詞の組み合わせで構成されるが、前者は助動詞が PAST IMPERFECTIVE と分析される半過去に置かれるのに対し、後者は PAST PERFECTIVE と分析される単純過去に置かれる点が異なっている。用法面での違いは、PAST PAST を表現できるのは大過去だけであって、前過去では表現できない、ということがあげられる。

(46) a. Elle écarta le rideau, et reconnut le bonnet qu'elle *avait prêté* la veille à Thérèse.
　　　彼女がカーテンを引くと、昨夜テレーズに貸したボンネットがみつかった。
　　b. *Elle écarta le rideau, et reconnut le bonnet qu'elle *eut prêté* la veille à Thérèse.

(46)で、話し手のいるスペースをS1、物語が展開中のスペースをS2、prêter le bonnet à Thérèseというイベントが成立するスペースをS3とすると、定義によりS1がBASEとなる。S2でécarter le rideau(カーテンを引く)、reconnaître le bonnet(ボンネットをみつける)といったイベントが展開されるが、これらの動詞は単純過去に置かれているので、S1からみたS2の関係はPASTである。prêter le bonnet(ボンネットを貸す)のイベントはS3であるが、la veille(その前夜)という副詞が用いられていることからもわかるようにS2からみたS3の関係もPASTである。図示すると

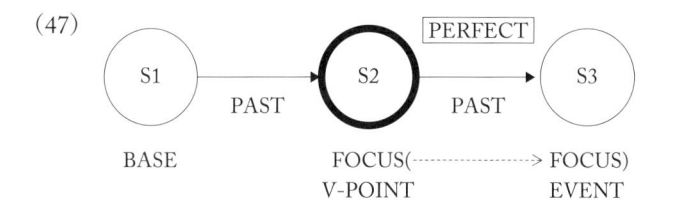

(47)　　　　　　　　　　　PERFECT
　　　　　S1 ──PAST──→ S2 ──PAST──→ S3
　　　　BASE　　　　　　FOCUS(·······→ FOCUS)
　　　　　　　　　　　　V-POINT　　　　EVENT

のようになっていて、これが大過去によって表現されている。FOCUSの位置は文脈上カーテンを引きボンネットをみつけたS2の位置にあると思われるが、S3の位置に移動し、この後S3の場面を中心に話が展開されていってもかまわない。S2の位置にFOCUSがおかれれば定義上アスペクトはPERFECTであるが、S2からみたS3の関係がPASTであり、このPASTはS2にV-POINTがあることによって構造上得られる解釈なのである。
　この大過去の使用は(44)の談話構成原理に則っている。avait prêtéという

述定の直前の述定である主節動詞の reconnut の段階では、この動詞が PAST PERFECTIVE である単純過去に置かれているので、BASE, V-POINT は S1、FOCUS, EVENT は S2 にある。この状態から avait prêté の段階で V-POINT が S1 から S2 に移動し、EVENT が S2 から S3 に移動しなくてはならない。最初の S1 から S2 への V-POINT の移動は、(44g)に則った移動であるが、これが形態的にも保証されなければならない。avait prêté という大過去の助動詞部分 avait は半過去で構成されているが、この avoir 事態が示すイベントは S2 にあると考えられ、半過去の PAST IMPERFECTIVE という性質によって、EVENT のある S2 の位置に V-POINT が移動したと考えられる。次の EVENT の移動は(44h)に則っており、今度は prêter が成立するスペースとして EVENT が S3 に移るのである。

　(46b)が示すように PAST + PAST の関係は前過去によっては示すことができない。形態上の大過去と前過去の違いは助動詞部分が半過去であるか単純過去であるかであり、半過去と単純過去の意味素性の違いは前者が PAST IMPERFECTIVE、後者が PAST PERFECTIVE である。PERFECTIVE だと定義により、V-POINT は EVENT 位置に移動することができない。(46)において eut prêté の述定が行われる直前の EVENT と FOCUS は S2 にあり、ここへの V-POINT の移動が禁止されているということになる。そのため S2 から S3 に対して PERFECTIVE な PAST の認定ができず、結果として PAST + PAST を表現することができない、ということである。図示すると

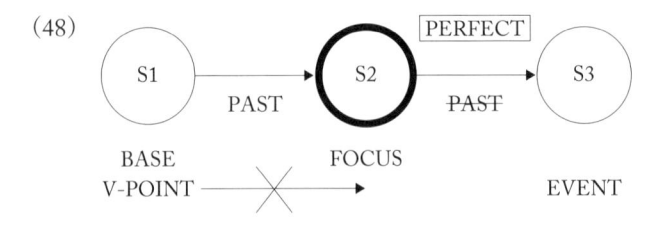

(48)

　　　　S1　——PAST——→　S2　——P̶A̶S̶T̶——→　S3　　(PERFECT)

　　BASE　　　　　　　FOCUS
　　V-POINT ——————✗——————→　　　　　EVENT

のようになる。

だが逆に(48)が示しているのは(35)のような PAST + PAST を表現することはできないが、PAST + PERFECT として認識される事態ならば表現可能であるということである。実際「〜し終えるとすぐ」のような完了性を強調する場面では今でもよく用いられる。

(49)　Dès qu'il *fut arrivé*, ils partirent.
　　　彼が到着するとすぐ彼らは出発した。

この場合 PAST PERFECTIVE の実現形たりえているのである。(47)の PAST PERFECT と(48)の PAST PERFECT はどちらも同じテンス・アスペクト的価値を有していても、(47)では S2 から S3 に対して PAST の認識があるのに対して、(48)にはそれがなく、イベントそのものを PERFECT としてしかとらえていないということである。これはそのまま(46)と(49)の解釈の違いに対応している。

さらに(48)の構造は助動詞部分が IMPERFECTIVE な FUTURE で指定される前未来の構造とも平行している。前未来は(48)において PAST と記されている S1 からみた S2 の時間関係を FUTURE に入れ替えた構造になっている。この前未来も前過去と同様に FUTURE + PERFECT の解釈しかなく、FUTURE + PAST の解釈は成立しない。

(50)　J'*aurai terminé* mon travail à 6 heures.
　　　6時には仕事を終えています。

(50)は6時には完了の状態としてすでにおえている、ということを述べているのであって、6時以降の未来の時間に V-POINT があって、それより以前の6時に仕事を終えるということを述べているのではない。

このようにメンタルスペースの PAST、FUTURE および PERFECT というテンス・アスペクトの装置を用いると、前過去や前未来の性質もわざわざ記述すべき属性ではなく、半過去と単純過去、さらに未来の形態がもつ性質

から必然的に導くことが可能なのである。筆者が PERFECT を FOCUS と EVENT の関係である、と考える理由も、この整合性を保つためのものである。Cutrer(1994)自身は PERFECT を V-POINT と EVENT の関係と考えている。PERFECT の特徴は問題となる EVENT が V-POINT/FOCUS よりも時間的に前(prior to)であることだが、Cutrer はこの関係の中に部分的にせよ重なることを許さず、V-POINT と EVENT の関係と規定したのである。もし FOCUS と EVENT の関係ととらえるなら、英語の現在完了形などで重なりを認めないわけにはいかなくなるからである。しかし仮にV-POINT と EVENT の関係と規定したところで、PAST PERFECT と分析される英語の過去完了形では V-POINT と EVENT の時間はやはり重なってしまうのである。実際、動詞が表現する事行の時間的側面をとらえるときに、焦点が事行と重なるのはむしろ自然であって、この重なりを回避する必要は全くない。それ以上に重要なことは、もし PERFECT を V-POINT と EVENT の関係ととらえた場合、PAST + PERFECT の形が実現するためには、最初の PAST に IMPERFECTIVE という属性が加わり、V-POINT が最初の FOCUS 位置である PAST で指定されたスペース((47)のケースにおける S2)に、移動しなくてはならない。ということは最初の PAST が有標の PERFECTIVE で示される前過去の場合、PAST PERFECT も PAST PAST も実現しないことになる。しかし、事実としては(49)のような文は現に可能なのであるから、この文を可能にするような構造が成立しなくてはならない。Cutrer は原理上不可能な文が、完了性の強調のために使用されたものという超法規的な扱いを前過去に与えているが、PERFECT を(38)のように規定すれば(48)の構造が保証され、(49)のような前過去の働きが説明できるのであるからこの方がはるかに合理的であろう。

2.3.5. 日本語のテンス形態素「―シタ」の記述

次にメンタルスペースで定義する諸概念によって、日本語の形態素「―シタ」の記述が可能になり、2.1. で提起した様々な問題に答えられるという事実を指摘しておく。

まず、「―シタ」が完成相過去と完了相現在の 2 つの価値のマーカーであるということに関してだが、同一の記号素がこの 2 つのマーカーになるのは日本語のみならず、フランス語の複合過去形でも同様である。そこで、完成相過去と完了相現在の価値をメンタルスペース的に示すなら、前者は PAST PERFECTIVE 後者は PRESENT PERFECT となる。これを図示すると前者は

(51)　He went to Paris.

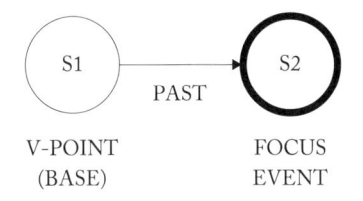

```
    S1  ──PAST──▶  ●S2
 V-POINT           FOCUS
 (BASE)            EVENT
```

である。PAST は S1 からみた S2 の時間関係によって示され、PERFECTIVE は V-POINT が S1、EVENT が S2 にあることによって示されている。これに対し、後者は

(52)　He has gone to Paris.

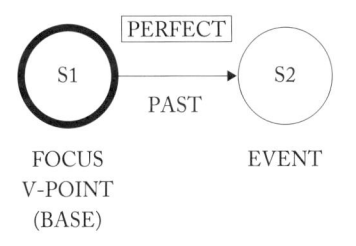

```
        ┌PERFECT┐
   ●S1 ──PAST──▶  S2
  FOCUS           EVENT
 V-POINT
 (BASE)
```

となる。(51)と(52)が示しているのは、どちらの場合も S1 は BASE であり、S2 が EVENT で、S2 内で「彼がパリに行く」というイベントが成立しており、さらに S1 からみた S2 の時間関係は PAST であるということであ

る[20]。この点まではこの2つの間に全く変わりはなく、事実全く同じ外界のイベントを(51)でも(52)でも表現することが可能である。(51)はFOCUSをS2に置いて、それを純粋に過去のイベントとして述べているのに対し、(52)はFOCUSをBASEの位置に置いて、「彼は行ってしまった」と現在におけるイベントの結果に重点を置いて述べているという述べ方の違いにすぎない。このようにPAST PERFECTIVEとPRESENT PERFECTの違いはFOCUS位置の違いだけなのだから、もしFOCUSの位置が副詞の使用などの要素で示されるならば同一の記号がこの2つのテンス・アスペクト的価値を示すのに使われることは何ら驚くに足らないことなのである。英語やフランス語における「過去形」の形態素はPASTを構成するV-POINTとEVENTのみならず、V-POINTがBASEであり、EVENTがFOCUSであることをも要求する。従ってフランス語の複合過去形はスペース構成まで含めた(51)と(52)という2つの価値を実現する形態となっていると考えられる。これに対し日本語の「—シタ」はFOCUSの位置に関しては全く関与的でなく、2つの構造の共通部分を一義的に表す形態素であると筆者は考えている。

立論の展開上、詳しい内容は4章で述べるが、ここではその結論を先取りして、メンタル・スペースによるテンス・アスペクト規定が、日本語の形態素「—シタ」の分析にあたって、どのような利点を提供できるか、ということをあらかじめ述べておきたい。本章で問題にした以下のような問いに対する解答を与えることができる、と考えている。

(53) a. すべての「—シタ」の用法に共通する「—シタ」の本質的機能は何で、どのように記述したらよいか。
　　 b. 本来テンスマーカーである「—シタ」がなぜ、特定の場合に完了の意味を表すことになるか。
　　 c. 現在完了の意味を表す「—シタ」のテンスは、いかなる意味で「現在」であると言えるのか。

d. 本来「過去」のマーカーであるはずの「―シタ」が、なぜ、現在完了の用法では、過去と対立する「現在」のテンスを表し得るのか。
　　e. 相対テンスとしての「過去」はなぜ、テンスとしてもアスペクトとしても分析が可能なのか。

2.4. 時制形態の価値

　本書が扱うテンス素性 PRESENT、FUTURE、PAST の定義は(34)で、隣接したスペース間に生じる純粋に意味論的な概念なのだが、Cutrer(1994) のオリジナルな定義は(33)のように V-POINT から FOCUS を指定する時間的指標である。これは英語の「現在形」「未来形」「過去形」の形態がそのような価値を有するように見えることからくる定義であるように思える。そこで、それらの定義をテンス素性の定義ではなく、各時制形態が汎用的にもつ価値の記述ととらえなおし、改めて考察してみることは有益であろうと思われる。ただし、相対テンスを中心とする日本語では FOCUS の役割が比較的小さく、「過去形」と分類可能な「―シタ」形が EVENT と異なる位置に FOCUS を持つことも可能であるので、V-POINT と EVENT の時間関係を規定する形態として時制をとらえることが最も汎用性の高いとらえ方になるように思う。このような観点にたって多くの言語に現れる「現在形」「未来形」「過去形」の形態がもつ意味的価値を記述してみたい。

2.4.1. 現在形

　それでは、個々の時制の特徴について考察してみよう。
　基本図式は以下のようになる。

(54)　現在形は PRESENT が EVENT として以下の性質を持ったスペース L を指定する。
　　a. L もしくは L の親スペース（日本語の場合子スペース）は V-POINT である。

b. Lの時間フレームはV-POINTより前であってはならない。
　　c. L内で成立するeventの属性はFactである。

一般的にいえば、最初のV-POINTの位置はBASEであり、またEVENTとして指定されるスペースもBASEと時間軸上同じ位置か後、にあるのだから(29)の最初の文のように4つの基本スペースがすべて同じ位置にあることも多い。この場合、必ずしもBASEが発話現場そのものである必要はない。(29)の場合も目の前にMaxがいての発話というわけではなく、BASEとして発話を展開している領域の中に所与のものとしてMaxを置いているというように理解できる。もちろん、文脈によっては発話現場そのもののみがBASEであることもあって、発話意図に応じてBASEのカバーする範囲は異なってくる。このパターンを図示すると以下のようになる。

PRESENT

Ⓛ　　Max is 19 years old.

BASE
V-POINT
FOCUS
EVENT

図7　4つの基本スペースが同じ位置にある構造

　指定する時制がPRESENTの場合、BASEとV-POINTさらにFOCUSとEVENTはしばしば重なるが、この2つのグループは異なることもある。

(55)　In Brazil, there is a new monarchy.　　　　　　（Cutrer 1994: 142）

(55)は、In Brazilというスペース導入詞が用いられているので、BASE以外に新しいスペースが構築されたことがわかる。there is a new monarchyとい

う命題が成立するのはあくまでこの新しいスペースの中だけであって、BASE 内では有効ではない。このパターンを図示すると以下のようになる。

In Brazil, there is a new monarchy.

PRESENT

BASE　　　　　　　　FOCUS
V-POINT　　　　　　　EVENT

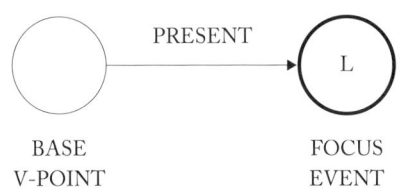

図 8　現在形で BASE と FOCUS 異なるケースのスペース構成

このパターンが現在形のもう 1 つの典型的なものであり、多くの現在形は図 7 もしくは図 8 の形で示すことができる。

さて、通常「現在形」と呼ばれる時制は様々な用法を備え、現実の出来事をそのまま描写する、という基本的な用法に加えて、総称や習慣を表す、というような用法がある。この場合、「総称スペース」、「習慣スペース」といったスペースをたてて、図 8 のような形で処理する。

(56) a.　John sees a therapist.
　　 b.　On Tuesday, John sees a therapist.

(56a) は現に展開中の行為を描写するという解釈もでき、その場合は図 7 のように分析されるが、現在の習慣と解釈することもできる。その場合、BASE と異なった習慣スペースをたてることで、普段は精神科医のカウンセリングをうけているが、今日は用事があるからやめる、というような事態に対応することができる。(56b) は習慣スペースが明示的なスペース導入詞によって作られている例だが、習慣読みをする (56a) とスペース構成自体は同じで、単に習慣スペースの属性として Tuesday という要素が付加されているにすぎない。Cutrer が (56b) に与えた図式は以下のようなものである[21]。

```
              b'
         a'•
space R:  •
  BASE
  V-POINT        •b
  PRESENT       •a

         space M:
          FOCUS
          (EVENT)
          PRESENT
```

```
habitual space:
time space:
t: Tuesday
a: John
b: therapist
SEE a b
```

図9　Cutrer（1994: 148）

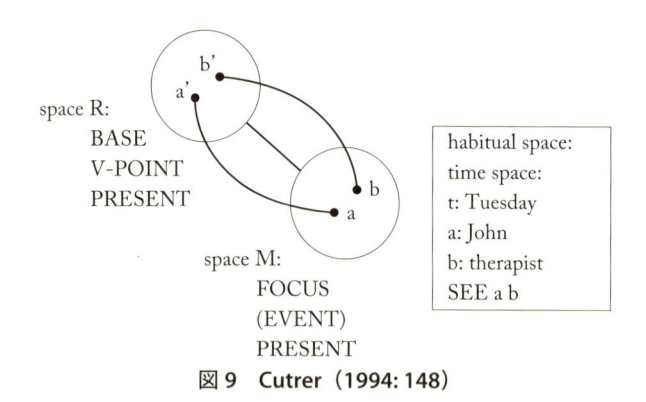

　この時 BASE には John(a) と therapist(b) の対応物(a')(b')が存在し、それぞれ(a)(b)と Identity コネクターで結ばれている。BASE の位置では、もしこの発話が火曜日になされたとすれば、「だから今日も行くだろう」という推測が当然成り立つのであり、それはこのコネクターの働きによる。もちろん see a therapist のイベントが成立するのは習慣スペース内のことであるから、現実の BASE でそれがキャンセルされても(56b)は全体として「真」であり得る。要素間の対応関係はイベントの生起を規定するものではないのである。

　同様なことが総称スペースについても言える。解釈に応じてスペースの属性が変化するだけで、基本的な図式は図8であることに変わりはない。新たに導入される EVENT スペースの属性が「習慣スペース」であったり「総称スペース」であったりするだけである。Cutrer があげた例は

(57)　Angry camels grunt and spit.　　　　　　　　　（Cutrer 1994: 144）

であるが、その図式は

```
            a': camel
              angry
             SPIT a'
            GRUNT a'

space R:      a'
  BASE
  V-POINT                generic space:
  PRESENT      a          a: camel
                            angry
                           SPIT a
         space M:         GRUNT a
           FOCUS
           (EVENT)
           PRESENT
```

図 10 （Cutrer 1994: 145）

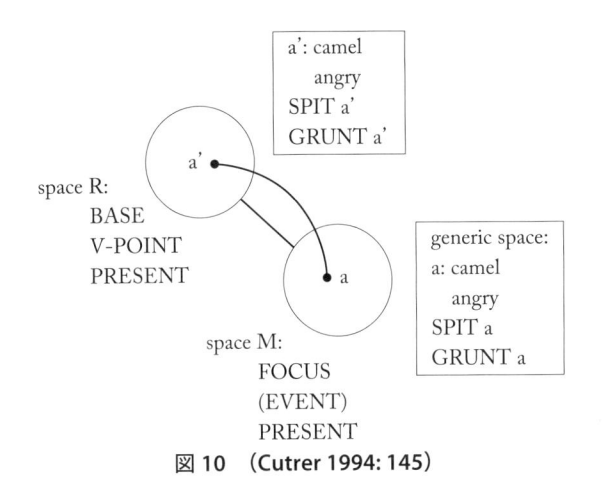

である。図9と図10に全く違いがないことがわかるだろう。この場合も総称スペースを立てる利点は、必ずしもBASEにある対応物は総称スペースの要素と同じふるまいをしなくても、総称スペースにおける言述の真偽に影響を与えないということなのである。

　CutrerがあげるPRESENTの特徴として最後にあげておかなくてはならないのは、(36)のようにこれが未来のイベントを表現することにも使われる、ということである。その場合も基本図式は図8で、EVENT/(FOCUS)スペースLはBASEからみて時間的に未来の位置に置かれることになる。CutrerによるとPRESENTとFUTUREの違いはそこで表現されるイベントがFactとして描かれるのかPredictionとして描かれるのか、という語り方である。ここに至って時制的価値の対立が、モーダルな対立に移し替えられていることに注目しておきたい。

　英仏日本語いずれの言語においても、(54)のPRESENTが単独で実現した形式として「現在形」という時制形態を備えていると思われる。BASEの内容を記述するとき、もしくはBASEからPRESENTでアクセスするスペースの内容を記述する時に用いられる形式である。

　現在形が表す時間枠は(54b)から、その時間フレームはBASEより前で

あってはならない。だが、フランス語の現在形に関して、Serbat(1980, 1988)Mellet(1980)などは、フランス語の直説法現在形は、時間枠を全く定めない、すなわち時制的価値を持たない活用形式である、という主張を展開している。この主張は(54b)と完全に対立するものであるから、以下でこの主張について検討しておく。彼らはその主張の根拠として形態論的理由と意味論的理由をあげている。

2.4.1.1. 現在形無時間説の形態的理由

Serbat(1980)は時制区分を「現在」「過去」「未来」とし、フランス語の現在形、半過去形、単純未来形をそれぞれの時制を表す形式と仮定して、1人称複数形の活用を対比させる。規則動詞 aimer の場合だと

(58) a.　nous aim-ø-ons
　　 b.　nous aim-i-ons
　　 c.　nous aim-er-ons　　　　　　　　　　（Serbat 1980: 38）

となる。ここから aim を語幹、活用語尾最後の -ons の部分が人称に対応し、真ん中の部分が時制に対応するというように形態素解析を行う。そうすると現在形では時制部分の形態素が存在しないから、形態的に時制要素を持たない、と主張するのである。

ただし、この分析には様々な問題が存在する。まず、未来形は歴史的にみると不定法 aimer に avoir の活用形(avons)が付加されてできたものである。確かに現在では r 音が未来形の指標として再分析され、活用の体系の中に組み込まれていると思われるが、この分析をそのまま適応するなら、不定法は aim-er- ø と分析されることになり、人称の指標は持たないが、未来の形態素を持つことになってしまう。これは意味的機能的に受け入れられない分析である。さらにフランス語には半過去と並んで単純過去という過去を表す時制があるが、その活用は nous aimâmes であり、

(59)　nous aim-â-mes

と分析したところで、(58)との平行関係を見いだすことは難しいだろう。
　そもそもゼロ形態素だからといって、文法カテゴリーの指標にならないと主張すること自体が難しいと思われる。例えば名詞の単複に関しても、複数形が有標であり、その対立は複数形(-s)／単数形(-ø)であるが、可算名詞の場合複数では形態素 s の付加は義務的であり、それが付加されていないということは消極的な形ではあれ単数であるということの指標たり得ているのである。現在形の場合も同様で、フランス語に限らず、英語や日本語においても形態的には無標の時制カテゴリーである。しかし次節で述べるように明確に過去と対立しており、(54b)で表される時間フレームの表示たり得ていると思われる。
　以上のような理由から Serbat(1980) のあげる形態論的根拠は、現在形無時間論の根拠としては乏しい。

2.4.1.2.　現在形無時間説の意味論的根拠
　意味的根拠として真っ先にあげられるのは

(60)　La Terre tourne autour du Soleil.
　　　地球は太陽の周りを回っている。

のような超時的真理が現在形で表されるということであろう。このことは無時間説に対しては積極的な論拠となるものの、(54)の反論としては貧弱である。不可算名詞が形態的には単数で表記されるように、無時間が無標の現在形で表現されたにすぎず、(54b)のフレームの逸脱にはなっていない。総称スペースとして BASE から PRESENT でアクセスするスペースを想定すれば、(54)の図式に完全に収まるものであり、形式的妥当性は保持される。また、これまで繰り返し述べてきたように、未来の出来事が現在形で表現され得ることも(54)は包摂している。

結局、問題は現在形が過去を表し得るかということに帰着する。確かに歴史的現在と呼ばれ、過去の出来事を現在形で記述する修辞的現在形があることは以前からよく知られていた。Serbat(1980)があげるのもこの歴史的現在の例である。

(61) En 1942, les Américains *débarquèrent/ont débarqué/débarquent* en Afrique du Nord. (Serbat 1980: 37)
1942年アメリカ軍は北アフリカに上陸した。

(61)でも過去(1492年)の事実を述べるのに単純過去(débarquèrent)、複合過去(ont débarqué)と並んで、ほとんど等価に現在形(débarquent)が用いられ得る。ただし、従来の伝統的な分析は過去の事実をあたかも目の前で展開されているかのように述べる修辞的現在形であり、この場合でも「現に起こっている、展開中のできごとを述べる」という現在形の主要な機能が用いられていると考えられてきた。メンタルスペースの用語で言えば、BASEとV-POINTが話し手が言語活動を行っている場から焦点スペース(En 1942)に移行した結果であると考えられてきたのである。これに対しSerbatやMellet(1980)は、歴史的現在はことさらに修辞的な文体ではなく、現在形の本来の機能の表れにすぎないと考え、歴史的現在の眼前描写の文体効果は時制を転換することから生じる副次的な結果にすぎないと主張する。Mellet(1980)はその根拠として、歴史的現在が使われている実例をみると、これまで言われてきた文体的効果が必ずしも見られないことをあげている。

しかしながら、主観的な判断によらざるを得ない文体的効果によって現在形の価値を分析することは危険であろう。実際の文の容認可能性から考えてみると、過去における現在形の使用が許されるためにはそれなりの文脈的ささえが必要である。まず、(61)のようにen 1942のようなスペース導入詞が文頭に来なくてはならない。

(62) a.　Hier, je me lève à 7 heures. Il fait beau […]
　　 b. ??Je me lève à 7 heurs hier. Il faisait beau […]

(62)は作例だが、典型的な歴史的現在は(62a)のように、スペース導入詞が文頭に来て、これが文のみならず、談話レベルでのテーマを構成し、数文が現在形のまま続き、同一スペース内での安定した談話展開がなされるというものである。英仏語においてBASEは大体安定しており、ブロックごとでなくては移動は頻繁に行われない。(62b)のようにhierが文頭ではなく文尾に来た場合、相対的容認度はかなり下がり、さらにその後も現在形が続かなければ、ほとんど非文になると思われる。Serbat(1980)の説ではなぜこのような形で容認度に差があるのかを説明できないだろう。
　理論的整合性の問題からいくと、メンタルスペースのスペース配分は(44)の談話構成原理に従わなくてはならない。(44)はCutrer(1994)の記述をベースに筆者が簡略化したものだが、(44b)の元になった主張は

(63)　There may be only one BASE in each hierarchical configuration of spaces, although more than one configuration and thus more than one BASE may be accessed for a single utterance.　　　　　（Cutrer 1994: 77）

であり、談話構成原理のgeneral principlesの1つとしてあげられている。(62)は(63)に従って、スペース導入詞hierによって開かれるスペースにBASEが移動したと考えられる。英仏語においてはBASEは頻繁に移動することはせず、できるだけその位置にとどまろうとするので、この歴史的現在の用法はある程度継続しなくてはならないと考えることができる。(62b)では最初の現在形の部分で元々あった話し手の位置からFOCUSスペースでの述定がなされており、hierという副詞の設定と合致しないために非文となると考えられる。(63)の規定から、BASEは単一の階層構造では1つしか存在してはならないのである。
　以上の考察から「現在形」を無時間の形態と考える意味論的根拠も希薄で

あることがわかる。英仏日の各言語の「現在形」は BASE や BASE + PRESENT にアクセスする形態として認定し得るものである。

2.4.2. 未来形

基本図式は以下のようになる。

(64) 未来形は FUTURE が EVENT として以下の性質を持ったスペース M を指定する。
   a. M の親スペースは V-POINT である。
   b. M の時間フレームは V-POINT より後である。
   c. M 内で成立する event の属性は Prediction である。

問題は前述したように、PRESENT と重なる部分が多い、ということである。その場合、違いが(36)(37)に示すようなものにすぎないとしたら、未来形は時制ではなく、モダリティであって、Prediction というモーダルなカテゴリーをたて、未来形は PRESENT Prediction というように分析すれば十分ではないか、という可能性を検討しなくてはならない。一般的な時制カテゴリーとして(64)のような FUTURE をたてるのは問題ないが、個々の言語において「未来形」とされるものが、本当に FUTURE の実現形なのか、PRESENT Prediction なのか、ということは個別に検証していかなくてはならないのである。

　もちろん、時制、モダリティーというカテゴリーの区別は人為的なものであって、相互に関連性をもつことはいうまでもない。時間軸上未来に置かれることがらは事実として確定していないのだから、必然的に Prediction の様相を帯びる。これは1つの記号が「未来」であることを表現すれば、それは同時に Prediction として語っていることになるということでもある。逆に言えば、Prediction として語り、かつそれが現実世界のことだという意味を他方で保証するなら、Prediction の記号は未来の記号としても機能する、ということである。実際、歴史的にみると1つの記号が、この双方の性質をおび

て使用され、相互に代用されていることがわかる[22]。共時的視点で、言語を閉じた体系としてとらえる場合でも、1つの記号を時制なりモダリティなりそのどちらかのカテゴリーに完全に押し込めてしまうことは実態の忠実な観察ではなく、理論的な単純化ということになる。

　とはいえ、構造を単純化し、体系的な整合性をはかることには多くの利点がある。特に個別の言語の違いを語る時に、おおまかな特徴として実態をとらえるときに有益なように思う。以下英語の will 未来形は PRESENT Prediction、フランス語の V-ra 未来形は FUTURE の実現形である、という主張を展開するが、これも上述した内容をふまえての単純化である。

　さて、Cutrer 自身は特に深く検討することもなく、英語の will 形も be going to 形も未来形であるとし、以下の例をあげる。

(65) a.　According to the weather report, it *will snow* tomorrow.
　　 b.　According to the weather report, It's *going to snow* tomorrow.

（Cutrer 1994: 172）

図は以下のようになっている。

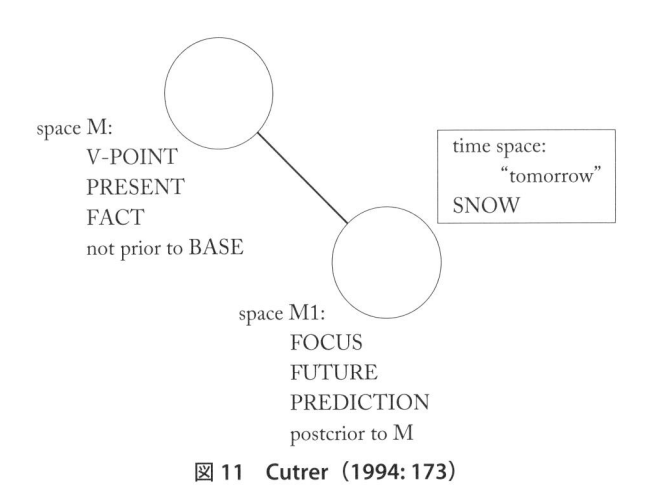

space M:
　V-POINT
　PRESENT
　FACT
　not prior to BASE

time space:
　　"tomorrow"
　SNOW

space M1:
　FOCUS
　FUTURE
　PREDICTION
　postcrior to M

図 11　Cutrer（1994: 173）

ただし、分析は PRESENT FUTURE(PREDICTION from a PRESENT V-POINT)であって、FUTURE が単独で実現しているわけでもないし、この書き方からは FUTURE と PREDICTION を区別しているかどうかもあやしい。彼女自身の記述は

(66) "Both the 'will' Future and 'Be going to' Future are analyzed here as encoding a PRESENT FUTURE(FUTURE of the PRESENT)for two reasons. First, morphologically both contain a PRESENT form. Second, with 'will' or the PRESENT of the auxiliary 'BE', anchoring to a PAST V-POINT is not possible. In this way, they pattern like the Present. A PAST FUTURE counterpart is available with 'would' and the PAST of the auxiliary 'BE'."　　　　　　　　　　　　　　（Cutrer 1994: 172）

となっており、これだと時制カテゴリーの FUTURE の代わりにモーダルカテゴリーの PREDICTION をたてても全く問題は生じない。記述内容が Fact であるか Prediction であるか、といったモーダルな区別を別にすると、時制として PRESENT と FUTURE を区別する本質的な位置関係は(34b)と(64b)であり、FUTURE は V-POINT と重なる時間を示すことができないということにつきる。

　この観点から英語の will 未来形をみてみると、これは V-POINT と重なる時間を、正に推量としてを示すことができる。Cutrer 自身次の例をあげ、

(67) Jack'*ll be* here somewhere.　　　　　　　（Cutrer 1994: 173）

"The 'will' Future may be used to encode events which are predicted to be true at the present moment"(ibid, 173)と述べている。この記述と(64b)との矛盾については全くふれていない。また、will は元来意志(volition)を表すものであり、本来的な用法ともいうべき次のような例もある。

(68)　You look sleepy. I'*ll make* some coffee.　　　　　（Cutrer 1994: 174）

この場合、make some coffee というイベントそのものは未来であっても、この文が示しているのは「コーヒーをいれてあげよう」という現在の意志であり、FOCUS はむしろ現在にある、というべきであろう。(67)と(68)は(64b)の記述にはあてはまらない。will が示す V-POINT と FOCUS の間の時間軸上の位置関係はむしろ(34b)であり、この観点からすると will は FUTURE のマーカーなのではなく、Prediction のマーカーであると分析する方がよい、ということになる。will 未来形とされているものは、時制上は PRESENT でこれに Prediction というモダリティーが加わったものなのである[23]。

　英語の未来形が、現在にフォーカスをおくことができるという趣旨の指摘は Reichenbach(1966)でもなされている。

(69) a.　I shall go tomorrow.
　　　　S — R, E
　　b.　Now I shall go.
　　　　S, R — E　　　　　　　　　　　　　　（Reichenbach 1966: 295）

のように、今の場合 shall で表現されている未来形は、(69a)のように未来の時点を reference time とすることも、(69b)のように speech time と同じ時点を reference time とすることもできる。この形を未来形と呼べる唯一の根拠は event time が未来にあることだが、(67)では、event の時間も現在である。

　その他、形態的な理由から will が法助動詞であって、未来のマーカーではない、とする主張は多い。Quirk et al.(1985), Palmer(1990), Leech(2004)等がそうであるが、ここでは代表的なものとして Quirk et al.(1985)をあげておく。

(70) [...] morphologically English has no future form of the verb in addition to present and past forms. Some grammarians have argued for a third, 'future tense', maintaining that English realizes this tense by the use of auxiliary verb construction (such as *will* ＋ infinitive): but we prefer to follow those grammarians who have treated tense strictly as a category realized by verb inflection. (Quirk et al. 1985: 176)

彼らにとって、テンスとはあくまでも動詞の語尾によって示されるものなのである。

フランス語の場合、「助動詞の avoir ＋本動詞の過去分詞」の形で示される複合過去は PAST の実現形として分析することも可能で、動詞の活用によって示されるもののみを時制と規定するのはきつすぎる。しかしながら、典型的な時制は動詞の活用で示されることもまた事実であり、特に英語はその意味での形態と機能の一致を保持していると言える。さらに、英語の場合典型的なモダリティは may, must, can などの助動詞によって示されるので、will をテンスではなく、モダリティとみなすのが形態的には最も妥当なのである。

現在フランス語で単純未来と呼ばれる V-ra 形の場合、r という弁別要素をそなえた動詞の活用によって未来のできごとが表現される。従って形態的にも時制カテゴリーに分類したくなるが、V-ra 形の FOCUS は常に未来であって、V-POINT と同時ではない、という点でも (64b) に合致し、未来形と呼ぶにふさわしい。

まず、フランス語の V-ra 形は (67) のように現在の推量を表すことはなく、同じ内容を表現するためには未来から時制を 1 つずらして表現しなくてはならない。

(71) a. Jack sera ici quelque part.
    b. Jack aura été ici quelque part.

次に (68) も V-ra 形では表現できず、英語の be going to 形に相当する « aller + inf »（近接未来）を用いる。

(72)　Tu as l'air d'avoir sommeil. Je {vais préparer/ *préparerai} du café.

(69) に相当するフランス語もそれぞれ

(73) a.　J'irai demain.
　　 b.　J'y vais maintenant.

で、(73a) は V-ra 未来形、(73b) は « aller + inf »（近接未来）が用いられている。
　実際に出版されている翻訳でも翻訳者は相互に時制を転換している。フランス語→英語のケースでは、直後に実現する内容を原文では現在形で表現されているものが、未来形に翻訳されているケースが多い。以下 (74)(75) では (a) の原文が現在形、(b) の翻訳が未来形である。

(74) a.　Voilà, je vous *lance* la corde et vous me tirez à vous [...]
　　　　　　　　　　　　　　　　　　　　　　　　　(Tintin E. M.: 59)
　　 b.　I'*ll throw* you the rope, and you can haul me across.
　　　　(Lonsdale-Cooper M. Turner *The Shooting Star* in Guillemein-Flescher 1981: 310)
(75) a.　—Et cette tasse de thé, monsieur Lecanu?
　　　　—Maintenant, je *veux* bien, Madame, avec plaisir.
　　　　　　　　　　　　　　　　　　　　　(Maupassant *Pierre et Jean*)
　　 b.　"And now for that cup of tea, Monsieur Lecanu?"
　　　　"Now I *will* accept it with pleasure, madame."

« aller + inf »（近接未来）が will 未来形となるケースもある。以下は辞書の例

文である。

(76) a. Attention, tu *vas* te faire écraser!
　　b. Watch out, you'*ll* get run over!

　　　　　　　　　（*Collins easy learning French dictionary 2nd ed.*）

(76a)の原文が « aller ＋ inf »（近接未来）、(b)の翻訳が will 未来形である。
　英語→フランス語のケースでは逆に will 未来形が現在形に翻訳されている。

(77) a. Quite so; but the sequel was rather unusual. I *will* tell you, however.
　　　　　　　　　　　　　　　（Doyle *The Adventures of Sherlock Holmes*）
　　b. C'est vrai! Mais la suite n'a pas été banale. Je vais tout vous raconter.
　　　　　　　　　　　　（Tourville（訳）*Les aventures de Sherlock Holmes*[24]）
(78) a. Your Majesty *will*, of course, stay in London for the present?
　　b. Votre majesté ne quitte pas Londres?

(77)(78)において、いずれも(a)の原文では未来形が用いられているが、(b)は現在形になっている。
　以上のような事実から英語の will は Prediction のマーカーで、will 未来形は PRESENT Prediction、フランス語の V-ra 未来形は FUTURE の実現形（未来形）である、と分析するのが妥当であることがわかる。この分析はさらに、英語の will 未来形は時間の画定ができないが、フランス語の V-ra 未来形はできる、という事実を説明することもできる。時間の画定とは when などの接続詞とともに用いて、動詞のイベントの生起の時期を時間軸上の基準点とすることを言うが、FUTURE は時間軸上の位置の指標であり、文字通りそれが可能であるのに対し、Prediction は現実の時間軸からずれることを示す指標であるから、それができないということになる。実際英語では時間関係を表す接続詞に導かれる従属節中に will 未来形を用いることはできない。

(79) a. *When* John has time, he will finish his book.
   b. *Until* I finish my thesis, I will be stressed.
   c. *Before* your mother arrives, you will clean the house.
   d. *After* I master salsa, I'll learn the tango.
   e. *While* I am in San Diego next summer, I'll be working on my tan.
   f. *As soon as* he arrives, we will leave.　　　　（Cutrer 1994: 158）

Cutrer はこれを Fact/Prediction 原理で説明しようとしている。すなわち、これらの接続詞の後ではイベントを事実(Fact)として表現しなくてはならないのだから、Prediction の様相を帯びて表現する FUTURE では表現できない、というものである。「事実として表現しなくてはならない」というのは「現実の時間軸上に位置づけなくてはならない」ということと同趣旨であり、ここまでは筆者の主張とかわらない。問題はこの性質を FUTURE に帰したことにある。もしそうだとすると、同じく（というより本来の）FUTURE の実現形であるフランス語の V-ra 未来形が、(79)と同じ環境のいつくつかで可能になる、という事実を説明することができない。(79)に対応するフランス語は

(80) a. Quand John *aura* du temps, il finira son livre.　　　　未来形
   b. Jusqu'à ce que je *finisse* ma thèse je serai stressé.　　　　接続法
   c. Avant que ta mère *arrive*, tu nettoieras la maison.　　　　接続法
   d. Après que *j'aurai maîtrisé* le salsa, j'apprendrai le tango.　　　　前未来形
      もしくは Quand je *maîtriserai* le salsa.　　　　未来形
   e. Pendant que je *serai* à San Diego l'été prochain, je travaillerai mon bronzage.　　　　未来形
   f. Dès qu'il *arrivera*, nous partirons.　　　　未来形

であって、接続法を要求するものもあるが、未来形も可能である。これは FUTURE 自体は時間軸上の未来の地点への位置づけを行い得るということ

の証拠であろう。時点の画定ができないのは Prediction の性質であって、FUTURE の性質ではないのである。実際の翻訳でも、これらの表現とともに用いられたフランス語の未来形は英語では現在形に置き換えられている。

(81) a. Ah! alors tu me feras visiter en grand détail la Lorraine dès qu'elle *entrera* dans le port, n'est-ce pas? （Maupassant *Pierre et Jean*）
  b. Then you will get me leave to go over every part of the Lorraine as soon as she *comes* into port?
(82) a. Pendant que nous *dormirons* notre petit somme, le colonel comte Franchessini vous ouvrira la succession de Michel Taillefer avec la pointe de son épée. （Balzac *Le Pére Goriot*）
  b. While we *are having* our forty winks, Colonel Count Franchessini will clear the way to Michel Taillefer's inheritance with the point of his sword.
(83) a. Je lui dirai que son père va plus mal quand elle me *sonnera*.
   （Balzac *Le Pére Goriot*）
  b. As soon as she *rings*, I will go and tell her that her father is worse.

2.4.3. 過去形

時制カテゴリーとしての基本属性は以下のようになる。

(84) 過去形は PAST が EVENT として以下の性質を持ったスペース N を指定する。
  a. N の親スペース（日本語の場合子スペース）は V-POINT である。
  b. N の時間フレームは V-POINT より前である。
  c. N 内で成立する event の属性は Fact である。

ただし、多くの言語で反実仮想の仮定を表す前件部分で PAST の実現形態である過去形が用いられることから、PAST をテンスとモダリティを統合し

た認知スキーマとして拡張定義することがふさわしいと筆者は考える。PAST がモダリティカテゴリーとして機能する場合の属性は以下の通りである。

(85) PAST は EVENT として以下の性質を持った仮定基本スペース HB を指定する。
 a. HB は FOCUS である。
 b. HB の親スペースは BASE である。
 c. HB の時間フレームは BASE より前であってはならない。
 d. HB 内で成立する event の属性は Fact である。
 e. HB 内で成立する event の BASE における真偽値は真であってはならないが、それ以外は BASE の性質がすべて継承される。

(84)と(85)を比較すると、(85b)の内容は(84a)の規定に含まれているので、(84b)を除く総ての属性はモダリティカテゴリーの場合にもあてはまることがわかる。ただし、(84b)と(85c)は排他的な属性であるので、筆者は認知スキーマとしての PAST は機能的多義性を有していると考えている。また日本語では PAST は時制カテゴリーとしてしか機能しないので、(85)は必要ない。そのため(85)は英仏語にしか関係しないので(85a)を加えてもよく、また(85b)は「親スペース」という記述で十分である。この過去性と仮定性を巡る問題については改めて 5 章でとりあげたい。

 PAST に対応する形態は各国語とも有標のものを複数備えていることが多い。現在日本語では「—シタ」形式のみだが、英語では「過去形」と「助動詞 have＋過去分詞」の形式があり、後者は(15b)のような PAST＋PAST を表す過去完了形のような形で実現する。また、フランス語の場合は PAST＋IMPERFECTIVE の場合に「半過去」、PAST＋PERFECTIVE の場合に「単純過去」もしくは「複合過去」、のような形態で実現する他、英語と同じように「助動詞＋過去分詞」の形式も備えており、大過去形の形式で実現する。

注

1 フランス語学の分野で、A. Meillet が提唱した procès の訳語として用いられている用語で、動詞が表現している「動作」および「状態」を総称する。
2 フランス語で同じテストをしてみると、結果は異なるが、この問題は後ほどふれることにする。
3 この表における「完成相」は「継続相」に対する無標の対概念であって、そのようなアスペクトを積極的に表しているというようには必ずしも理解されていない。「スル／シタ」の対立はアスペクト的には同じものであり、「非過去／過去」の対立でしかないのだから、「シタ」は過去を表すテンスマーカーであるということになる。
4 ここではテンス・アスペクトの共通性という観点から述べているので、このような言い方になるが、後に整理するようにテンス・アスペクトを独立した普遍的な意味カテゴリーという立場から言い直すと、日本語では「完成相過去」を表す形式と「完了相現在」を表す形式が同一であるということになる。
5 金水(2000)では、このように形態と独立した理論的に要請される意味的範疇を「アスペクト性」「時制性」「様相性」と呼び、具体的な言語においてこれらの意味を表し分ける形態的な対立を「テンス」「アスペクト」「ムード」と呼んで厳密に区別している。この区別に従えば、「例えば中国語はテンスに相当する形式が欠けていると言われる。しかし、それは中国語の発話が時制性を欠いているということにはならない。述語の形式的な対立以外の部分で時制性の情報を与えているのである。」金水(2000: 4)というような記述が可能になる。しかし本稿ではこのような区別を設けず、あくまで形態的にも実現しうる意味的範疇を表す用語としてテンス・アスペクトを用いる。
6 観念世界のありようを述べる接続法や、命令法など、テンスから解放されていると考えられる叙法も存在する。
7 この定義は益岡(1991: 30)による。
8 もちろん、談話の進行にともなって統合することはできるだろう。また肉屋の存在は継承される。
9 Cutrer(1994)の定義との違いや修正の意図などについては井元(2010)参照。
10 以下の図はいずれも Fauconnier(1997)のものである。この表記の仕方ではスペース間の展開のみが問題になっており、時間軸上の位置関係は考慮されていない。
11 E, R—S とすると、過去形の記述になってしまう。
12 (31)の表現では「BASE に準ずる V-POINT」だが、通常は主節の FOCUS の位置と重なる。(31)の定義は、「相対テンス」をゆるやかにとらえたものである。
13 この規定からわかるが、PRESENT は日本語について「非過去」と表現してきた内容と重なる。FUTURE を直接実現する形態は日本語には存在しない。

14 図における矢印は視点の方向を示す。この矢印は Cutrer(1994) の表記にはない。筆者も煩雑な場合には省略することもある。
15 S1 から S2 に PAST の属性が付されるためには S1 が V-POINT でなくてはならないが、後に述べる談話構成原理によって BASE は最初の V-POINT であると規定されているので、S1 に V-POINT があった段階で PAST の指定を受け、V-POINT が S1 から S2 に移った後も PAST の属性を保持していると考える。
16 筆者は英語の場合 will は FUTURE の実現形ではない、という立場をとるが、ここでは Cutrer にならって便宜的に will を未来形としておく。
17 後に詳しく述べるが、日本語の場合スペース構築の順序が逆になるので英仏語における「親スペース」という記述は「子スペース」と読み替えなくてはならない。
18 この移動は次に述べる「談話構成原理」の (44f) で許されている。
19 この原理は 4 章で詳しく検討する。原文については (120)(121) に示した。
20 Cutrer(1994) は PAST の定義として、FOCUS となる EVENT を指定するとしているので、彼女の定義する PAST は認定されないが、筆者が (34a) と定義する PAST はここでも認定される。
21 Cutrer(1994) は視点の方向を矢印で表記することはしない。
22 Fleischman(1982) 参照。
23 (68) のモダリティは Prediction というより、むしろ Volition と形容すべきであるが、ここでは Prediction を Volition を含んだ、広い意味のモーダルカテゴリーと考えることにする。
24 Sir Arthur Conan Doyle, *Un Seandale en Bohême — Les Aventures De Sherlock Holmes*, transrated by Bernard tourville, Edition du groupe "Ebocks libres et gratuits", 2003, 51

3章　従属節の時制

　Cutrer(1994)による時制論の最大の功績は、英語の伝達動詞に支配される従属節内のかなり複雑な時制選択の仕組みを、独自の議論を使って説明したことにある。ここではまず、英語のいわゆる間接話法の時制について Cutrer(1994)が提示した問題を概観し、それについて彼女がどのような解決策を提示したのかを検討してみよう。

3.1. 英語における間接話法の時制をめぐる問題

　Cutrer(1994)は3つの問題をあげている。

3.1.1. 現在形、過去形の解釈の多様性

　まずあげるのが、従属節のテンスの解釈が一様でないことである。Cutrer(1994) は say や announce などの伝達動詞がおかれるスペースを Speech Space と呼んでいるので、ここでもスピーチスペースの名称を用いることにする。

(86) a. John said yesterday that he *is* sick.
　　b. John will announce tomorrow that he *is* sick.
　　c. John was in San Francisco yesterday.
　　　 I talked to John's secretary (yesterday).
　　　 She said he *is* in Los Angeles today.　　　（Cutrer 1994: 325)

(87) a. John said yesterday that he *was* sick(yesterday).
   b. John said(yesterday)he *was* often sick in his childhood.
   c. John will announce at midnight that he *burned* the document.

（Cutrer 1994: 326）

(86)が例示する現在形についてみてみると、現在形に置かれた動詞の事行が成立するスペースの時間軸上の位置は、(86a)では Jhon が発言した過去スペース(スピーチスペース)を含み、さらに発話時(BASE)に広がる時間、(86b)はスピーチスペースと同時もしくは、BASE と同時な時間、(86c)では、BASE と同時な時間、というようにばらばらである。一方、(87)が例示する過去形の時間は、(87a)はスピーチスペースと同時、(87b)はスピーチスペースより過去、(87c)はスピーチスペースより過去だが、BASE からみたら未来であり得る。これらの時制が示す時間幅をどのように規定するのか、というのが第一の問題である。

3.1.2. 未来形の制約

次に、従属節に用いられる未来形は制約が多く、これをどう説明するかという問題がある。まず、未来形は伝達動詞が現在形もしくは過去形の場合と未来形の場合とでふるまいが異なっている。

(88) a. John *says/said* that he *will* come.
   b. John *will say* tomorrow that he *will* be happy.   （Cutrer 1994: 327）

(88a)のように伝達動詞が現在形もしくは過去形の場合、he will come が示す時間はスピーチスペースより後であっても、BASE より前であってはならない。つまりこの「未来」は BASE から見た未来ということになる。しかし、(88b)の場合は BASE からみて未来であっても、スピーチスペースからみて現在や過去であっては使えない。従ってこちらの「未来」はスピーチスペースからみた未来である。特に伝達動詞と同じ時間を示せないという性質は特

(89) a. *?John *will say* tomorrow that he *will be* happy(tomorrow).
　　b.　John *said* yesterday he *was* happy(yesterday).　　（Cutrer 1994: 327）

過去形の場合だと、(89b)のように伝達動詞と従属節の動詞は同じ時間を表す。これはどちらの場合も BASE からみた時間関係を示しているということである。実際通常考えられている時制の一致とは、スピーチスペースからみた時間設定を BASE からみた時間設定に代えることに他ならない。ところが、(88b)や(89a)が示しているのは、未来形は直接話法と同様にスピーチスペースからみた時間関係で表現されるということなのである。これはなぜなのだろうか、というのが 2 番目の問題である。

3.1.3. BASE からのアクセス制約

　これは 2 番目の問題とも関連するが、従属節の時制に対して BASE からのアクセスには様々な制約がある。

(90) a. *?John said yesterday that he was sick this morning.
　　b. *?John will announce tomorrow that he will resign tonight.
　　　　　　　　　　　　　　　　　　　（Cutrer 1994: 328）

(90a)では伝達動詞が過去の場合、スピーチスペースからみた未来は、BASE からみた過去であっても BASE から PAST でアクセスすることはできない。(90b)は前節の内容と同様で、スピーチスペースからみた過去は BASE からみて未来であっても FUTURE でアクセスできないことを示している。
　この制約はあくまでも伝達動詞に支配された従属節内に限られ、関係節では問題ない。

(91) a. Yesterday John met the girl who was here this morning.
　　b. Tomorrow John will meet the girl that we will interview tonight.

（Cutrer 1994: 329）

この制約をどう説明するのかというのが 3 番目の問題である。

3.2. Cutrer(1994)による間接話法の原理

Cutrer(1994)による間接話法の原理は以下のようにまとめられる。

(92) a. say や announce などの発話動詞は、補文内容を表す新たなスペースを導入し、これ以後に生じるスペース全体で発話領域(speech domain)を形成する。
　　b. 発話動詞が導入する発話領域の親スペース(スピーチスペース)には、発話者・あるいは発話領域内の主体が担う、強力な視点(V-POINT/@)が存在する。
　　c. 発話領域に属するスペースには全て、発話領域における視点(V-POINT/@)から Fact/Prediction の資格を与えられる。
　　d. スピーチスペースは Fact の資格を与えられる。
　　e. 発話領域のスペース(ターゲットスペース)にアクセスする経路は、3 通りある。
　ⅰ) V-POINT/@ →　ターゲット
　ⅱ) BASE → V-POINT/@ →　ターゲット
　ⅲ) BASE →　ターゲット
　　f. 発話領域のスペースにアクセスする際、Fact/Prediction 原理が働き、容認可能な経路が決定される。

間接話法は原発話者の内容を間接的に伝えるものであるから、伝達者がとらえた原発話者のメンタルスペースが必然的に形成されることになる。(92a)

は原発話者のメンタルスペースに属するスペースを発話領域として切り分ける、ということである。(92b)はスピーチスペースの性質に関する記述である。このスペースは原発話者のいわば BASE に相当する。ここは原発話者の視点のよりどころであるから V-POINT のような働きをするので、4つの基本的な談話構成スペースに準じて V-POINT/@ ととらえている。この書き方からもわかるように、V-POINT/@ は原発話者の視点そのものを指し示すと同時に、最初のスピーチスペースの意味でも用いられている。このスペースは伝達動詞がおかれるスペースと時間的には同時であるが、同じスペースというわけではない。伝達動詞は伝達者のメンタルスペースに属するのに対し、V-POINT/@ は原発話者のメンタルスペースに属するからである。(92c)は元の発話を想定した規定である。原発話者は被伝達文を何らかの時制において発話している。Cutrer は PRESENT もしくは PAST は Fact、FUTURE は Prediction という属性と不可分に結びついていると考えているので、原発話で用いられた時制の属性が V-POINT/@ から与えられるということである。(92d)はスピーチスペースの属性だが、このスペースは V-POINT/@ から PRESENT によってしかアクセスできないので、必然的に Fact となる。

　以上の関係を最も単純な "John said he was sick." という発話にあてはめた実例として Cutrer は図 12 を提示する。

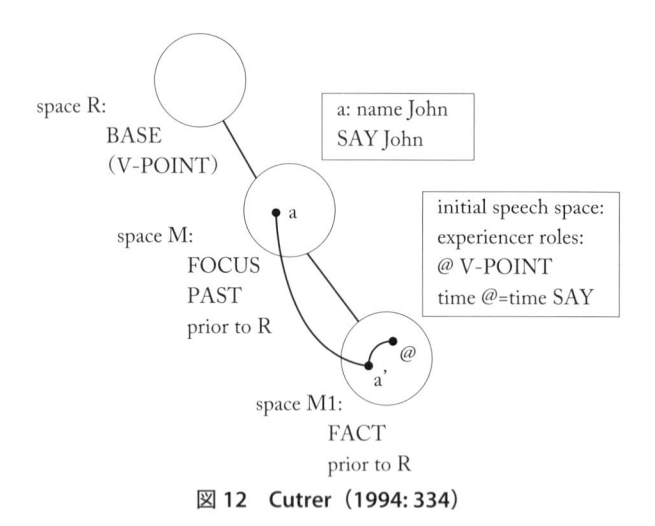

図 12　Cutrer（1994: 334）

このうち、M1 から speech domain を構成するが、被伝達文が複雑になると、ここからさらに複数のスペースが枝分かれしていくことになる。そのイメージが次の図 13 である。

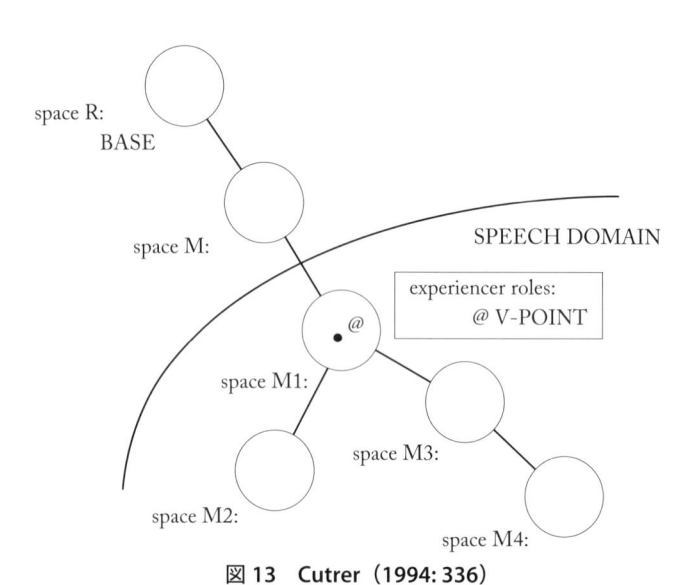

図 13　Cutrer（1994: 336）

3章　従属節の時制　73

　さて、Cutrerの考えた間接話法の時制選択の基本図式は(92ef)である。動詞の事行が実現するEVENTをターゲットスペースとすると、ターゲットスペースへは(f)の制約を受けない限り(e)に示す3つのアクセスの仕方が可能で、最終的に出力される形式はこの経路のテンス・アスペクトカテゴリーの実現形となる。ただし、次節で詳しくみていくが、i)は直接話法と同じ時制選択であり、本当にこれでよいのかは検討の余地がある。最後の(92f)は以下のように定式化される。

(93)　(Fact/Prediction 原理)
　　a.　V-POINT/@ から Fact の資格が与えられたスペースは、BASE から Prediction の資格が与えられる時制(FUTURE)によってアクセスすることはできない。
　　b.　V-POINT/@ から Prediction の資格が与えられたスペースは、BASE から Fact の資格が与えられる時制(PRESENT もしくは PAST)によってアクセスすることはできない。

　この原理は(92e)の経路のうち、ii)とiii)の経路をとるときにかかるとされている。これは別な言い方をすれば、原発話者の発話内容をBASEから伝達者の視点で述べるとき、原発話者が発話内容に付したモーダルな属性を変更してはならないということである。原発話者がFactとして述べたものはFactとして伝えなくてはならないし、Predictionとして述べたものはPredictionとして伝えなくてはならないのである。
　それでは以下実例に則して細かく内容をみてみよう。

3.2.1.　Access Path: V-POINT/@ →ターゲット
　まず、第1の経路で、原発話者の視点で対象スペースにアクセスするものである。

(94)　Jhon will announce at midnight that he burned the document 2 hours before/ago.　　　　　　　　　　　　　　　　　　（Cutrer 1994: 338）

(94)において描かれている事態 burn the document が生じたのは BASE から見れば未来である。従ってこれは BASE からアクセスしたものではなく、V-POINT/@ から直接アクセスしたと考えるのが最も自然であろう。ここでは原発話者の視点を尊重しているのであるから、BASE からの視点や述べ方と齟齬をきたすという Fact/Prediction 原理はかからない。(88b)で可能な読みも、この経路をたどるもので、未来から見たさらなる未来において happy であるということを言っているのである。この時、原発話である "I will be happy" と同じ時制選択になっている。

3.2.2.　Access Path: BASE → V-POINT/@ →ターゲット

　これが第 2 の経路であるが、間接話法の場合の最も一般的な経路である。通常「時制の一致」といわれるのは、原発話がとっている i)の経路を ii)の経路に変換する現象で、伝達動詞に支配された従属節内の動詞の最初の V-POINT を伝達動詞の V-POINT と一致させることを言う。

(95)　John announced yesterday that he *had resigned* the day before yesterday.
　　　　　　　　　　　　　　　　　　　　　　　　（Cutrer 1994: 352）

3 章 従属節の時制 75

```
                    a: name John
                    ANNOUNCE John
                                              space R:
                                                  BASE
       space M:           a
            PAST
            FACT              initial speech space:
            prior to R        experiencer roles:
                                  @ V-POINT
                      @       time @=time ANNOUNCE
       space M1:
            PAST
            FACT
            prior to R
                               a'
        space M2:              time space:    "day before yesterday"
            FOCUS                              RESIGN a'
            PAST
            FACT
            prior to M1

    Access Path to M2:    R            →   M1          →  M2
                          V-POINT/BASE     V-POINT/@      target
```

図 14　Cutrer（1994: 352）を元に作成

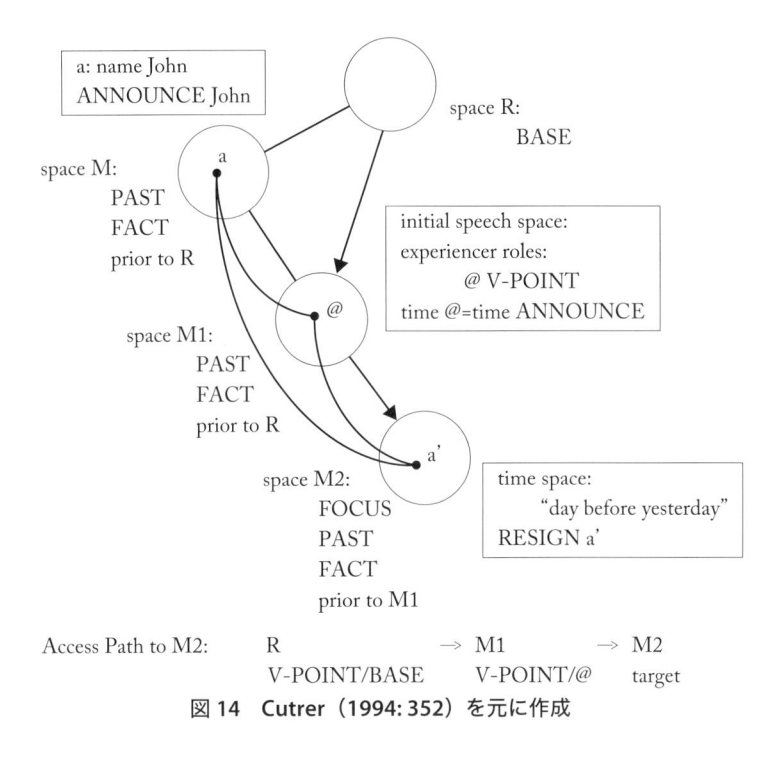

図 14 は Cutrer(1994)のオリジナルの図をもとに、アクセスパスの部分を→で強調表記したものである。最初の「BASE → V-POINT/@」の部分が PAST でアクセスされ、さらに「V-POINT/@ →ターゲット」の部分が PAST でアクセスされるから、全体として PAST + PAST で過去完了形となり had resigned の形が出力される。(95)と同じ事態は i)の経路をたどることも、iii)の経路をたどることも可能である。i)の経路をたどった場合は

(96)　John announced yesterday that he *resigned* the day before yesterday.

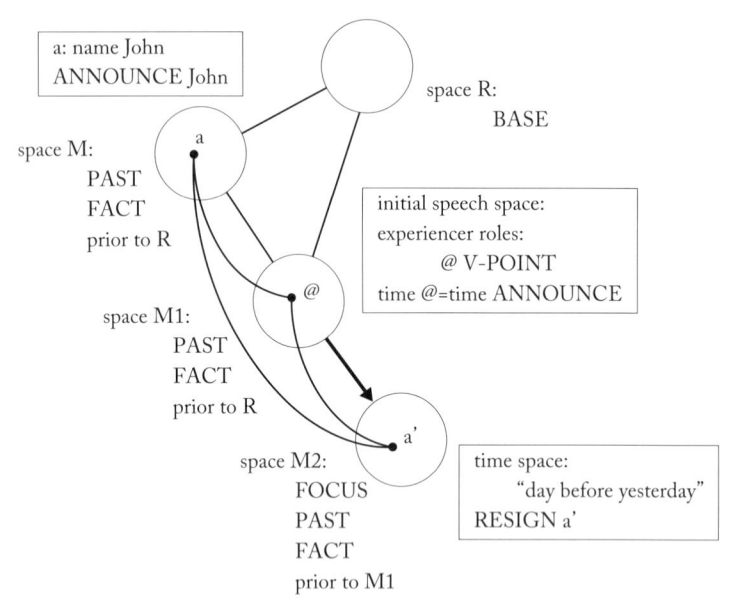

```
                    ┌─────────────────┐
                    │ a: name John    │
                    │ ANNOUNCE John   │         space R:
                    └─────────────────┘              BASE
    space M:              a
            PAST                  ┌──────────────────────────┐
            FACT                  │ initial speech space:    │
            prior to R            │ experiencer roles:       │
                          @       │     @ V-POINT            │
                                  │ time @=time ANNOUNCE     │
         space M1:                └──────────────────────────┘
              PAST
              FACT
              prior to R
                                        a'
                                                ┌──────────────────────┐
         space M2:                               │ time space:          │
              FOCUS                              │   "day before yesterday" │
              PAST                               │ RESIGN a'            │
              FACT                               └──────────────────────┘
              prior to M1
```

図 15　Cutrer（1994: 352）を元に作成

のようになるであろうし、iii)の経路をたどったものは

(97)　John announced yesterday that he *resigned* the day before yesterday.

```
        a: name John
        ANNOUNCE John                    space R:
                                            BASE
  space M:
      PAST
      FACT
      prior to R

    space M1:
        PAST
        FACT
        prior to R

      space M2:                      time space:
          FOCUS                        "day before yesterday"
          PAST                         RESIGN a'
          FACT
          prior to M1
```

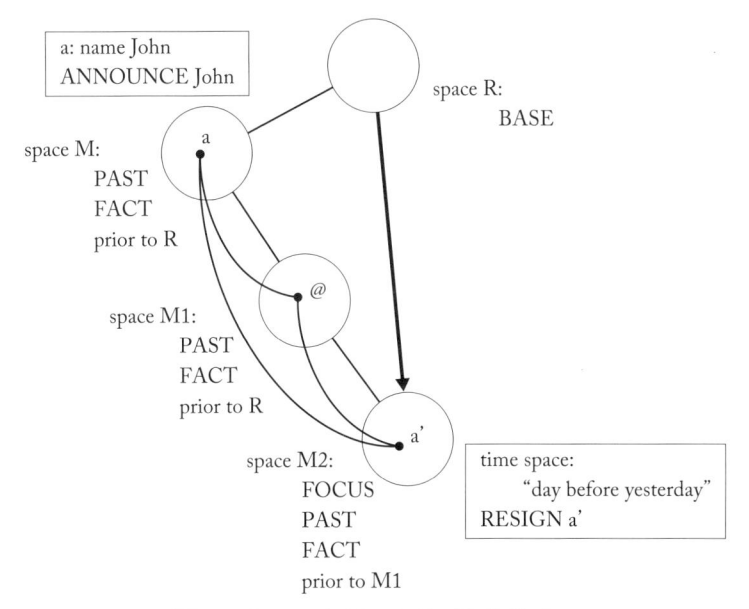

図 16　Cutrer（1994: 352）を元に作成

のようになる。(96) と (97) は出力された形は同じだが、異なった経路をたどって現れたものである。この経路の違いは時に時間副詞の違いとなって現れることがある。i) の場合は two days before、iii) の場合は two days ago と親和性をもつが、これは絶対的なものではない。

さて、問題は ii) の経路の場合、Fact/Prediction 原理からくる制約がかかることである。まず、最初の「BASE → V-POINT/@」のパスだが、V-POINT/@ からみて、自分自身は BASE であり Fact として存在している。従って伝達者から与えられる時制は Fact でなくてはならず、このパスでは PRESENT もしくは PAST のみが可能で、FUTURE は許されない、ということになる。この制約によって以下の例が排除される。

(98) ?*John will announce at midnight that he will already have burned the document.

(98) が意図したのは ii) の経路によって BASE → V-POINT/@ のパスで FUTURE、V-POINT/@ →ターゲットのパスで PERFECT によってアクセスし、FUTURE + PERFECT によって will have burned の形が出力される、というものである。ところが Fact/Prediction 原理によって最初のパスを FUTURE でアクセスすることが禁じられるからこの形は出力されないのである。これを図示すると以下のようになる。

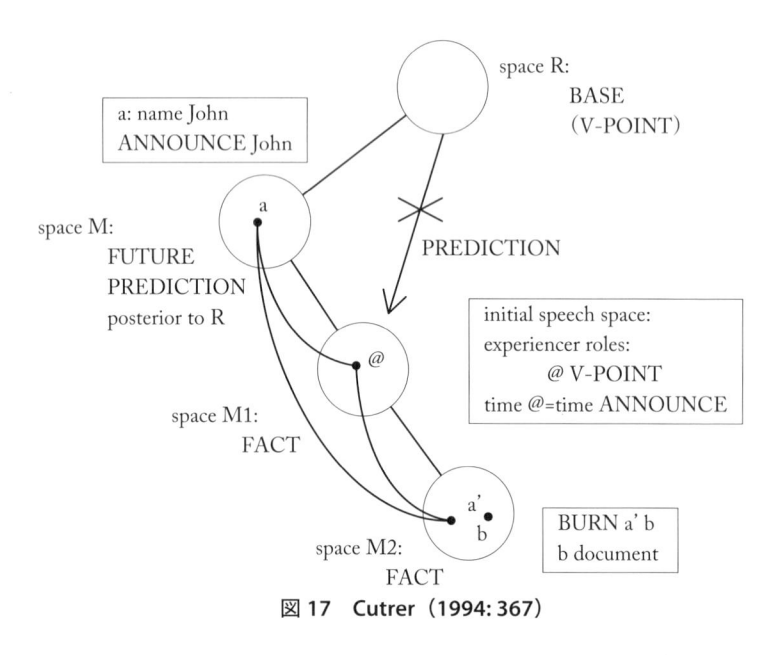

図 17　Cutrer（1994: 367）

ちなみに 2 番目のパスが PAST の場合も FUTURE + PAST の出力形は will have burned となるが、これも同じ理由によって排除される。

Cutrer(1994) が (98) と併置した以下の未来完了のふるまいは Fact/Prediction 原理によって説明できる。

(99) a.　John will make an announcement at midnight. He will already have burned the document.

b. John will make an announcement at midnight. *?John will announce that he will already have burned the document.
c. John will announce at midnight that Bill will already have burned the document.
d. John will announce at midnight that he will already have burned the document before next week.
e. John will announce at midnight that he has already burned the document.

(99a)は(98)と同様の内容を独立節で表現したものである。この場合、V-POINT/@ が存在しないので、Fact/Prediction 原理はかからず、純粋に BASE から FUTURE + PERFECT が可能になる。(99b)は(98)である。(99c)は自分の事柄ではなく他人のことなのでその時点からみて過去であっても推量で表現することは可能で、will have burned の形が許されるとしている。("From V-POINT/@ at midnight, John might make a PREDICTION about what someone else will have done before midnight", pp.365-366)ただ、この説明自体は不十分である。Cutrer(1994)の Fact/Prediction 原理は原発話の内容如何にかかわらず、V-POINT/@ に Prediction でアクセスすることを禁じる規則てある。ここは V-POINT/@ が will announce の実現するスペースなので、Cutrer(1994)の意図からすれば、ここに BASE からアクセスするためには FUTURE を用いるのが自然だろう[1]。この場合原発話も Bill will already have burned the document. であるから、これは ii)の経路ではなく、i)の V-POINT/@ から直接アクセスする経路によっている、とみなすのがよいと思われる。(99de)も同様で、いずれも i)の経路であり、V-POINT/@ からみて、(99d)は FUTURE + PERFECT、(99e)は PERFECT が実現したものということになる。

ii)の経路の場合 Fact/Prediction 原理が問題になるのは、主として第一の BASE → V-POINT/@ のパスであって、第2の V-POINT/@ →ターゲットのパスはあまり問題にならないが、この部分にも Fact/Prediction 原理は当然

かかってくる。原発話がこの部分を FUTURE でアクセスした場合、Fact/Prediction 原理から、伝達文でもこのパスは FUTURE でアクセスしなくてはならない。

（100）　John said yesterday that he *would burn the documents* the next day.

の場合、最初の BASE → V-POINT/@ の部分が PAST、次の V-POINT/@ →ターゲットの部分が FUTURE によってアクセスされている。原発話もこの部分は FUTURE であるから Fact/Prediction 原理に違反せず、正しく出力されているものである。これに対し、

（101）　John said yesterday that he *burned the documents* the next day.

は原発話として "I will burn the documents tomorrow" を伝達したものとしては正しくない。Fact/Prediction 原理に違反するからなのだが、原発話が "I burn the documents tomorrow" であれば正しく伝達しており、文自体は非文にならない。そもそも ii)の経路の後半は原発話と同じパスをたどるものであるからここで齟齬をきたすような伝達ははじめから考えられないのである。

3.2.3.　Access Path: V-POINT/BASE →ターゲット

　第 iii)の経路は BASE から直接ターゲットにアクセスするもので、Cutrer (1994)があげる典型例は

（102）　John said he will be sick.　　　　　　　　（Cutrer 1994: 342）

である。図示したものは

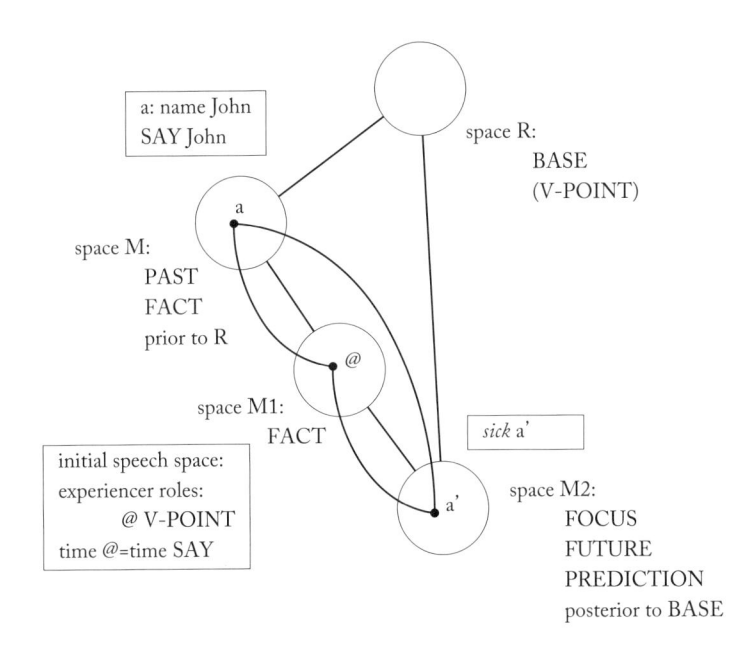

```
                                    a: name John
                                      SAY John              space R:
                                                              BASE
                                                            (V-POINT)
                                            a
          space M:
            PAST
            FACT
          prior to R
                         space M1:
                           FACT              sick a'
      initial speech space:
      experiencer roles:            a'       space M2:
          @ V-POINT                             FOCUS
        time @=time SAY                         FUTURE
                                                PREDICTION
                                              posterior to BASE


         Access Path to M2:       R          →    M2
                              BASE/V-POINT       target
```

図 18　Cutrer（1994: 343）

となっている。(102)において、イベント be sick が成立するのは BASE からみても未来でなくてはならないからこのような経路をたどっていることは容易に想像できよう。Cutrer(1994)によれば、(87a)の過去における同時読みもこの経路によるものとされ、以下の図を与えている。

```
                              ┌─────────────┐
                              │             │
              ┌───────────────┤             │
              │ a: name John  │             │  space R:
              │ SAY John      │             │    BASE
              └───────┬───────┘             │    (V-POINT)
                      │  ╱a╲                │
              space M:   ╲ ╱                │
                PAST      •                 │
                FACT        ╲               │
                prior to R   ╲  ┌───────────┴──────────────┐
                              ╲ │ initial speech space:     │
                               ╲│ experiencer roles:        │
                                │      @ V-POINT            │
                            ╱@╲ │ time @=time SAY           │
                            •a' │ sick a'                   │
                            ╲ ╱ └──────────────────────────┘
              space M1:
                FOCUS
                PAST
                FACT
                prior to R

         Access Path to M1:        R              →   M1
                                   BASE/V-POINT       target
```

図 19　Cutrer（1994: 344）

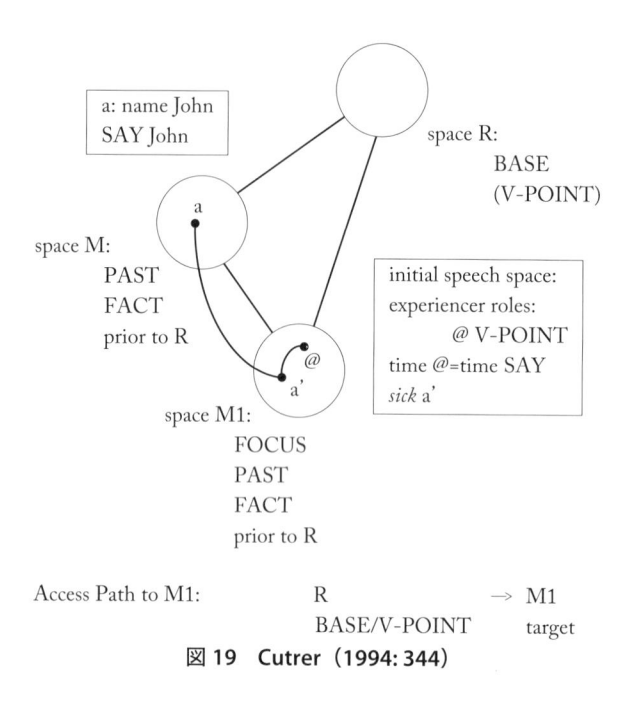

確かに、スペース構成が図 19 のような場合に(87a)が出力されることはわかるが、iii)の経路が保証するのはターゲットが BASE より過去であるということだけであって、V-POINT/@ とターゲットが同時であることを保証するものは何もない。なぜ同時性の解釈が優先的に生じるのか、については Cutrer(1994)の説では説明できないだろう。

　iii)の経路をとる場合も Fact/Prediction 原理はかかってくる。(87a)が iii)の経路によって伝達行為の成立時間(スペース M の時間)と同時の時間としてスピーチスペースである M1 にアクセスすることができるのに、(88b)の未来形でそれができないのは一見すると不思議である。

(103)　*?John will announce at midnight that he will be happy(at midnight).
　　　　　　　　　　　　　　　　　　　　　　　　　　　　（Cutrer 1994: 342）

Cutrer(1994)の説明はここでも Fact/Prediction 原理である。(97)の原発話は

"I am happy"であり、V-POINT/@からはPRESENTでアクセスされ、Factの属性を得ている。この同じスペース対し、(97)はBASEからPredictionの属性が与えられるFUTUREによってアクセスしようとしたのでFact/Prediction原理に違反し、排除されるのである。

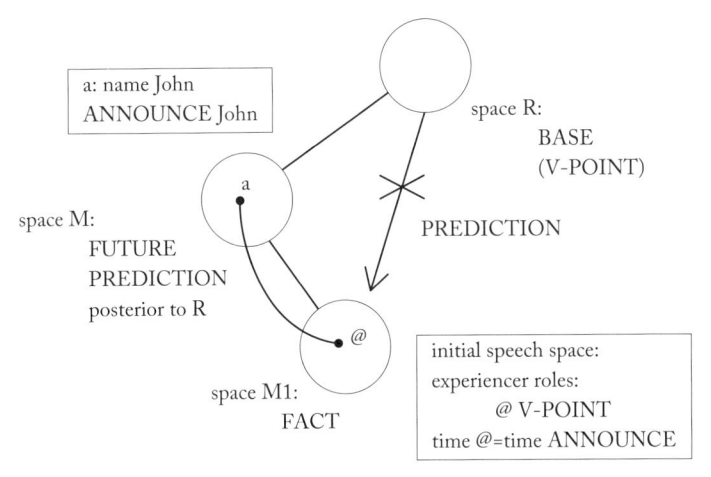

```
                              space R:
a: name John                    BASE
ANNOUNCE John                  (V-POINT)
         a
space M:              PREDICTION
    FUTURE
    PREDICTION
    posterior to R
                      @
         space M1:    initial speech space:
              FACT    experiencer roles:
                         @ V-POINT
                      time @=time ANNOUNCE
```

図20　Cutrer (1994: 361)

これとは逆にV-POINT/@からFUTUREでアクセスされているスペースをFactの属性が与えられるPRESENTもしくはPASTでアクセスすることもできない。(90a)のケースがこれにあたる。

(104)　(= (90a))*?John said yesterday that he was sick this morning.

この場合の原発話はI will be sick tomorrow morning.でPredictionを付与するFUTUREでマークされている。これをBASEからFactを付与するPASTでマークしようとしたため、Fact/Prediction原理に違反し、排除されるのである。

3.2.4. 関係節との違い

(90)と(91)の違いが例示する、伝達動詞に導かれた従属節と単純な関係

節との間の時勢制約の違いは、関係節の場合原発話がなく、V-POINT/@ の視点が関与しないので、Fact/Prediction 原理がかからず、すべて BASE の視点からアクセスされるということで説明が可能である[2]。

(105) (=(91))Yesterday John met the girl who was here this morning.

この場合、The girl is here が成立するスペースは、John met the girl が成立するスペースからみたら未来にあたるが、ここでは John の視点は問題にならず、the girl was here はあくまで BASE の視点で記述されるため過去が選ばれることになるのである。

3.3. Cutrer(1994)説の問題点

　このように Cutrer(1994)の説によって伝達動詞によって支配された間接話法の動詞の複雑な時制選択の現象がかなりの程度説明が可能になる。特に Fact/Prediction 原理は Fact で述べたものは Fact として伝え、Prediction とと述べたものは Prediction として伝えるということだから直感的にも納得しやすい。しかし Cutrer(1994)説には非常に大きな欠陥がある。彼女によれば、i)の V-POINT/@ から直接アクセスする経路には Fact/Prediction 原理がかからず、最も制約が少ない。しかしこれは直接話法と全く同じ時制の選択であるから、もしこれが基本的に許されるのならばいわゆる時制の一致という文法操作は随意的で義務的ではないということになる。しかしながら伝達動詞が過去に置かれた場合、(86a)の現在形、(88a)の未来形などは iii)の BASE からアクセスする経路によってえられたものであって i)の経路から得られたものでは決してない。

(106) a.　John said last year that he is sick.
　　　b.　*John said last week that he will be sick yesterday.

(106a)は去年のみならず今年も病気であることを含意するし、(106b)の内容を伝えるためには will は would に書き直さなくてはならないだろう。つまり、BASE からみて過去にあたるスペースは V-POINT/@ の視点から現在形や未来形でアクセスすることはできないのである。そもそも間接話法とは V-POINT/@ の視点で述べられた原発話を BASE の視点から伝えることだから、i)のような経路は破格であり、このような経路を想定する必要があるのか改めて考えてみなくてはならない。

さらに 3.2.3. でも述べたが、(87a)の過去同時読みは iii)の経路によるものとされているが、この同時性は形式上は全く保証されず、文脈に基づくという解釈になる。確かに過去でマークされても特にターゲットとなるスペースがなければ、V-POINT/@ がデフォルトでアクセスされやすい、という語用論的な理由を持ち出すことは可能である。しかし

(107) John said that he was sick.

の文の解釈にあたって、聞き手は原発話として "I am sick" を最も自然に思い浮かべる。ということは、何らかの形でこの原発話の時制選択が最終出力にも反映されていると分析したほうが、より直感に合致するのではないかと思う。このような観点から以下に筆者の代案を述べてみたい。

3.4. 改案

筆者は日本語に関しては i)の経路が存在し、直接話法と間接話法の区別が明確でないのに対し、英語やフランス語など間接話法の体系が発達している言語では、間接話法の本質は BASE を起点にターゲットにアクセスすることだと思っている。また 2.5. で述べたように、英語の will は未来形のマーカーではなく、モーダルカテゴリーである Prediction のマーカーにすぎず、未来形とされているものは PRESENT Prediction の実現形であって、時制的には現在形である、という立場をとる。このような立場から Cutrer(1994)

がi）の経路によるとした(94)を再度考察してみたい。

（108） Jhon will announce at midnight that he burned the document 2 hours before/ago.　　　　　　　　　　　　　　　　　　　　（Cutrer 1994: 339）

この文に対し Cutrer(1994) が与えた図は以下である。

space R:
　　BASE

space M:
　　FUTURE
　　PREDICTION
　　posterior to R

space M1:
　　FACT

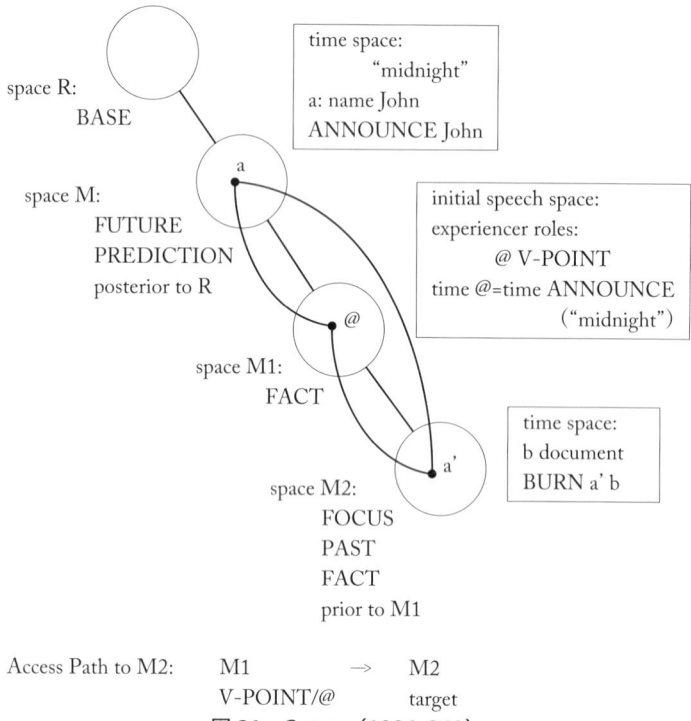

space M2:
　　FOCUS
　　PAST
　　FACT
　　prior to M1

time space:
　　"midnight"
　　a: name John
　　ANNOUNCE John

initial speech space:
　　experiencer roles:
　　　　@ V-POINT
　　time @=time ANNOUNCE
　　　　　（"midnight"）

time space:
　　b document
　　BURN a' b

Access Path to M2:　　M1　　→　　M2
　　　　　　　　　　V-POINT/@　　target

図 21　Cutrer（1994: 340）

確かに、BASE からみるとターゲットスペースの事態は時間的に未来であるから、過去形によるアクセスは V-POINT/@ からきたものであると考えるのが自然である。Space M1 のタイムフレームは space M と同時であり、space M が未来形によってアクセスされているのだから、space M1 にアクセスする場合も未来形になるはず、と考えて無理はない。だが、このアクセス

はFact/Prediction原理によって排除される。従ってii)の経路によるアクセスは存在しない、というのがCutrer(1994)の考え方であろう。だが、(54)の規定に従う限り、BASEからM1にPRESENTでアクセスすることを禁じるものは何もない。PRESENTの時間フレームはV-POINTより前であってはいけないというだけであって、これまでに述べてきたように未来であることには何の問題もないのである。V-POINT/@は元来がFactであるのだから、未来の予定をPRESENTでアクセスしたのと同様、ここにアクセスする場合はPRESENTでなくてはならない。V-POINT/@からターゲットへはPASTでアクセスするのだから、ii)の経路をとった場合の最終的な出力はPRESENT + PASTの実現形で、過去形のburnedという形になるというのが筆者の考え方である。この関係を図示すると以下のようになる。

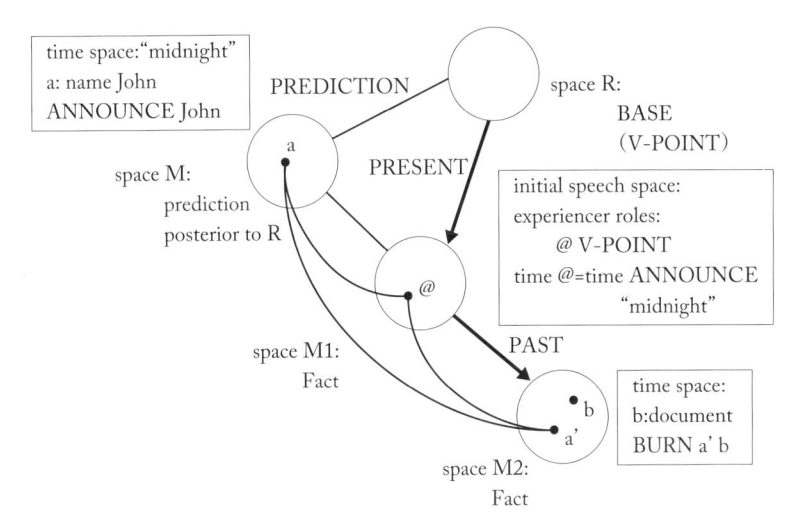

図22　図21の修正

このように考えるならば、伝達動詞が未来形の場合のii)による最初のパスはPRESENTなので、一見すると2番目のパスだけが実現され、あたかもi)の経路をたどられたように見えるだけにすぎないということがわかるだろう。このように考えなければ、(106)のような伝達動詞が過去形の場合のi)の経路の制約について説明がつかない。伝達動詞が過去形の場合、ii)の経

路による最初の M1 へのアクセスが PAST なので、必然的に過去形として実現しなければならないのである。どの場合も可能なパスは ii) と iii) しかなく、(106a) の場合、ii) だと必然的に過去形として実現しなくてはならないので iii) の経路として実現したのだと考えれば何の問題もない。

　Cutrer(1994) が iii) の経路であるとした (87a) の過去同時読みも、筆者は ii) の経路による PAST + PRESENT 読みであると考えている。確かに V-POINT/@ とターゲットスペースが一致する場合、V-POINT/@ からの PRESENT によるアクセスは、別の新たなスペースを構築するわけでないからわかりにくい。しかし原発話では自らのスペースにアクセスするパスとして確実に存在しているのである。また (87a) の構造も V-POINT/@ から PRESENT で別の新しいスペースを構築することを妨げるものではない。

(109)　John said last year that he was happy in those days.

(109) のスペース構造は (87a) の場合と異なり、in those days で示される新たなスペースを構築していると考えられる。構成は図 22 とほぼ同様で、以下のようになるだろう。

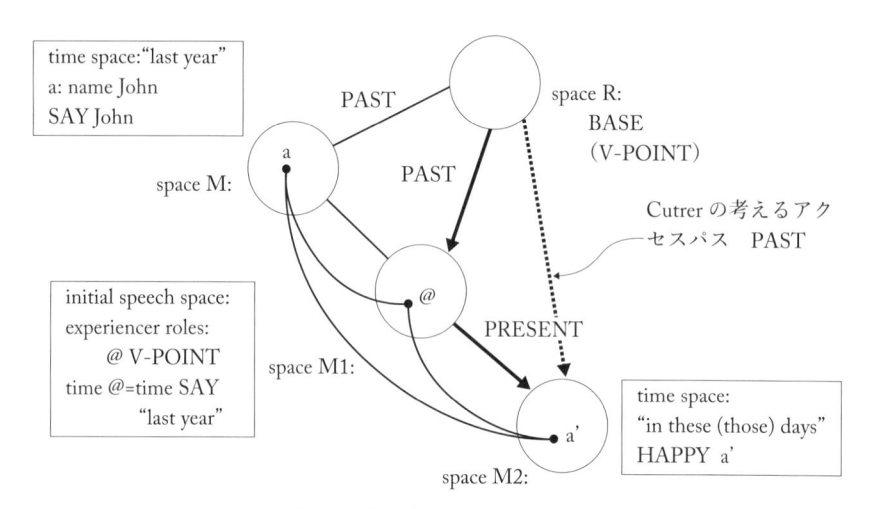

図 23　(109) のスペース構成

この場合も筆者が考えるアクセスパスは ii) の経路の PAST + PRESENT でこれが was happy という形になって実現したと考えられるのである。このようにとらえることで was happy の形は原発話の is happy を背後に持っており、同時性の意味合いを持つと考えることができる[3]。逆に Cutrer が i) の経路であるとした (87b) の方が iii) の BASE から直接アクセスする経路によっていると筆者は思う。He was often sick in his childhood. は V-POINT/@ からみても過去であるが、BASE からみてもこの形以外では表現のしようがない。従ってこれを BASE からのものと考えれば、ことさら V-POINT/@ からの経路を想定する必要は全くないのである。iii) の経路をとる場合、Fact/Prediction 原理がかかるために、(90a) のような V-POINT/@ からみて未来に当たるようなタイムスペースはとることができない。従ってこの経路で過去形が実現するのは、時間的には V-POINT/@ と同時か、V-POINT/@ より過去というケースだけである。前述したように V-POINT/@ と同時のケースは ii) の PAST + PRESENT の経路であると解釈されるから、結局は V-POINT/@ より過去の場合、つまりあたかも V-POINT/@ から直接アクセスしたように見える過去のケースのみがこの経路の実現形なのである。

　iii) のケースで現在形となって実現する場合も、V-POINT/@ からアクセスした場合と最終出力は同じになる。(86ac) のケースである。

(110)　= (86a) John said yesterday that he *is* sick.

確かにこの場合も原発話は « I am sick » だろうから、同じ現在形であることに変わりはない。しかし、このケースの場合、BASE からみても現在でなくては使えないという強い制約があるので、容易に iii) と判断し得るだろう。

(111)　= (86c) John was in San Francisco yesterday.
　　　 I talked to John's secretary (yesterday).
　　　 She said he *is* in Los Angeles today.

この場合も原発話は "He is in Los Angeles tomorrow" で、未来の予定を表す現在形だろう。ここで未来形が使われていたとしたら Fact/Prediction 原理によって伝達文を現在形で出力させることはできない。結局伝達動詞が過去形に置かれ、従属節内の動詞が現在の場合、iii)の経路をとることは、必然的に原発話も現在であることを内包しているのである。

以上の考察から、英語に関する限り、V-POINT/@ から直接アクセスする i)の経路は不要であり、間接話法はすべて BASE を基点として、BASE からの時間関係を示すと考えられ得ることが明らかになったと思う。この観点から 3.1 であげた Cutrer(1994)が提起する 3 つの問題について、次節で再度順番に検証してみたい。

3.5. Cutrer(1994)の問題に対する解法

3.5.1. 現在形、過去形の解釈の多様性について

(86)(=(112))で例示された問題である。以下の 3 つの現在形が示すタイムスパンはそれぞれ異なるがその違いは、どこからくるのか、という問題であった。

(112) a. John said yesterday that he *is* sick.
   b. John will announce tomorrow that he *is* sick.
   c. John was in San Francisco yesterday.
      I talked to John's secretary (yesterday).
      She said he *is* in Los Angeles today.

上で確認したように、(a)(c)は BASE から直接アクセスする iii)の経路によっている。(b)もこの経路による解釈は可能であろう。現在もそして明日も sick である、という話し手が認識している事実を明日報告するだろう、ということになる。しかし、最も自然な(b)の解釈は ii)の経路による PRESENT + PRESENT であろう。自分は今病気であるとジョンは明日報

告するだろうという内容で、この最初のパスは未来にはあるが Fact である V-POINT/@ に PRESENT でアクセスする。逆にこの解釈を iii) の経路で実現しようとすると、He will be sick. となるが、この形は Fact/Prediction 原理によって排除される。

過去形の多様性は (87) で示されていた。前節でみてきたように、Cutrer (1994) が iii) の経路とする (87a) は、筆者の分析では ii) の経路によって PAST + PRESENT として実現したものである。また i) の経路として分類する (87b) も iii) の経路である。そして i) として分析されていた (87c) は ii) の PRESENT + PAST と分析するのがよい。過去形として実現した動詞はどれも ii) もしくは iii) の経路をたどり、Fact/Prediction 原理に違反しないので実現したものとみなすことができる。

以上のように、ここで修正したアクセスパスを適応すれば、(86)(87) で示された現在形と過去形の多様な解釈についてはすべて説明が可能である。

3.5.2. 未来形の制約について

未来形の制約に関する問題も、Fact/Prediction 原理と可能な 2 つの経路の実現ということで問題なく説明できる。(88a) は iii) の経路によるアクセスである。これは伝達動詞が過去形の場合、will come のスペースは、V-POINT/@ からみて未来であっても、BASE からみて過去であれば使えないという制約から明らかである。一方この制約は Cutrer(1994) 説では説明できない。i) の V-POINT/@ からの直接アクセスする場合、Fact/Prediction 原理はかからず、BASE との時間関係がどのようなものであろうとも成立しなくてはならないはずだからである。この問題は i) の経路が存在しないと考えることで容易に説明がつく。ただ、(88b) は一見すると i) の経路をたどっているように見える。ii) の経路だと FUTURE + FUTURE になるはずだし、iii) だと (a) とは逆に、BASE からみた未来のどこに置かれてもよさそうだが、V-POINT/@ より過去だと使えないからである。この場合も筆者の分析は ii) もしくは iii) ということになる。

```
time space: "tomorrow"
a: name John
SAY John
```

```
space M:
```

```
PREDICTION
PRESENT
```

```
space R:
BASE
(V-POINT)
```

```
PREDICTION
```

```
initial speech space:
experiencer roles:
  @ V-POINT
  time @=time SAY
     "tomorrow"
```

```
space M1:
```

```
PREDICTION
```

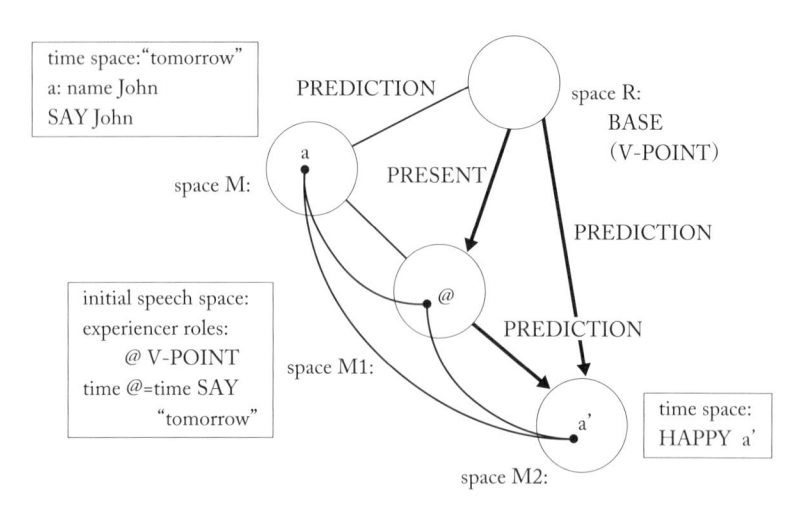

```
space M2:
```

```
time space:
HAPPY a'
```

図24 (88b) のスペース構成

ⅱ)のケースになる場合は、(87c)の場合と同じで、最初の V-POINT/@ までのパスを PRESENT でアクセスしたと考えるのである。時間フレームの上でも PRESENT の規定にそむかないし、V-POINT/@ は Fact であるので、Fact/Prediction 原理にも違反しない。ここを PRESENT でアクセスするので、最終パスは PRESENT + Prediction で will 単独の未来形となるのである。ⅲ)となるケースのうち実現が可能なのは、V-POINT/@ からみても未来にあるケースのみである。V-POINT/@ から原発話で PRESENT もしくは PAST でアクセスしていた場合は、Fact の属性が与えられているので、Fact/Prediction 原理によって実現が阻止されるのである。これは(87b)の時のⅲ)の経路と同様で、結局、ⅰ)と見えるようなスペース設定の時だけこの経路が可能になる。

(89)については Cutrer(1994) の説明で全く問題ない。未来形の(89a)はⅲ)のケースによるアクセスを試みたものだが、原発話は V-POINT/@ から Fact の属性が与えられる PRESENT でアクセスしているので、BASE から Prediction でアクセスすることは許されないのである。これに対し、過去の場合はⅲ)の経路をたどった場合も Fact/Prediction 原理に違反しない。V-POINT/@ からは PRESENT、BASE からは PAST によるアクセスとな

るが、いずれの場合も時制が与える属性は Fact だからである。ただし、筆者の分析は、このケースでは ii)のケースも可能で、むしろその解釈の方が優先される。ii)の場合は PAST ＋ PRESENT で結局過去形となって実現するのである。この場合は原発話のパスをなぞるのだから Fact/Prediction 原理はそもそも問題にならない。

3.5.3. BASE からのアクセス制約について

　この部分に関して Cutrer(1994)説に付け加えるべきものは何もない。(90)は Fact/Prediction 原理で完全に説明が可能である。(90a)では V-POINT/@ から Prediction, BASE から PAST で Fact なので違反する。(90b)では V-POINT/@ から PRESENT で Fact, BASE から Prediction なので違反しているのである。(91)で例示される関係節と伝達動詞の補文の違いは、伝達動詞の場合 V-POINT/@ が介在するのに対し、関係節の場合はそれが関係しないから、Fact/Prediction 原理がかからず、すべて BASE の視点で時制を記述できるため、問題が生じない。

注
1　規則上は PRESENT であってもかまわない。
2　なお、日本語では関係節の中が BASE からのみアクセスできるという制約はない。BASE を基準にしているいわゆる絶対テンスも、主節時を基準とするいわゆる相対テンスも可能である。
　　(a)　昨日ジョンは今朝ここに来た女性と会った。(絶対テンス)
　　(b)　昨日ジョンは今朝ここに来ることになる女性と会った。(相対テンス)
3　もっとも Cutrer の考えるアクセスパスも排除されるわけではなく、このケースの場合、結果が ii)のケースと同じ出力になり、区別しにくいということになると思われる。

4章　日本語と談話構成原理

4.1. 言語による時制選択の異なり

　この章では日本語と英仏語の対照という観点から談話構成原理を見直してみたい。まず、以下の文を比較してほしい。

(113) a.　駅に着いたとき電話します。
　　　b.　When I *arrive* at the station, I'll call you.
　　　c.　Quand je *serai arrivé* à la gare, je vous appellerai.

(113)の各文はどれも同じ事態を表現していながら、従属節において「着く」に相当する動詞のテンス・アスペクト形態が3つの言語で完全に異なっている。(113a)の日本語では過去・完了を表す「—シタ」形で示されているのに対し、(113b)の英語では現在形、(113c)のフランス語では前未来(未来完了)とばらばらである。そのため、母語の類推からしばしば(113)の内容を表現しようとして、以下のような誤文を外国人学習者が犯すとして、各国語の教育においてしばしばとりあげられている。

(114) a.　*駅に着くとき電話します。
　　　b.　*When I {*arrived*/*will arrive*} at the station, I'll call you.
　　　c.　?Quand j'arrive à la gare, je vous appellerai.

日本語ではどうして、未来のことなのに過去形で表されるのであろうか。この現象は、日本語は主節時点を基準とした相対テンスをとる、ということで知られてきた。本書ではこの問題を時制における基準点の設定の仕方の問題ととらえ、なぜこのように日本語が相対テンスをとれるのか、ということをメンタルスペース理論の観点から明らかにし、それによって日本語に特徴的とされている他のいくつかの現象に説明を与える試みを行ってみたい。

4.2. 日本語における相対テンスと絶対テンス

　日本語における相対テンスと絶対テンスの問題は、2.3.1. などでも述べてきたが、その要点を整理してみよう。日本語で典型的に時間関係を表す「～とき」という接続詞相当語句の一般式は

(115)　p とき q

ということになり、この p の時制制約を問題にする。日本語の場合、p のように文末以外の位置に置かれ、終止形以外の活用形にある動詞の時制を決定するのは、話し手の位置と事態 p との時間的位置関係ではなくて、原則として p と事態 q との前後関係である。p と q の時間関係が同時ではなく、継起的である場合、p の時制は q との関係によってのみ決定される。

(116)a.　寿司をにぎった後で手を洗ってください。
　　　b.　寿司をにぎる前に手を洗ってください。

(116a) のように p が q の前にある場合は過去形であり、(116b) のように p が q の後にある場合は現在形[1]である。「*にぎる後」「*にぎった前」のような表現は存在しない。p の時制を決定するのは BASE からみた p の時間関係ではないのである。

(117) a. この鞄は日本に来るとき、母が私に買ってくれました。
b. この鞄は日本に来たとき、私が自分でデパートで買いました。

(117)ではどちらの場合も p という事態そのものは BASE からみて過去の事態であるが、(117a)は p が q より後だから現在形、(117b)は p が q より前だから過去形が使われている。

ただし、p と q の関係が同時の場合、絶対テンスをとり、BASE からみた p の位置により p の時制が決定されることもある。

(118) a. 昨日、本を読んでいる時、おもしろい事実に気がついた。
b. 京都に滞在している間、ずっと雨だった。
c. 先月、ロシアに行く時は、シベリア鉄道を使った。

(工藤 1995: 227)

(118)の p はすべて相対テンスにより現在形になっているが、これらをすべて絶対テンスにかえてもほとんど同じ関係が表現できる。

(119) a. 昨日、本を読んでいた時、おもしろい事実に気がついた。
b. 京都に滞在していた間、ずっと雨だった。
c. 先月、ロシアに行った時は、シベリア鉄道を使った。

このように相対テンスをとれる、という日本語の特徴はどこから来ているのだろうか。

4.3. 談話構成原理と日本語

(44)の談話構成原理をここで改めて問題にしたい。原文は以下のとおりである。

(120)　I General principles:
  a. At any given moment in the discourse interpretation process, there may be only one FOCUS space. The output of a single clause may have only one FOCUS space.
  b. There may be only one BASE in each hierarchical configuration of spaces, although more than one configuration and thus more than one BASE may be accessed for a single utterance.
  c. The BASE is the initial V-POINT.　　　　　　(Cutrer 1994: 77)
(121)　II. Operational Principles:
  a. If FOCUS is BASE, V-POINT is also BASE.
  b. A new space is built from BASE or FOCUS.
  c. BASE may shift to any V-POINT, or to any previous BASE.
  d. FOCUS can shift to an EVENT space, to a BASE space, to a previous FOCUS space, or to a new space.
  e. V-POINT can shift to FOCUS or to BASE.
  f. EVENT can be FOCUS or it can shift to FOCUS or to a new space which is a daughter of V-POINT.　　　　(Cutrer 1994: 77)

4つの基本スペースの配置は各述定のたびごとに変容していくのだが、述定の完成段階では静的なものであり、スペース間に順序関係は成立しない。ただ、暗黙のうちに BASE → V-POINT → FOCUS → EVENT の順で位置が定まっていくというような了解がある[2]。このことは英仏語などの V2 言語にあっては、命題の提示以前に動詞が提示されるために、まず、述べるべき事態が成立するスペースを BASE を基準に設定し、しかるのちにそのスペースの中で事態を描く、というような提示の仕方を前提としているように思われる。しかしながら日本語のような V-final 言語では、スペースの位置づけという、いわゆる anchoring と呼ばれる操作は、命題内容の提示の後に行われるのであって、決してその前ではない[3]。動詞の語構成のありようをみても、英語だと may have gone there のように、「モダリティ→アスペクト→命

題内容」となっているが、日本語では「行ったかもしれない」のように「命題内容→テンス・アスペクト→モダリティ」という構成順である。このことから筆者は日本語によるスペースの認定と提示は EVENT → FOCUS → V-POINT → BASE の順でなされ、英仏語とはちょうど逆のプロセスを経て anchoring が成立すると考えている。ただし、V-POINT は EVENT の位置を想定するもので FOCUS の存在を前提としない。従って FOCUS と V-POINT の順序は厳密には定められない。後に述べるように FOCUS が V-POINT の位置に移る、という動きが日本語にはあるので、図式上は V-POINT を FOCUS の前に置いた方がよいかもしれない。

　FOCUS を V-POINT の前に置くのは典型的なテンスの過去形で EVENT と FOCUS は最初のスペースに置かれながら V-POINT と BASE が次のスペースにあるという構成が一般的だからである。

　具体例として(113a)をとりあげてみたい。「駅に着いたとき」の「着いた」には過去(PAST)の時制要素が認められるが、この段階では「(話し手が)駅に着く」というイベントが成立するスペース M(EVENT)と BASE の位置関係に対する何の情報も与えていない。しかしながらこの EVENT を提供する V-POINT は「た」のもつ形態素から必然的に与えられるだろう。この段階におけるスペース構成を図示すると以下のようになる。

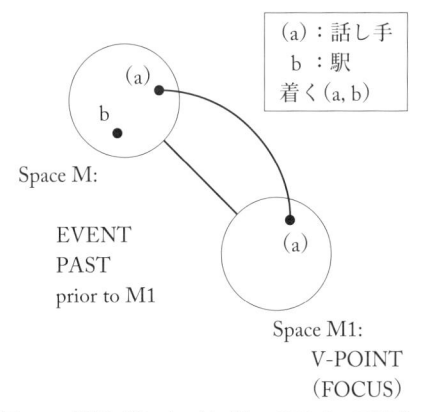

図 25 「駅に着いた（とき）」のスペース構成

次の段階で、この V-POINT の位置(Space M1)に FOCUS がおかれる。これはちょうど英語で(121b)に従って、FOCUS のある Space M1 から新しいスペース M が作られるプロセスの逆になる。文末まできたときのスペース構成は図 26 となり、この段階で V-POINT は BASE にうつり、間接的にスペース M も anchoring されるのである。これは逆から見ると(120c)に従って、最初の V-POINT である BASE からスペース M1 が作られるプロセスとなる。

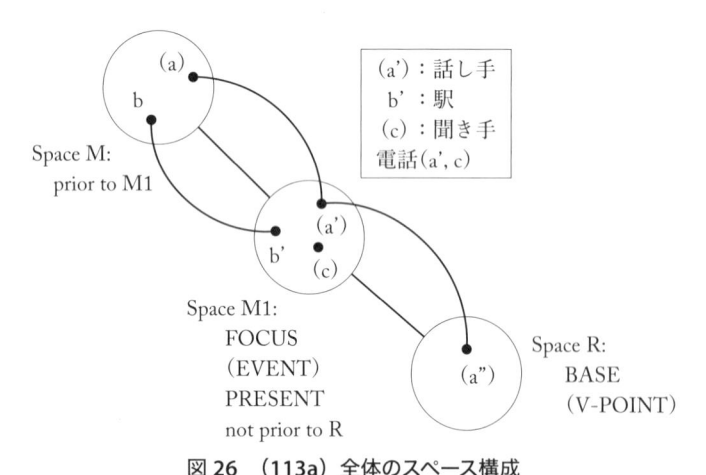

図 26　(113a) 全体のスペース構成

　このように展開してみると(120)(121)の原理は、日本語に適応する場合にいくつかの修正を施さなくてはならないことがわかる。まず最後に述べたことからもわかるように、(120c)は

(122)　最後の V-POINT は BASE である。

という形に書き直される。さらに、談話レベルで最終的に V-POINT が BASE に置かれるならば、途中の文レベルでは BASE へのアクセスを欠いていてもよい。

(123)　財布を落とす。会社に遅れる。今朝はサンザンだった。

(尾上 2001: 370)

　この最初の2文は尾上(2001)が「列記」として時間性不問の「―スル」形の例としてあげるものだが、その場合も最後の文がなければ安定しない。この最初の2文は EVENT を PRESENT の V-POINT の位置から述べていて、文をまたいだ最後の1文で V-POINT を BASE において全体のイベントを総括したという構成にしているのである。なお、筆者にとっては EVENT と V-POINT はスペース構成のための最小単位であって、V-POINT と EVENT の間には必然的にテンス素性が付加されるということが理論的前提となっているので、この場合の「―スル」を尾上(2001)のように無時間性の表現であると考えることはできない。ただし、この場合の「時間」を BASE からのアクセスパスという絶対テンスの意味に限定して考えるなら、無時間性の表現という記述に何ら異論を唱えるものではない。

　そもそも動詞が終止形以外の形に置かれている場合は、BASE との関係を問題にせずに、動詞句として実現することができる。何をもって定形節とみなすかは統語的な考察が不可欠であるが、(113a)の従属節にはテンス要素がふくまれており、文相当のものと考えるのが妥当であろう。文末の終始形の部分で BASE に戻ればよいのだから、連用形で等位接続する構造も日本語ではしばしば現れる。

(124)　私は二十才、高等学校の制帽をかぶり、紺飛白の着物に袴をはき、学生カバンを肩にかけていた。　　(川端康成『伊豆の踊子』)

　文頭の「私は二十才」の部分ではコピュラが省略されているが、ここにも述定は存在する、ここから「肩にかけ」までの段階で EVENT と FOCUS, V-POINT が同じスペースのままイベントが追加されていく構造になっており、最後の部分で V-POINT が BASE にうつるのである。このように最初の V-POINT について何の制約もないことが日本語の大きな特徴を作ってい

る。EVENT が設定される段階で、動詞句のもつテンス・アスペクト形態がV-POINT を形成するのである。これは最初の潜在的な V-POINT が EVENT の位置にあって、述定の段階で新しいスペースにシフトする、と考えることもできる。潜在的な V-POINT とは、(113a)で主節に述定が移る段階で V-POINT が M1 にあったように、前件「駅に着いた」は「─シタ」の述定がなされる前の段階で V-POINT は M に置かれていた、と想定するものである。相対テンスが許されることの背景にはこのような状況がある。

次に(121b)は以下のようになる。

(125) 新しいスペースの V-POINT は BASE もしくは次の FOCUS である。

継起的に談話を主節の「─シタ」形で終止し、展開していくようなケースが前者だが、相対テンスをとるようなケースが後者である。(113a)では、「駅に着いたとき」の段階で図 25 のようなスペース構成がなされ、駅に着いた直後の位置に V-POINT が設定されるが、(125)に従って、その V-POINT の位置に次の FOCUS がおかれ、話し手が電話をするというイベントが、そこで成立する。そして最後に、(122)に従って V-POINT が BASE の位置にくるのである。この最終段階におけるスペース構成はフランス語でも日本語と同じになるだろう。ただフランス語の場合、(120c)により、従属節段階で BASE からのアクセスパスを示さなくてはならないので、図 25 が独立して成立することはなく、quand je serai arrivé の段階で図 26 までできている。je serai の部分で BASE を最初の V-POINT として、それより未来の位置に M1 が設定され、そこに FOCUS がおかれる。次に serai arrivé の構造により FOCUS から PERFECT のアスペクトをうけて、EVENT として FOCUS より過去の位置に M が設定されるが、FOCUS の位置はかわらず、ここで主節のイベント téléphoner が BASE にある V-POINT の視点で描かれるのである。

日本語の場合、図 25 の段階が BASE からのリンクとはある程度独立して

成立し、(125) の原理を主節成立時にうけることになるが、このことが日本語と英語のとりわけ完了形のふるまいの違いとして現れてくる。(125) は (121e) のバリエーションとして FOCUS は V-POINT の位置にシフトできる、というように規定してもよい。例えば「駅に着いた」がこのままの形で終止せず、「〜とき／〜ら」のような接続詞句に後続される段階で、「駅に着く」という事態の FOCUS が V-POINT の位置に置かれるという操作である。この動きは英語では認められていない。

(126) a. What happened yesterday at 2 o'clock? —*I have met your brother.
　　 b. Have you met my brother? —I met him yesterday at 2 o'clock.
(Cutrer 1994: 210–211)

Cutrer によると、(126a) の質問部分において FOCUS と EVENT は過去にある。この返事として FOCUS が現在の位置に移っているわけだが、この結果 meet my brother の事態が実現する過去のスペースは単なる EVENT に格下げされることになる。これが談話構成原理 (121f) の違反になる。(121f) は EVENT は FOCUS であるか、FOCUS に移るか、新しいスペースでなければいけないという規定で、過去の FOCUS が単なる EVENT になることを認めていない。しかし従属節について (125) が行っている操作はまさにこの禁じられた動きに似ている。EVENT の位置にあった潜在的な FOCUS が V-POINT の位置に移動するような動きだからである。尤も従属節部分を主節に付随する要素にすぎずその中間段階を考慮しなければ、「駅に着く」の EVENT は新しいスペースということになり (121f) に違反せず、主節位置に FOCUS があるので、このスペースは PERFECT のアスペクトで認定されることになる。

　これこそが日本語の従属節において「スル／シタ」の対立がテンスの対立なのかアスペクトの対立なのか判断がつきにくくなる最大の理由であると筆者は考えている。この問題も含めて、特に日本語の形態素「—シタ」について次節で詳細に検討してみたい。

4.4. 日本語のテンス形態素「―シタ」の本質的機能とテンス・アスペクト

4.4.1. 提起した問題の解答

　日本語のテンス形態素「―シタ」については、第2章で問題にした(53)の問題に答える必要がある。ここに再掲すると、

(127) a. すべての「―シタ」の用法に共通する「―シタ」の本質的機能は何で、どのように記述したらよいか。
　　　b. 本来テンスマーカーである「―シタ」がなぜ、特定の場合に完了の意味を表すことになるか。
　　　c. 現在完了の意味を表す「―シタ」のテンスは、いかなる意味で「現在」であると言えるのか。
　　　d. 本来「過去」のマーカーであるはずの「―シタ」が、なぜ、現在完了の用法では、過去と対立する「現在」のテンスを表し得るのか。
　　　e. 相対テンスとしての「過去」はなぜ、テンスとしてもアスペクトとしても分析が可能なのか。

である。

　日本語の場合、出発点となるスペースは BASE ではなく EVENT である。「彼は大学に行き、図書館により、本を借りて帰った。」という一連の流れを記述した文をとりあげてみても、「彼が大学に行く」以下のイベントは、まずイベントとして提示され、このイベントが時間軸上のどこに位置づけられるかは最後まで読まなくてはわからない。もし最後が「行くだろう」なら、一連のイベントは未来に位置づけられることになる。従って「彼はパリに行った」の構成は英語の

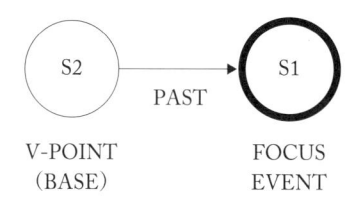

（128） He went to Paris.（＝(51)）

```
    S2  ──PAST──▶  S1
 V-POINT         FOCUS
 (BASE)          EVENT
```

とは逆で、

（129） 彼はパリに行った。

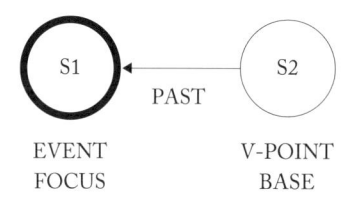

```
    S1  ◀──PAST──  S2
  EVENT          V-POINT
  FOCUS           BASE
```

のようになる[4]。S1のスペースで「彼がパリに行く」というイベントが成立し、これが親スペースであり、ここから子スペースとしてS1をPASTとするようなV-POINTが設定される。デフォルトではEVENTの位置にFOCUSが置かれ、最後のV-POINTがBASEとなるから、V-POINTとBASEが重なるものとして解釈され(129)のような構造になる。

これに対し、例えば「太郎に会おうと思って来たんだけど、どこにいるの」という問いの答えとして用いられた「彼はもうパリに行ったよ」のような文では、「もう」という副詞の働きなどもあって、FOCUSはV-POINTやBASEの位置であるS2すなわち、現在スペースにあるだろう。図示すると

(130)　彼はもうパリに行った。

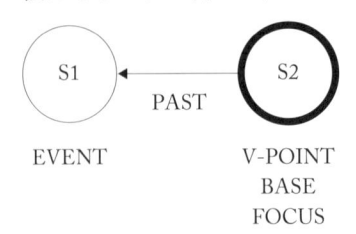

```
        S1  ←――――  S2
              PAST
       EVENT      V-POINT
                  BASE
                  FOCUS
```

となる。

　日本語のテンス要素は現代語では終止形と連体形が同一であり、また相対テンスが可能であることなどを考えると、英語やフランス語と違って、BASE や FOCUS の位置は非関与的であると筆者は考える。これは和田 (2002: 14)が「英語の定形述語の時制構造は絶対時制部門と相対時制部門からなる複合構造をもつのに対し、英語の非定形述語と日本語の述語の時制構造は相対時制部門のみからなる単一構造をもつ。」と主張する内容と重なるものでもある。筆者は日本語のテンスマーカーである「―シタ」はメンタル・スペースの概念を用いるなら、実にシンプルに

(131)　シタの機能：動詞が表す事行が成立する EVENT を PAST とする V-POINT を設定する。

と記述することが可能であると思う。図示するなら

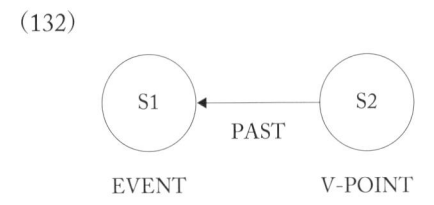

(132)

```
        S1  ←――――  S2
              PAST
       EVENT      V-POINT
```

である。(127a)に対する筆者の解答はこの(131)であり、これがすべての「―

シタ」に共通する機能であることを以下で例示していきたい。まず、過去と完了に関して言えば、(132)の構造は(129)と(130)に共通なため、どちらも同じ「—シタ」が使われていることがわかる。FOCUS は S1 と S2 のどちらにも置くことができるが、S1 位置にある(129)の構造から S2 位置に移って(130)のような構造になることも日本語では自然である。日本語ではV-POINT がおかれる S2 は S1 を親スペースとして新たに作られた子スペースであるため、談話構成原理の(44f)によって認められた移動なのである。このように(132)の構造を保ちながら、S2 に FOCUS がおかれれば完了を表せるのであり、これが、(127b)の解答になる。なお、(45)の例でみたように、この移動は英語では許されておらず、これも日本語の1つの特徴である。

さて、同一のテンスマーカーが完成相過去の記号としても、完了相現在の記号としても使われるということの中身はこのようなものである。完了相現在を表しているときでも「—シタ」はあくまでも PAST を表現するために使われており、これは FOCUS 位置とは無関係だから、完了相現在を表す場合も「現在」というテンスを表現することには何ら貢献していない。従って「—シタ」はあくまでもテンスカテゴリーであると規定することが正しいであろう。一方、(130)や当初問題にした(10)が、いかなる定義において「現在テンス」を表しているかといえば、BASE から FOCUS までのアクセスパスが絶対テンスであるとする(30)の定義に従って、文としてのテンスは現在なのであり、(38)の定義に従って文としてのアスペクトは完了なのである。これが(127cd)の解答である。

(127e)の相対テンスがテンスとしてもアスペクトとしても説明が可能である、という事実もメンタルスペースの定義から示すことができる。工藤が問題にした(17a)と(18b)を再掲してみよう。

(133)a.　田舎に帰った時、偶然旧友に会った。
　　 b.　京都に行った後、奈良に行った。

確かに、(133a)は完了的性質が前面に出、逆に(133b)は相対テンスとしての特徴が強く感じられるが、どちらの文の前件もスペース構成を示すなら以下のようになる。

(134)

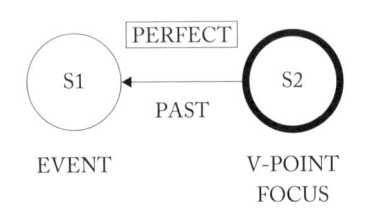

```
          PERFECT
    ┌──────────────┐
   ( S1 ) ←────  (( S2 ))
          PAST

   EVENT        V-POINT
                FOCUS
```

前件の段階では、EVENT は S1 に、V-POINT と FOCUS は S2 にある。次の主節の段階で、EVENT は S2 に移り、FOCUS は S2 のままで、V-POINT が BASE に移って、そこが最後の V-POINT で BASE と重なることになる。前件の段階では、S1 は V-POINT の位置からみて PAST の位置にあるので、(31)の定義に従って、相対テンスとしての過去を「帰った」および「行った」のシタ形は示している。一方、FOCUS は S2 にあり、EVENT とは別で、EVENT が時間的に FOCUS より先行した位置にあるのだから、(38)の定義に従って PERFECT のアスペクトを示しており、「帰った」「行った」のシタ形は結果的に完了の意味も担っているのである。このように相対テンスの文の前件は基本的には(134)の構造をしており、S2 から見た S1 は常に PAST であり、EVENT は常に S1 に、FOCUS は基本的に S2 にあるのだからアスペクトは PERFECT である。このように従属節内で生じる相対テンスと呼ばれている「─シタ」は、常に相対テンスの過去であると同時に、完了アスペクトの価値を担っているのである。

　解釈が難しい(32)の例もこの変形として処理することができる。「心配だ」「思う」「言う」などの思考や伝達を表す述語の場合、3章で問題にした Speech Space や Speech domain が介在するので、やや複雑になる。図示すると

（135） 彼が政権から去ったあとが心配だ。（＝(32)）

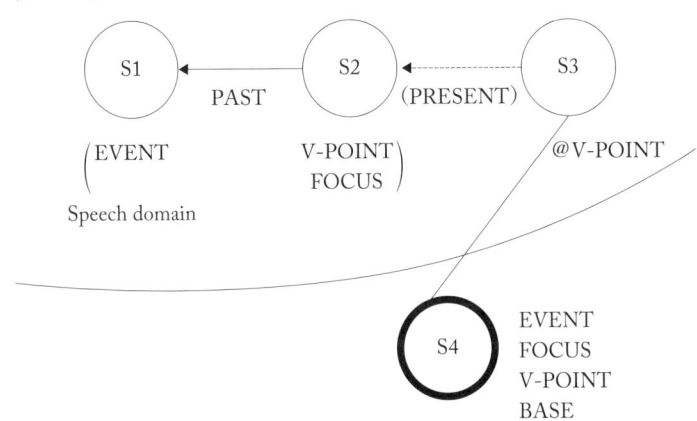

```
        S1 ←―――― S2 ←------ S3
              PAST    (PRESENT)
       ⎛EVENT   V-POINT⎞      @V-POINT
       ⎝         FOCUS ⎠
        Speech domain

                            S4   EVENT
                                 FOCUS
                                 V-POINT
                                 BASE
```

となる。「心配する」という主節のイベントはS4にあって、この段階では4つの基本スペースはこのS4にあると思われるが、「彼が政権から去った」は「彼が政権から去る」というイベントをS1で成立させながらも、このスペースをPASTとするようなV-POINTとしてS2スペースを構築しており、「心配する」が対象とする内容はこのS2スペース内のことがらであると解釈できるだろう。S3はSpeech Spaceで、「心配する」というイベントが成立するS4と定義上時間軸上同一の位置にありながら、Speech Damain内部のスペースである。S3とS4の関係はS4からみてS3はPRESENTの位置にあるが、これはSpeech Spaceの定義によるのであって、言語的に示されるものではない。S2はS3からみたら未来の位置にあるので、指定されるテンスはPRESENTであるが、このPRESENTも言語化されていない。「心配だ」の語尾が示す現在形は、S4とBASEとの関係を示すものであり、統合(consolidation)されて同一のスペースであることの中に包摂されている[5]。

このように、文全体としては複雑な構造をしているが、「去った」のタ形が示すのは、S2からみてS1がPASTである、ということ以外のなにものでもない。「彼が政権から去った後」ということで、これ全体が名詞化され、文全体の述定のあり方からは独立した構造として文内部に組み込まれた形になる。この内部の構成だけみるなら、(135)でかっこにくくって示したよう

に、S1 に EVENT、S2 に V-POINT、FOCUS があるような構造を凍結させている。この名詞句全体はテンスをもたず、従って BASE とは無関係である。だがこの名詞句が実際に使用されるときには、談話構成原理と無縁ではなく、ここから原理(44)に従って、EVENT, V-POINT, FOCUS が新スペースの BASE にシフトしたと考えられる。この場合、この「去った」を相対テンスと分析するか否かは、相対テンスの定義による。相対テンスを(31)のようにゆるやかにとらえ、S2 に置かれた V-POINT を基準点に置いた時間関係とするなら、(135)はまぎれもなく相対テンスの過去を表しているが、典型的な相対テンスの例を提供する「主節の FOCUS の位置にV-POINT があって、そこからみた時間関係」とせまくとらえるなら、これは相対テンスとはいえない。しかしながら「—シタ」自体の価値は変わらず、S2 からみて S1 が PAST であることを常に示しているのである。

　以上で、(127)で提起した問題については(127a)の証明をのぞき、一通り答えたことになると思うが、メンタル・スペース的記述の利点についてもう1つ付け加えておきたい。「—シタ」が下接する用言の意味論的性質と「—シタ」そのものの機能との関係についてである。(134)で示される相対テンスの図式は述語が動作性の動詞であろうと、状態性の動詞であろうと、形容詞や動詞述語文の場合も変わりはない。アスペクトとは元来状態変化の時間的側面をとらえたものであり、状態は変化とは無縁であるから状態を表す述語は意味的にアスペクト対立を内包していない。従って状態性の述語にアスペクトを認めないという立場[6]もあり、動作動詞が表す相対テンスをすべて完了と分析する寺村(1984)も、静的表現の場合は「—シタ」にアスペクト的価値を認めていない。その例として

(136)a.　天気がよい時は、よく裏山を散歩した。
　　　b.　天気がよかった時は、よく裏山を散歩した。　　(寺村 1984: 327)

をあげ、(136)はどちらも同じような意味で用いられており、テンスは主節の過去形が決めており、従属節内のスル形シタ形の対立はアスペクト的価値

も、テンス的価値も中和されていると読めるような書き方をしている。ただし、主節が非過去の

(137)　昨日まで病気だったから、今日はもう1日大事をとって休もう。
（寺村 1984: 328）

における「病気だった」は絶対テンスとしての過去を表すと考えているようである。

　しかしながら、(136)は相対テンスとしての現在形と絶対テンスとしての過去形が同じ価値をもつ例として解釈できないこともない。実際、このことは動作動詞の場合も同じで、(118a)と(119c)で示した

(138) a.　先月、ロシアに行く時は、シベリア鉄道を使った。
　　　b.　先月、ロシアに行った時は、シベリア鉄道を使った。
（工藤 1995: 227）

の場合も、相対テンスとしての現在形を用いた(138a)と絶対テンスとしての過去形を用いた(138b)はほぼ同じ意味になっている。

　確かに従属節内で連体形で用いられたシタ形は、動作性の述語についた場合は相対テンスとしての過去と解釈されやすく、状態性の述語についた場合は絶対テンスとしての過去と解釈されやすいという一般的な傾向は存在する。しかしながら、状態性の述語が相対テンスとしての過去の解釈を受けないわけではない。

(139)　もし来年受けてだめだったら、就職します。
（金田一 1955: 36 一部追加）

この場合は来年の話なのだから、明らかに相対テンスを表している。実例をあげるなら

(140)　事業申請者は指摘事実に対しての対処は可能であっても、根拠のない疑義に対しては対処など出来るはずもない。ましてや、通報が悪意であった時、為す術もなくなる。

(http://www2k.biglobe.ne.jp/~ndskohno/are03_5.html)

などがある。金田一(1955)の場合アスペクトであるための定義的属性として動作動詞であることを要求するから、(139)の場合、「だめだった」は相対テンスとしての過去であるのみで、完了を表すことはない。だが、メンタル・スペースの完了(PERFECT)の定義は(38)であり、(139)も相対テンスの過去として、(134)と同じ構造を持っていると筆者は考えている。従って、この定義に従う限り(139)の場合も完了PERFECTを表しているということになる。実際(139)は

(141)　もし来年受けて落ちたら、就職します。

と同じ内容を表しており、「だめだった」が「(試験に)落ちる」という事態の完了的側面を表しているととらえることに直感的な抵抗はない。

　過去というテンス、完了というアスペクトをメンタル・スペースの枠組みで規定した場合、述語の意味の差異によるテンス・アスペクト的価値の違いについて細かく記述仕分けることは、必ずしも必要ではない。そもそも、変化を含意しない状態は、EVENTとして過去の状態を表現しながら、そことは異なった現在のスペースにFOCUSを置く、という述べ方とはなじまない。従って、状態性の述語が完了アスペクトをとらないということは、完了の定義からひとりでに導かれる結果として処理することができるのである。
　すでに見たように、動詞文の場合だと、

(142)a.　もうご飯を食べた。
　　 b.　昨日ご飯を食べた。

のように、副詞によって FOCUS の位置を容易に動かすことができ、完了アスペクトを表現することができる。しかし、状態性の述語だと、

(143) a. ＊もう、健康だった。
　　　b. 20年前は健康だった。

のように仮に「もう」というような副詞を置いても、現在スペースに FOCUS を置くことはできない。「〜する前／〜した後」のように完了、未完了の差異が全面にでてくる例でも、変化を含意する動作性の表現が好まれ、状態性の表現は好まれない。

(144) a. 名人になる前と名人になった後では、対局者の態度がちがう。
　　　b. 名人である前と名人であった後では、対局者の態度がちがう。

(144)は a の方が自然だろう。だが(144b)も非文とまでは言えず、「＊名人であった前」「＊名人である後」は明らかに言えないから、状態性がアスペクト性を完全に排除すると考えるのは行き過ぎであろう。

(145)　悪いことがあった後には良いことがある。

だと何の問題もなく、この文は超時的現在を表しているから、完了性の方が過去性よりも前面に出ているような感じがする。
　さらに極端な場合、名詞述語文は古典的な定義ではアスペクトを持ちえず、完了アスペクトを担うことはないが、反事実条件文の形で、相対テンスとしての過去に置かれることがある。

(146)　僕が君だったら、彼にきちんと謝るよ。

この場合の「だった」も「僕が君である」という状態が成立するスペースを

PAST とするような V-POINT を設定しており、そこに FOCUS を置いて、次の「彼にきちんと謝る」というイベントを成立させる構造になっているから、定義上 PERFECT である。ただし、この完了性は述語の表す属性にあるのではなく、そのような状態を措定するという認識のあり方の方にある。あえてパラフレーズすると「私が君であるという状態を措定し終えると」というようなことになるだろうか。言い換えるならば、このような認識的あり方としての完了性も PERFECT 概念の中に取り込むということである。この取り込みによって相対テンスの構造については一律の規定が可能になるし、状態性述語におけるタラ条件文が、事実解釈よりも仮定解釈に傾きやすいことも説明が可能になる。動作動詞「読む」の場合は

(147) a. この本を読んだらわかりました。
b. この本を読んだらわかります。

のように、「読んだ」の解釈は、(147a) のように主節が過去だと事実解釈、(147b) のように主節が未来を意味する現在だと仮定解釈が自然である。これは「読んだ」というイベントの PERFECT が、現実世界でも仮定世界でも等しく可能であるからである。これに対し

(148) a. 時間があったら映画を見に行きました。
b. 時間があったら映画を見に行きます。

はどちらも仮定解釈が優勢である。上述したように「時間がある」という状態の PERFECT は現実世界で解釈することは難しいのに対し、認識的な解釈は可能であるから仮定解釈に傾くのである[7]。

いずれにせよ、メンタル・スペースが分析する「相対テンス」としての過去は、V-POINT からみた PAST であると同時に、FOCUS からみた EVENT は PERFECT であるから、完了であることにも変わりはない。相対テンスをとるのは動作性の動詞が多く、状態性の述語が主節において

PRESENT PERFECT のテンス・アスペクト的価値をになにくいことなどは、形態素「―シタ」の働きとは独立に示されるべきことがらであって、この形態素が下接する述語の意味内容まで考慮してこの形態素の機能を規定する必要はないのである。

4.4.2. 形態素「―シタ」の全体像

それでは以下で、(132)で図示される(131)の記述が、日本語のテンス形態素「―シタ」のもつあらゆる用法に適応可能であることを示し、この用法の全体像を描いてみたい。特に、一見するとテンス・アスペクトを表しているとは思えない2章であげた(19)の用法について説明されなくてはならないだろう。筆者はこの形態素を「基本的用法」「BASE 乖離の用法」「主観的時間設定の用法」「BASE 属性の過去スペース言明の用法」の4つに分けて理解することが可能であると考えている。

4.4.2.1. 基本的用法

「―シタ」の典型的で基本的な用法は(132)の基本構造に加えて、V-POINT に BASE があって、絶対テンスをを表すものである。FOCUS が EVENT にあるものが、PAST PERFECTIVE を表す「過去」の用法であり、FOCUS が BASE にあるものが、PRESENT PERFECT を表す「完了」の用法である。

(149) a. 先週の日曜日は六甲山に登った。
　　　b. あの時はずいぶん腹が立った。　　　　　（尾上 2001: 373）
(150) a. 病気はもう治った。
　　　b. やっと試験が全部済んだ。
　　　c. 健康が何より大事だとつくづくわかった。　（尾上 2001: 372）

(149)(=(11))では、「先週の日曜日」や「あの時」などの副詞が、FOCUS を過去スペースに置くことに貢献している。一方、完了を表す(150)(=

(10))では、「もう」「やっと」「つくづく」という副詞がFOCUSを現在スペースに引き寄せていることを確認してほしい。なお、(149)の過去の用法は、英語の過去形やフランス語の半過去、単純過去、複合過去など、英仏語が形態として備えている「過去形」と構造的にも一致している。英仏語の過去形はいずれも

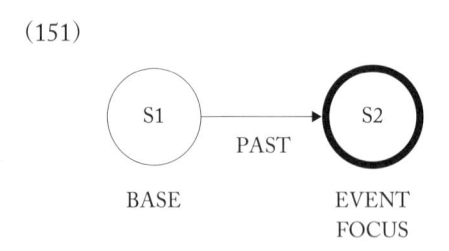

(151)

```
        PAST
  S1 ─────────→ S2

 BASE          EVENT
               FOCUS
```

のように、BASEやFOCUSの位置も構造的に指定しているのである。これに加えて、フランス語ではV-POINTの位置がBASEにある過去形が単純過去や複合過去であり、EVENTの位置にある過去形が半過去である。単純過去と複合過去はスペース構成の上では区別されない。日本語の「―シタ」形と、英仏語の過去形の大きな違いは、前者がBASEやFOCUSの位置について何ら指定しないのに対し、後者がそれを含んでいることである。Cutrer(1994)がPASTの定義にFOCUSを組み入れたのも、彼女が英仏語を中心に分析していたからであろう。

　寺村(1984)が当初、「過去に実現しなかったことを、すべきであったと主張・回想する」ものと特徴付け、金水(1998)が「事後的的評価」と再分類した

(152)　(棋士が自分の指し手を回想して)あれは2二銀でした。

という文に見られる「―シタ」の用法は、寺村(1984)自身が述べているように

(153)　ここは2二銀だ。

というコピュラ文が、「2二銀といくべきだ」の意味で使われるものであり、それが単に過去形に置かれているだけのものにすぎない。すなわち、過去の状態を描写して、「あの手を指した段階で、本来うつべきであった手は2二銀である」という状態が過去に成立していたことを述べている基本的な「過去」の用法である。金水(1998)は、(152)の場合、「2二銀である」という事実は少なくとも話し手には知られておらず、そのような事実は存在しなかったとも言える、という点をとらえ、普通の過去とは違う、ととらえている。だが、過去の認識状態がどうであれ、現在発話している発話者には、確実にそのような過去の状態が存在したととらえており、その現在の視点から過去スペースを描いているのだから、過去の認識状態を持ち出してきて、通常の過去の用法と区別すべき必要性を筆者は感じない。

4.4.2.2. BASE 乖離の用法

「―シタ」が関与するのは EVENT と V-POINT であって BASE とは無関係であることから、日本語では V-POINT と BASE が乖離したときに生じる相対テンスの用法が存在する。

(154) a.　駅に着いたら電話してください。
　　　 b.　来年受けてだめだった時は、就職します。

(154)において、「駅に着く」や「受けてだめである」というイベントはいずれも絶対テンスからすると未来であるが、主節時(V-POINT)からみると過去であるので、相対テンスとしての過去の用法である。なお、この場合(154b)のように状態性の述語であっても、動作性の述語と同様に PERFECT と分析可能なアスペクトを担うことはすでに述べた。また、次章で述べるが、仮定文の前件に現れる「―シタ」形も、日本語では「相対テンス」として処理できると筆者は考えている。

相対テンスの過去として現れる用法は英仏語では、定動詞が用いられる副詞節に対応するが、英仏語では分詞形の形容詞句として表現される用法も存在する。日本語では BASE が関与しないのだから、終止形と連体形を区別する必要もなく、語形成のレベルにおいて、(132)の構造が認められるものであってもかまわないのである。その究極的な形が単なる状態と呼ばれている「とがった鉛筆」や「曲がった道」などに見られる用法である。しかしながらこの場合も、fictive motion と呼ばれる現実に存在しない動作であっても、認識のレベルで「とがる」や「曲がる」というイベントを想定し、そのイベントを PAST とするようなスペースに「鉛筆」や「道」を設定するというような語形成のプロセスを想定することは決して困難なことではないだろう[8]。この場合「濡れたタオル」だと「濡れる」のイベントはより抽象的で一般的なスペースに置かれ、形容詞的な働きをするのに対し、「さっき濡れたタオル」のような場合だと、ステージレベルの具体的なイベントが想定される、というような違いが生ずるが、これは EVENT スペースの属性に関することであって、筆者の中ではとりわけ区別する必要はないと考える[9]。寺村(1984)が「判断の内容の仮想」と呼ぶ

(155) a.　早く帰って寝たほうがいい。
　　　b.　検事は起訴にしたものか不起訴にしたものか可なり迷ったらしい。　　　　　　　　　　　　　　　（松本清張 in 寺村 1984: 111）

などの用法は、ちょうど「相対テンス」としての用法と「単なる状態」としての用法の中間に位置するような用法だろう。しかし、いずれの場合も、語形成のレベルまで含めれば(132)の構造が認められるのである。
　以上は連体形の「―シタ」で、V-POINT が BASE 位置にない場合の用法だが、主節の中に現れながら、BASE へのアクセスパスを欠いた日本語独自の用法も存在する。
　(19bc)としてあげた

(156) c. ［決定］
　　　　よし、買った！
　　d. ［要求］
　　　　どいた！　どいた！　　　　　　　　（尾上 2001: 373–374）

がそれである。この時の構造は

(157)

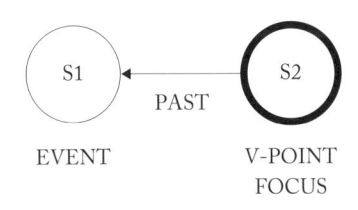

```
   ○ ←―――  ●
   S1   PAST   S2
  EVENT       V-POINT
              FOCUS
```

であって、BASE は指定されず、従って絶対テンスは存在しない。実際(156)は、現実の時間軸上にあるイベントを位置づけて描写した文ではなく、ただ、単に「買う」というイベント、「どく」というイベントが PAST となった状態を提示し、語用論的にその実現を宣言したり、要求したりしているにすぎない。(156b)において「要求」のニュアンスが生じるメカニズムは、水がほしいときにただ「水！」と叫ぶ一語文と同じである[10]。これは「―シタ」が BASE とは無関係であり、また日本語において BASE の位置が相対的に低いことにより実現する特殊な用法だろう。英仏語で似たようなメカニズムを探すとすれば、形態上テンスを欠いているフランス語の接続法を用いた

(158) a.　Vive la France!
　　　　　フランス万歳！
　　 b.　Que le dieu soit avec vous!
　　　　　神があなたとともにありますように！

などがあげられるだろう。どちらも、動詞部分が何かを述定しているのではなく、ただ、「フランスが生きること」「神があなたとともにあること」を積極的に描き、そうすることでその実現を語用論的に希求しているのである。

4.4.2.3. 主観的時間設定の用法

　以下にあげるのは表現意図としては現在とのかかわりを持ちながらも、修辞的に過去の EVENT に FOCUS をおく用法である。その意味では次にあげる「BASE 属性の過去スペース言明の用法」の用法に通じるものであるが、述語は動詞的事態であり、その動的事態を先取りして言明するものである。現実には事態は成立していないが、言葉の上で成立ずみのものとして描く用法である。尾上(2001)が「見通しの獲得」と呼んだ

(159)　（詰みにつながる手筋を発見して三１角を打ちながら）よし、これで勝った！
　　　（= (19)）　　　　　　　　　　　　　　　　　　　（尾上 2001: 373–374)

や、寺村(1984)が「（過去の）期待の実現を表わす」とした

(160)　バスが来た。　　　　　　　　　　　　　　　　　　（寺村 1984: 342)

などがこれにあたる。いずれも主観的に状況を先取りしたもので、(159)では三１角を打った時点で少なくとも話し手のメンタルスペースの中では「勝つ」というイベントは過去のものになっている。過去のもの、既成立のものとして描くことにより、現実にもそうなってほしいという願望のような含意が結果的に描かれはするものの、描いていること事態は過去の状態であり、FOCUS は現在にあるだろうから、用法上は「完了」を表す基本用法のバリエーションにすぎない。(160)も、それまで探索という緊張状態が続いていたところに、観察による状態変化が生じたわけであり、「バスが来る」という事態はすでに、過去の既成立のイベントであるというように言明している

ものなのである。従って対応する現実とのずれは存在するものの、言葉のレベルでは(132)の図式が成立していると考えられる。

4.4.2.4. BASE 属性の過去スペース言明の用法

これは、金水(1998, 2001)、井上(2001)、定延(2004)が問題にしたいわゆる'ムードの「タ」'の用法の大部分をおおうものである。以下のような特徴をもつ[11]。

(161) a. 静的な状態を EVENT で叙述している。
b. EVENT は V-POINT(BASE)からみて PAST の位置にある。
c. EVENT で言及されている状態が BASE でも成立しており、かつその成立が話し手の表現意図の中に含まれている。

(161ab)は通常の静的状態述語文に用いられた、過去を表す「―シタ」の基本的用法と同じである。ただし、状態性の文と時間性の関係については考察しておく必要がある。状態性の文とは国語学でいう形容詞文を典型とするものであって、形容詞文は川端(1978)などで主張されているように時間量をもたず、その状態変化によって時間軸上に位置づけることが出来ない。PAST といっても、状態性の文ではあくまでも「回想」というような最も抑制された形式における時間性しか付与されない。そして回想とは別のスペースに思いをよせることであるから、連続したスペースの中で成立させることはできないのである。つまり、PAST で指定される EVENT で述べられる状態は、BASE の状態とは断絶し、あくまでそのスペースに限定された状態として述べられることになる。このように通常は(161c)は成り立たない。もし、過去スペースでも BASE でも共通に成立している状態を述べるのであれば、その過去スペースと BASE を統合(consolidate)し、PRESENT の指標を与えて述べることが、Grice の量の公理にかなっており、過去についてのみ述べることは量の公理に対する違反となるからである。従って(161c)がこの用法の特徴であり、通常の用法と区別される性質である。

一方(161b)は筆者が主張する「—シタ」が表す本質的な機能であり、この用法において確認すべきこの特徴が、そのままこの節で証明すべき目的にもなっている。以上の内容を確認した上で、以下具体例を考察してみよう。

4.4.2.4.1. 発見の「た」

この用法の典型例は、「発見のタ」として広く知られているものである。

(162) a. （ノートを探している聞き手に向かって）君のノートなら、第1演習室の後ろの机の上にあったよ。
 b. （第1演習室に行ってみて）あっ、あった。なあんだ、こんなところに忘れていたのか。
 c. （同じ部屋で別の学生が）そのノートなら昨日からそこにあったよ。

(162a)の「あった」は通常の過去を表す基本的用法、(162b)の「あった」が「発見のタ」、さらに(162c)の「あった」が基本的用法である。この場面をめぐる言語外的な状況として「第1演習室の後ろの机の上に問題の学生のノートがある」という状態は常に成立している。しかしながら描くときに構成されるスペースのありようは異なっている。(162a)におけるBASEは、第1演習室以外の場所であり、聞き手はまだノートを発見していない。「第1演習室の後ろの机の上にあるノート」の存在は客観的な事実ではあっても、BASEにおいてアクセス可能な知識状態としては存在していない。ノートの存在は、話し手が確認した過去の時点の第1演習室というスペース内でのみ有効な属性であり、そのスペースにEVENTとFOCUSを置き、話し手がこの話をしている時点にV-POINTとBASEを置いた典型的な過去の用法である。これに対し、(162b)はその存在の状態を確認できる第1演習室がBASEであり、ノートの存在はまさにこのBASEで成立している状態である。この時あえてBASEと異なった過去スペースについての言明を行うことはGriceの量の公理に対する違反である。しかしながら、それまでに

探していたという過去における状態を問題にしたいという表現意図が、話し手にあり、あえて過去スペースについて言明したものととらえることができる。実際(162b)のように、その後 FOCUS を談話構成原理にもとづき、EVENT に移して「こんなところに忘れていたのか」と過去スペースにおける言明を続けることはごく自然な流れであり、これによっても過去スペースに対する関心をうかがうことができるだろう。なお典型的な「発見のタ」における FOCUS は V-POINT(= BASE) にあると筆者は考えたい。これによって「あった」のアスペクトは筆者の定義では PERFECT になる。従来の語彙論的な定義では「完了」と呼ぶことは難しいが、この時点で過去スペースの状態がノートをみつけられなかった無の状態から「ある」の状態に変化したのであり、その変化の結果をまさに現在保持しているのであるから、認識の上では「完了」のプロセスが働いている。この完了的認識こそが、従来より「発見」と言われてきたムードの本質なのである。

　一方(162c)のシタの場合、ここでの FOCUS は明らかに前文によって移ったEVENT の位置にある。ただ、この場合は(162a)の場合とは異なり、第1演習室の現場が BASE なのだから、問題のノートもそこにあって EVENT で述定される状態がここでも確認できる。しかしながら、現在のその状態はもはや話し手の表現意図の外側にあって、このときはあくまでも聞き手が探していたであろう過去の状態のみを問題にしている。従って(161c)の2番目の条件が成立せず、発見のタがもつニュアンスは特に感じられない。

　過去スペースの状態を問題にするという動機は、過去に「探していた」という事実がある場合に最も自然に得られるものであるが、これは必ずしも必要な要件ではない。山中で田中という友人と一緒にハイキングをしていた話し手が、すぐ目の前の崖の上に、思いがけずサルを発見し、

(163)　田中さん、ほら、あんなところにサルがいたよ。　　(定延 2004: 20)

というようなケースでは、サルを探していたという前提は成立しないだろう。しかし、猿がいるなどと思ってもいない自宅の庭で猿を発見したときに

は(163)を使いにくい、というような観察から、この場合でも仮想的であれ、過去スペース内に探索意識を働かせていたという前提を認めることができる、ということを定延(2004)は論じている。彼は、体験によって知り得た状態に関する知識を語る場合に、その知識にアクセスした時間をアクセスポイントと呼び、そのアクセスポイントが過去であるときに「—シタ」形が用いられるという説明をし、どのような条件がそろえばアクセスポイントを過去におけるか、ということまで詳細に検討している。筆者の図式では、アクセスポイントを過去において描いたスペースが EVENT であり、筆者としてはその定延(2004)の分析が正しければ、筆者がとっている(132)の構造を認めることができるということを指摘するだけで十分である。「発見のタ」の場合、探索意識が EVENT を過去スペースに置くことの要因である。

　フランス語の半過去にも、この発見のタと似た用法がある。

(164)　(探していた人を見つけて)Ah! vous étiez là.　　　(阿部 1989: 55)
　　　何だ、ここにいたのですか。

ただし、この場合 FOCUS も過去スペースにある。もっとも(164)の訳文として筆者が示した「ここにいたのですか」の「た」も FOCUS は過去だろう。「発見のタ」の FOCUS は過去の EVENT にあっても BASE にあってもよいということである。

　なお、定延(2004)はなかなか笑わない赤ん坊がやっと笑い、今もまだ笑っている状況で「あっ、笑った」と表現する動作性の動詞についたタもこの発見のタに含めて考えている。定延(2004)にとっては探索意識の有無が、発見のタであることの定義的属性であるから、この「笑った」のタも発見のタとなる。しかしながらこの「笑った」は完了を表す基本的な用法ととらえたところで問題は生じないと思う。筆者にとっては「過去における状態の言明」であることが「発見のタ」であることの定義的属性であり、「笑った」のタは「発見のタ」ではない。また、尾上(2001)は(160)のような用例も「発見」のカテゴリーに入れているが、筆者はこれも同様の理由で、「発見のタ」に

4.4.2.4.2. 関連づけ

「関連づけ」というのは金水(2001)の用語であり、井上(2001)は「隠していた正解を明かすタ」、定延(2004)は「知識修正のタ」と呼んでいる。

(165) （ドリルの答え合わせをして）おや、答えは3番だったか。

（金水 2001: 60）

(166) （テレビのクイズ番組などで）正解はCでした。　（定延 2004: 41）

ここで問題となるのは、ドリルの解答をしていたり、クイズの解答を求められて答えたりしていた時点の状態である。その時答えとなるべき状態にアクセスできていれば、正しく答えられることができ、その時のありようを問題にした、ということであろう。この場合は EVENT のみならず、FOCUS も関連づけをした過去スペースにあると考えるのが自然である。「発見のタ」との違いは、「発見のタ」が語用論的な状況により(161c)が満たされるのに対し、「関連づけ」の場合、対象とする知識の性質としてそれが満たされるということであろう。ドリルのその問題の答えが3番であり、クイズのその問題の答えが C である、ということは時間を超越した恒常的な真理であろうから、それは BASE にあっても有効で、過去スペースにおいて正解の状態であったと明かされた時点で、BASE においてもアクセス可能な知識状態となる。ただし、言葉の表面的なレベルでは過去スペースにおける状態の言明以外のなにものでもない。

4.4.2.4.3. 忘れていたことの想起

「忘れていたことの想起」というのは寺村(1984)の用語で、井上(2001)、定延(2004)は「思い出しのタ」と呼んでいる。

(167)　そうでした。僕、伴子さんにお頼まれしていたことがあるんでした。　　　　　　　　　　　　　（大佛次郎『帰郷』in 寺村 1984: 107)

これが基本的に状態性の表現に限られることは、寺村(1984)、金水(1998)、岩崎(2000)、定延(2004)らがそろって指摘している。寺村(1984)は、動詞述語文の

(168)　君、ビール飲んだね。　　　　　　　　　　　　（寺村 1984: 107)

だと、普通はただの過去と解釈され、想起の用法の場合は、

(169)　君、ビール飲むんだったね。　　　　　　　　　（寺村 1984: 108)

のように状態述語化しなければならない、とまで述べている。しかし金水(1998)や定延(2004)が指摘するようにこの判断はいささか強すぎ、(168)でも想起の解釈は可能であるし、

(170)　きみは酒はだめだったが、たばこは吸ったね。　（紙谷 1979: 19)

のような例文もある。もっとも紙谷(1979)が作例した

(171)　今晩の会は八時にはじまりました。　　　　　　（紙谷 1979: 22)

となると、逆に許容する日本語話者は少ないだろう。もちろん

(172)　今晩の会は八時にはじまるんだった。

と状態化すれば、何の問題もなくなる。こうしてみると、(161a)としてあげた「状態性」という性質は重要であり、仮に動詞が動作性のものであっても、

(170)で、「酒はだめだった」と対比されているように、「たばこを吸う」というインディビジュアルレベルの属性言明をしているのであって、決してステージレベルの行為を問題にしているわけではないことがわかる。こうしてみると、(169)や(171)で判定にずれが生じるのは、これらを属性表現と読むことができるか否かという解釈の可否から来ていると考えることができる。(171)のように未来スペースの出来事が言及されている文の場合、あくまでも、「そのような予定である」という予定としての状態解釈が必要で、BASEでも有効な予定であり、そのことを述べることが言明の意図の中に含まれているため(161ac)が満たされ、このような用法が可能になっているのである。この時過去のEVENTに言及する動機は、BASEでも有効な知識を過去スペースにおいて、すでに自分のものにしていた、言及の対象となる過去スペースですでに知っていた、という自分の知識状態を表現したいからであろうと思われる。

　ここで問題とされる知識の性質はさまざまであり、(161c)はさまざまな形で満たされる。(167)や(170)のように、話し手や聞き手が現在保持している属性に関する内容が問題になっているので、多分に語用論的な状況によって満たされるものもあれば、(172)のように、「予定」という知識の性格に多分に依存しているものもある。さらに

(173) 七分の一は循環小数だった？　　　　　　　　(紙谷 1979: 20)

のように普遍的な知識というように知識の性質に全面的に依存しているものもある。だが、いずれの場合も、これらの知識は話し手がBASEにおいて思い出した、あるいは思い出すべき知識であり、(161c)は必然的に満たされることになる。また想起の用法では、話し手がその知識を過去に知っていた、アクセス可能であったとして、そのような過去の時点をEVENTとして描くことにその特徴があるのだから、(161b)も満たされるのである。

4.4.2.4.4. 反事実条件文の帰結節

仮定文全体については 5 章で改めて考察するが、ここで特に問題にするのは

（174）　こんな仕事がなかったら、明日は釣りに行ったのに（もういけなくなった）。　　　　　　　　　　　　　　　　　　　（岩崎 2000: 33）

の後件に現れる「タ」である。前件の「タ」は 5 章でも述べるが、相対テンスのタと理解して差し支えないと思われる。問題は後件のタで、一見すると未来のイベントに言及しており、(161a)も満たしていないし、岩崎(2000)が指摘するように、現実の状態としても成立していない。従って(161c)も満たしていないということになる。状態言明であることが明らかな「想起のタ」との違いは明白である。想起のタの場合、

(175)??あっそうだ。明日は釣りに行った。

は筆者の語感ではほとんど無理で、

（176）　あっそうだ。明日は釣りに行くんだった。

としなければ、想起の解釈はとれないだろう。これに対し反事実条件文の場合は「行った」の形も可能なのである。

　しかしながら、この種の文の場合も、状態性と無縁ではないことを金水(2001)が指摘しており、筆者もその主張に全面的に賛成である。

　まず、反事実条件文でも、一般的には状態表現の方が好まれるという傾向がみられる。金水(2001)も引用している国立国語研究所(1985)では、条件文の話し手の好みを実際にインフォーマント調査した結果が示されており、それによると

(177) もしおまえが(中止を)知らせてくれなかったら、

おれ、あした
- いくよ。　　7点
- いったよ。　21点
- いってるよ。29点
- いってたよ。34点

となっている[12]。この例から「いってるよ」「いってたよ」のような状態表現の方がより好まれていることがわかる。また、

(178) a. 明日晴れたら、釣りに行きます。
b. 明日晴れたら、釣りに行きました。
c. 明日晴れだったら、釣りに行きました。
d. 明日晴れだったら、釣りに行っていました。
e. 明日晴れだったら、釣りに行けたんですが。

と並べてみると、(178a)は自然だが、それ以外は不可能ではないにしても自然さはかなり劣る気がする。ただし、(178c)以下は、現在天気予報欄をみていて、明日は大雨という予報だが、もしこの予報が晴れだったら、というような条件文と読むなら問題はない。この場合も、(178c)のような完成相の動詞述語文より、(178de)の状態表現の方がややよいだろうと思われる。条件文というのは金水(2001)が指摘するように、「pという前件が真ならばqという後件が真となる」という複合命題の提示であり、この複合命題が真であるという状態が成立するという状態文なのである。(177)や(178)において状態表現が好まれることの理由はここにあり、(174)や(178c)のような動作動詞述語の場合も、反事実条件文という構文的な意味に支えられて状態文解釈が可能になっているのである。状態文という点では、前節であげた予定を表す想起のタと同じなのだが、想起のタの場合、構文的な支えがないために、動作性述語の場合に状態解釈になりにくいという点が異なっている。

　天気予報解釈となる(178cde)のスペース構成を図示すると、相対テンスの

構造 (134) と同じであり、

(179)

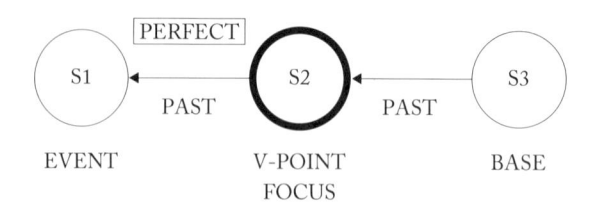

```
        PERFECT
   S1 ←────── S2 ←────── S3
       PAST       PAST
  EVENT    V-POINT      BASE
           FOCUS
```

となる。ただし、後件部分で V-POINT は BASE である S3 に移る。また、S1 で成立しているのは「明日の天気予報が晴れである」という仮想の状態であり、S2 で成立しているのは、「明日釣りに行く」という予定の状態である。ただし、S1 と S2 は談話の流れの中で統合 (consolidation) され、

(180)

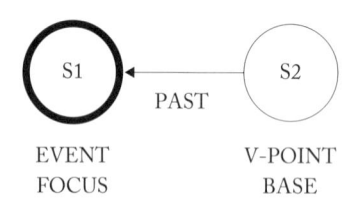

```
   S1 ←────── S2
       PAST
  EVENT    V-POINT
  FOCUS     BASE
```

のような最も単純な形に帰着される。例えば、

(181)　新聞の天気予報欄を見ると、明日は大雨だった。晴れだったら釣りに行けたのにと思うと残念だった。

のような談話を想定すると、「天気予報欄を見る」「明日の予報は大雨である」「(明日の天気予報が)晴れだったら釣りに行く(という予定である)」「そのように思って残念である」という事行がすべて (180) の構成のもと S1 で成立している。また、「(明日の天気予報が)晴れだったら釣りに行く(という予定である)」という状態は、BASE でも成立しアクセス可能な命題であること

は言うまでもないであろう。こうして(161ac)が成立するので、反事実条件文の後件に現れるタも「BASE属性の過去スペース言明の用法」の用法と考えることができるのである。このとき(180)の図式が示すように、(161b)も成立している。(174)の場合、現在かかえている仕事を課せられた過去の時点にもどって、その時点をEVENT(＝FOCUS)とし、その段階で成立し得た予定を問題にしていると考えることができる。

　なお、同じ反事実条件文であっても、寺村(1984)が「過去の実現の仮想を表す過去形」と呼んだ

(182)　ターンの失敗がなければ21秒台は出た。
　　　　　　　　　　　　　　　　　　　(『朝日新聞』in 寺村1984: 110)

のタについては、筆者はこのカテゴリーに含めない。これは「ターンの失敗」があった時点での現実スペースの状態を、仮想を加えて言明したものであって、BASEと無関係に述べられた過去の状態を現わしており、(161c)を満たさないと考えられるからである。寺村(1984)も指摘しているように、述語は動詞の可能態、否定の形が最も多いが、動的動詞のものも含めて基本的に状態文であると考えるべきだろう。だが、状態文と解釈されるという特徴をのぞけば、純粋に過去を表す基本的用法と変わりはない。フランス語において、条件法ではなく半過去が用いられる「間一髪の半過去」と呼ばれる用法と基本的に同じである[13]。

(183)　Une minute de plus, le train déraillait.　　(Riegel et al 1994: 309)
　　　　あと1分で列車は脱線していた。

以上の考察から日本語の形態素「─シタ」のあらゆる用法において、(132)で図示される(131)の性質が確認されることになる。従って一見する多岐にわたる「─シタ」の本質は(131)のような最もシンプルな形で記述できるのである。

4.5. BASE initial 言語と BASE final 言語

さて、(113)にみられる時制選択の違いは、スペース構成の違いではなく、談話の展開における BASE initial 言語と BASE final 言語の違いから、とりわけ、BASE final 言語において、BASE にまで完全にアクセスしなくても定動詞が実現する、という性質から来ていると考えることができる。このことは単に時制選択の異なりを示すだけにとどまらず、日本語に特有の他の現象の説明をも可能にするものである。

4.5.1. 日本語は EVENT よりの視点をとる

しばしば翻訳論などの形で指摘されてきたことであるが、日本語は事態を客観的に話し手の位置から描くのではなく、できごとよりの視点をとって描く。これは、FOCUS のおかれるスペースから直接 V-POINT が決定され、必ずしも BASE とは関連づけられない図 25 のような段階があることによって説明が可能である。以下は川端康成の有名な『雪国』の冒頭部分である。

(184)　国境の長いトンネルを抜けると雪国であった。　　（川端康成『雪国』）

最初の「トンネルを抜けると」の部分では EVENT とその同じスペースにある V-POINT しか設定されていない。しかし、そのことは、この部分が列車に乗っている者の視点で述べられていることを暗示する。つまり、最初の V-POINT の位置は EVENT の側にあるのである。次の「雪国であった」の段階で V-POINT の位置に FOCUS がおかれ、V-POINT が BASE に移って安定する。Seidensticker の英訳[14]では、翻訳者自身がこの部分の難しさを講演などで表明しているが、結局できごとよりの視点をとることをあきらめて、列車を主語とする外的描写の文になっている。

(185)　The train came out of the long tunnel into the snow country.

フランス語でも、現在出版されている訳は 2 種類あるが、いずれも相当に苦労して原文の視点を描こうとしている。

(186)　Au sortir du long tunnel de la frontière, on se trouvait au pays de neige. Le fond de la nuit avait blanchi.　　　　　　　　　　　Cécile Sakai 訳[15]

(186)はその一例だが、もう1つの訳[16]とともに、「抜けると」の部分は動詞句では表現されておらず、場所として提示されているのみである。
　古典の翻訳にあたっても、この視点の問題があり、源氏物語の仏語訳の問題を扱った中山(1984)によれば、副詞の使用にあたっても視点の違いが顕著であるという。

(187)a.　ここちはた、わびしく、あるまじきことと思へば、あさましく、「人違えにこそはべるめれ」というも息の下なり。　　　　（帚木）
　　　b.　Fort mal à son aise pourtant, car elle sentait bien ce qu'il y avait d'inconvenant dans l'affaire, elle dit dans un souffle, *pitoyablement*: —Vous devez faire erreur sur la personne.
　　　　　（彼女はあわれな声で、溜息とともに、「人違へをなさっているのでしょう」と言った）　　　　　　　　　　　　　　René Sieffert 訳
　　　　　　　　　　　　　　　　　　　　　（中山 1984: 109 日本語再訳とも）

(187)は空蝉の寝所に忍び込んだ源氏に対して、空蝉が反応する部分の描写だが、下線部の「あさましく」は空蝉の視点から彼女の気持ちを述べたものである。これが(187b)の仏訳では、「哀れな声で」言葉を発したことになっており、「作中人物の気持ちの内容を述べているはずのものが、同じ人物の様子を描写する表現に変わっている（中山 1984: 109)」。このように主観的な表現が客観的な描写に変えられるような訳出はこの箇所だけにとどまらず、かなり頻繁にみられるという。実際、次の英訳でも、空蝉が声を発する様子の描写として、内面を推し量ったような形になっている。

(188) But feeling that the situation was not at all a proper one for a married lady she said (*without much conviction*) 'I think you have made a mistake.' She spoke very low.　　　　　　　　　　　　　　　Arthur Waley 訳 [17]

このずれは、V-POINT に FOCUS を集めたまま、BASE にアクセスせずに述部を展開できる日本語から、BASE へのアクセスを必然的に要求する言語への翻訳にともなっておきたものであると考えられ、BASE のありようの違いを示す間接的な証拠のように思える。日本語は EVENT を中心にして V-POINT が定まるのに対して、英仏語では出発点は BASE にあり、BASE を基準にして EVENT を述べなくてはならないのである。

4.5.2. 過去形の語りにおける現在形の混在

　日本語では過去形を基軸として語られる語りの文の中に、以下のように現在形が混入することがある。

(189) 夫はようやく立ち上った。／針箱と糸屑《いとくず》の上を飛び越すように跨《また》いで、茶の間の襖《ふすま》を開けると、すぐ座敷である。南が玄関で塞《ふさ》がれているので、突き当りの障子が、日向《ひなた》から急に這入《はい》って来た眸《ひとみ》には、うそ寒く映った。　　　　　　　　　　（夏目漱石『門』）

問題は第2文である。全体としては過去の語りなのに、この部分は登場人物と重なる視点から、そこで観察した状況をそのまま現在形で描写した形になっている。第1文で主人公である夫の宗助の様子が描写され、(122)に従って V-POINT が BASE にもどったあと、第2文で FOCUS 位置から EVENT と V-POINT がつぎつぎと重ねられていき、最後はその V-POINT の位置に FOCUS が再度置かれ、V-POINT はそこにとどまったまま最終の V-POINT が BASE に移り、描写が終了するというような構造になっている。(120b)により BASE が過去に移動したような形だが、途中段階で

BASE へのアクセス抜きで定形節が生じる日本語だからこそ、このような構造が許されているように思う。(122)の BASE final 原理は原則として文を単位として成立する原理だが、段落全体のようなさらに大きな単位を取って働くこともあり、V-POINT が BASE の位置に戻ってきて談話が安定するような構造になることが多い。(189)の場合も、第 2 文まででは一連の談話は完成せず、第 3 文で BASE が本来の位置にもどってきて、ひとまとまりの談話を構成している。英仏語の翻訳ではこのような BASE の動きはなく、BASE は最初の位置から常に変わらず、談話全体がすべて過去形で語られている。以下英語の翻訳の例をあげておく。

(190) Finally he rose. He stepped over her sewing box and thread, walked through the *chanoma* where she was working and opened the doors to the next room, which was the parlour. Since the southern exposure was blocked off by the front vestibule, the *shoji* at the other end of the room appeared indistinct to his eyes, adjusted as they were to the broad sunlight. 　　　　　　　　　　　　　　　　　Francis Mathy 訳[18]

このような現在形の使用は、原文の方が英語やフランス語で、それを翻訳するようなケースでもしばしば見られる。

(191)a. Elliot Haydon reached his side, knelt by him and turned him gently over. He *bent over him, peering in his face*. Then he rose sharply to his feet and stood swaying a little.
　　b. Elliot Haydon le rejoignit, s'agenouilla près de lui et le retourna avec douceur. Il *se pencha sur lui, examina son visage*. Puis il bondit vivement sur ses pieds, vacillant.

c. エリオットは近づいてそのかたわらにひざまずき、そっとあおむけにしました。身をかがめて、じっとその顔を見ています。それから急に立ちあがって、ふらりとよろめきました。

(アガサ・クリスティー『アスタルテの祠』in 山村 2006)

注目したいのは第 2 文である。原文(191a)は過去形で書かれており、フランス語の翻訳でも単純過去が用いられているにもかかわらず、日本語では現在形になっている。直接対応する部分は分詞形だが、純粋な過去形のものも多い。

(192) a. 'The Inspector very kindly allowed me to accompany him to the Three Anchors. The garage was up a side street. *The big doors were closed*, but by going up a little alley at the side we found a small door that led into it, and the door was open.

b. L'inspecteur eut l'amabilité de me permettre de l'accompagner aux Trois Acres. Le garage se trouvait dans une rue adjacente. *La grande porte était fermée*, mais en remontant l'allée qui le longeait, nous découvrîmes une petite porte qui y conduisait. Celle-ci était ouverte.

c. ぼくが三錨亭に同行したいと言うと、警部は愛想よく許してくれました。ガレージは横町を少し行ったところにありました。大きなドアが閉まっています。けれども細い路地に通ずる横の小さな戸口があいていました。

(アガサ・クリスティー『金塊事件』in 山村 2006)

ここでも第 2 文が原文が過去形、仏語訳が半過去に対し、日本語は現在形である。大体が作中人物の視点をとって過去の状況を描写するようなケースが多い。そして(191)(192)のように、その次の文で過去形が用いられ、マクロのレベルでは V-POINT は BASE に戻ってきている。これらの現在形の箇所は過去形で表現したところで間違いではないが、熟練した翻訳者によっ

てあえて現在形で訳出されていとこに日本語の特徴的なふるまいをみてとることができるだろう。

4.6. 日本語の視点制約

　(125)はあらゆるスペースが V-POINT を BASE にとる可能性を許している。従属節のレベルで V-POINT を BASE にとるのが、絶対テンスのケースであり、(119)のような表現が可能である。しかしながら、(119)のすべての文は相対テンス表現に書き換えが可能であるのに対し、(117)を絶対テンスに書き換える、もしくは絶対テンスとして読むことは難しい。このような観察から日本語では相対テンスが基本で、文という単位で、文末に最後のV-POINT として BASE をとればよいのだと思われる。談話構成原理として大枠では絶対テンスが許されていても、接続詞句の意味的な構造から相対テンスしか許されないこともある。時を表す副詞節に関して言えば、工藤(1995)が観察しているように、p と q の同時性を基調とする接続詞句だけが絶対テンスを許すのであって、p と q の間に前後関係という相対的位置関係を強要するような接続詞句では、絶対テンスは許されない。

(193) a.　Before he left, he gave us a brief but impassioned speech.
　　　b.　彼は {去っていく／*去っていった} 前、私たちに短いが感動的な話をしてくれた。

(193b)は「〜前」という表現が p を相対的に q よりに位置づけるので、(193a)の英語のように絶対テンスをとることができない。三原(1992)は主節と従属節のテンスがどちらも過去なら過去、現在なら現在というように同じ時制に置かれた場合は絶対テンス、過去と現在、現在と過去のように異なった時制に置かれた場合は相対テンス、というように主張しているが、この規定は強すぎると思う。(117b)はどちらも「た」形の過去だが、これを絶対テンスと解釈して、日本に来る前に買ったと読むことはかなり難しいし、(193b)

において、絶対テンス解釈をするために、2つの動詞を「た」形に置くことはできないからである。

　ところが、絶対テンスが相対テンスより優先されるケースも存在する。

(194) a.　太郎は花子が読んでいる本を取り上げた。
　　　b.　太郎は花子が読んでいた本をとりあげた。　　　（久野 1973: 172）

(194)は相対テンスも絶対テンスも許される中立的なケースだが、関係節に過去の時を表す副詞がある場合は、絶対テンスしか許されない。

(195) a.　＊太郎は花子がその時読んでいる本を取り上げた。
　　　b.　太郎は花子がその時読んでいた本をとりあげた。（久野 1973: 172）

これはおそらく以下のような制約のせいだろうと思われる。

(196)　　時を表すダイクシスなどの副詞的表現がスペースを支配する場合、そのスペースの記述を閉じる段階で、副詞的表現を設定した視点と同じ位置に V-POINT が来なくてはならない。

(195)は「その時［太郎は花子が読んでいる本を］取り上げた」とすると問題がないので、「その時」はあくまでも「花子が(本を)読んでいる」というイベントを支配する。「その時」というダイクシス表現は BASE を基準としてなされたものなので、花子が本を読んでいるというスペースを閉じる段階で、「その時」と呼応して V-POINT を BASE にもどさなくてはならないのである。

　さらに、

(197) 関係節が形容詞或いはコピュラの主語を修飾する場合にはもしその関係節が表すのが過去の状態・出来事であれば、過去形が用いられなければならない　　　　　　　　　　　　　　（久野 1973: 173）

という観察もあり、以下の例があがっている。

(198) a. ＊太郎が読んでいる本はシェークスピアだった。
　　　b.　太郎が読んでいた本はシェークスピアだった。　（久野 1973: 173）

(194)と(198)を比較すると、(198)では標準形であるはずの相対テンスが抑制されており、きわめて興味深い。久野は(198b)で主節の動詞を現在形にしても、あまり意味の差が生じないということを指摘し、(197)の環境にある場合、意味的な主動詞は主文の「だった」「だ」ではなく、関係節内の動詞であると分析している。

(199)　太郎が読んでいた本はシェークスピアだ。

確かに(198b)と(199)で意味の差はあまり生じないが、主動詞が関係節内であるという理由だけで、(198a)を排除するのは難しいと思う。
　三原(1992)は(198b)と(199)の近似性から、(197)の環境にある文は判断文であり、判断文は「た」形「る」形にかかわらず、現在の視点で判断を行うのであって、従属節内も懐古的な視点をとらざるを得ず、過去形になる、と述べている。そして、主節時視点を認めやすい文脈を与えると「る」形が許容されるとして以下の例をあげる。

(200)　よく見ると、太郎が読んでいる本はシェークスピアだった。
　　　　　　　　　　　　　　　　　　　　　　　（三原 1992: 24）

筆者は「p だった」「p だ」という判断文の FOCUS で生じているイベント

は「(判断主体が)p であると判断する」ということであると思う。相対テンスをとった場合、(194a)において、「花子が本を読んでいる」というイベントが生じたスペースと、「太郎がその本を取り上げる」というイベントが生じたスペースが同じであるように、(198a)においても、「太郎が本を読んでいる」というイベントと「その本をシェークスピアであると判断する」というイベントが同じスペースで生じていなくてはならない。実際(200)はそのような文脈に置かれているから容認されるのである。そもそも、判断とは一種のメタレベルの操作であり、進行中の出来事に対する判断と、過去の出来事に対する判断は別のものである。語りの構造は後者の判断をデフォルトとして採用するので、特に明示的に前者の判断の生起が喚起される文脈を作らないと(198a)のような文は容認されない、ということであろう。小説などの構造で、判断主体が過去のスペースに存在していることが明白な文脈では(197)の構造を持つ文は全く自然に生じている。

(201)　遅れてきた少年にとって、子どもが読んでいるジャンプはあこがれの的だった。(http://blackeye.blog.ocn.ne.jp/eyes/2005/08/index.html)

(201)はインターネット上のブログからとったものだが、ここでも「遅れてきた少年にとって」が(200)の「よく見ると」と同じように、判断主体の位置をスペース内に配置させることになっている。そこで、(125)に従い、判断が次の FOCUS 位置でなされ、V-POINT が BASE に戻る、という通常の談話操作が行われているのである。

4.7. 結論

　結局日本語は V final な言語の特徴として BASE へのアクセスが、文や談話の最後になされればよい、ということで、相対テンスをはじめとする日本語の性質が説明できるようになると思われる。このような観点から Cutrer (1994)の提起した談話構成原理を日本語にあてはまるように修正すれば、

かなり一般性の高い原理を構築することができるだろう。

注
1 日本語の場合、未来形が存在しないので、未来のことがらは現在形で表現される。
2 ただし、FOCUS と EVENT の順序については定かではない。(121df)の記述からすると Cutrer 自身は逆の順番を想定しているのかもしれない。筆者が 4 つのスペース設定の順序をこのように規定したのは助動詞の承接順序の考察から来ている。
3 「昨日、私は大学に行った」にみられるようなスペース導入詞の働きをする副詞句「昨日」は、あくまでもスペースを提示するだけであって、そこに位置づけるという操作は文末辞の「た」が担っているとみるべきだろう。
4 以下、スペースは左から右に作られていくが、矢印の方向はこれまでしてきたように視点の向きを表す。日本語の場合、イベントがまず示された後、そのイベントがどのような位置から述べられているかが示されるという構造になっているということである。また(128)は(51)と同文だが、ここでは日本語と対照するためにイベントが成立するスペースを S1 としている。
5 「統合(consolidation)」の概念については 2.2. 参照。
6 金田一(1955)、寺村(1984)など。
7 この問題は 5.5. で再度詳しくとりあげる。
8 Matlock(2004)などを参照。
9 田川(2009)などのように、生成文法家の中には形容詞的な用法を統語的にも過去の用法と区別するという立場も存在するようである。
10 この分析は尾上(2001)にみられるもので、筆者も同感である。
11 (161)は先行研究で、すでに指摘されている内容を筆者の枠組みで言い直した内容である。金水(1998: 179)にも、「発話時 S に知られた状態 p が、過去のある時点 R から成立している事を述べるために、新たに R に p を登録したばあい、'ムードの「タ」' の意味が生じる。」とある。
12 10 名のインフォーマントに対し、1 番ぴったりするもの 4 点、2 番 3 点、3 番 2 点、4 番 1 点、まったくだめなもの 0 点とし、その合計を各形態の得点としている。
13 「間一髪の半過去」については 7.2.1.2.2. 参照。
14 Y. Kawabata, *Snow Country,* translated by Edward G. Seidensticker, Alfred A. Knopf, Inc, pp.3, 1969.

15 Cécile Sakai, extrait de *Kawabata, le Clair-Obscur*, Presses Universitaires de France, p.36, 2001.
16 -Y. Kawabata *Pays de Neige,* Le Livre de Poche, traduit par Bunkichi Fujimori et Armel Guerne, p.15.
17 *The tale of Genji/by Lady Murasaki; translated from the Japanese by Arthur Waley,* G. Allen & Unwin, 1925 による。イタリックは筆者。
18 Soseki Natsume, *MON*, Charles E. Tuttle Company, 1972. イタリックも原文のまま。

5 章　過去と仮定性

5.1. 考えるべき問題

　日英仏語において、テンスマーカーとしての「過去形」はいずれも仮定を表す文脈の中で生じえる[1]。

(202) a.　明日晴れたら森を散歩するんだけれど。
　　　b.　If it *was fine* tomorrow, I would take a walk in the forest.
　　　c.　S'il *faisait* beau demain, j'irais me promener dans la forêt.

しかしながら (202) において、いずれの言語でも「明日」を意味する副詞と共起していることからもわかるように、これらの動詞が表しているイベントの成立時期は発話時からみて未来に位置づけられることがらであり、純粋なテンスとしての過去を表してはいない。この事実は個別言語の研究者達に共通の問いを提示することになる。すなわち、それぞれの言語において「過去のマーカー」とされる形態素は「過去」と「仮定」という多義性を持つものなのか、それとも 1 つの意味からこれら 2 つの意味が派生してきたのか、もし後者だとするとその本質的意味は何で、なぜこのような派生が生じるのか。メンタルスペース流にこの問題を提起すれば、それぞれの言語の形態素を PAST として規定し、PAST の属性処理の形で記述すれば、その形態素を記述したことになるのか。それとも PAST 以外にモーダルな指標として HYPOTHESIS というような素性を付与する必要があるのか、という選択

をせまることになる。もしあらゆる言語において仮定が過去形によって導入されるなら前者の解決がより単純であり、PAST と仮定の道筋をつけられれば理論的には望ましいだろう。だが、ドイツ語では過去形から作られてはいても仮定を表すのは「接続法第 2 式」であり、純粋な過去形からは区別される。

(203) Wenn ich Zeit *hätte*, würde ich nach Sapporo fahren.
　　　 もし時間があったら札幌に行くのに。

英語でも 1 人称単数では過去形と異なった形態を用いる。

(204) If I *were* a bird, I would fly to you.

さらにフランス語においては過去を表すマーカーとして「単純過去」と「半過去」の 2 つが存在するが、仮定表現に用いられるのはもっぱら半過去の方であって、単純過去ではない。

(205) a.　S'il *gagnait* au loto, il achèterait une voiture.
　　　b.　*S'il *gagna* au loto, il achèterait une voiture.
　　　　　彼はロトにあたったら、車を買うだろう。

もし、過去性が積極的に仮定的意味と結びつくのだとすれば、フランス語における典型的な過去形である「単純過去」に仮定を表す用法がないのは逆に不思議である。
　このように多くの言語にまたがって、過去を表す形式と仮定条件を表す形式との間に共通性がみられるものの必ずしも重ならない、という性格も持つ。この重なりとずれはどう説明するべきだろうか。本章では汎言語的な視点から過去性と条件性との関係を問い、メンタルスペース理論において、仮定条件文をどのように記述したらよいかという問題を扱ってみたい。

5.2. 仮定性にまつわる用語について

　日本語学で後件の成立が前件の成立に依存するような関係を表す文に対する最も一般的な名称は「条件文」である。ただし日本語の場合レバ、タラ、ト、ナラなどの多用な表現に対応するかなり広い範囲の文を扱っており、「引き出しをあけると中から写真が出てきた」のような事実を記述する文や、「出かけたら、雨が降ってきた」のように必ずしも依存関係が見られないか希薄な文までを広義の条件文に含めるのが普通である。過去形との関係が問題になるのは、未実現もしくは非実現の事態を条件とする文のみであるから、これらの条件文だけを指す用語が望ましい。反事実的条件文というのがより直接的な表現だが、有田(2006)はこれを現実スペースで偽となる事態を条件とするものに限定し、英語で if のあとに現在形が来るような真偽未定の内容を仮定する予測的条件文と区別している。この区別は英語やフランス語の現在形と過去形の区別を問題にするときは重要であるが、現在形を用いた予測的条件文が過去要素をもった日本語のタラ形式と対応することもまれではない。

(206) a.　Si tu parviens à décider ta mère, je veux bien, moi.

　　　　　　　　　　　　　　　　　　　　　　（Maupassant *Une vie*）

　　b.　お母さんを説き伏せることさえできたら、わしのほうは問題なしだよ。　　　　　　　　　　（新庄嘉章(訳)『女の一生』[2]）

(206)は実際の翻訳に見られる例で、si の後の現在形による条件文、予測的条件文が過去形式をもつタラ形式で訳されている例である。英語やフランス語でも時制の違いに限られ、予測的条件文と反事実的条件文は同じ構文で表現されるので、この2つの条件文をまとめた名称としてここでは仮定文という名称を用いておきたい。Dancygier(1998)も以下の3つの例をあげ、これらに対して一括して predictive conditionals という名称を与えている。

(207) a. If it rains, the match will be canceled.
　　　b. If it rained, the match would be canceled.
　　　c. If it had rained, the match would have been canceled.

（Dancygier 1998: 25）

ただし、有田が predictive conditionals の訳語として「予測的条件文」をあてているので、混同を避ける意味でここでは「仮定文」という用語を用いることにする。

5.3. フランス語の半過去と過去性

　フランス語において、過去性と仮定性に関する問題は、半過去の本質は何か、という問題の中で多くの議論が重ねられてきた[3]。従ってその議論を追うことは、汎言語的な立場から過去性と仮定性について考える上でも極めて有益であると思われる。

　フランス語の場合、半過去そのものの用法が多岐にわたるうえ、過去を表すと言われている用法も、半過去が単独で過去性を示しているのではなく、それ以外に過去を表すマーカーが存在しているのが普通である。

(208) a. Quand Paul *entra*(E1), Marie *faisait* la vaisselle(E2).
　　　　ポールが入ってきた(E1：単純過去)時、マリーは食器を洗っていた(E2：半過去)。
　　　b. Paul *entra*(E1). Marie *faisait* la vaisselle(E2).
　　　　ポールが入ってきた(E1：単純過去)。マリーは食器を洗っていた(E2：半過去)。　　　　　　　　(Berthonneau & Kleiber 1993: 57)

(208)におけるイベント E1 は単純過去、イベント E2 は半過去で提示されている。(208a)のように接続詞 quand(〜したとき)のような形ではっきりと時間枠を指定したものもあるが、このような接続詞を用いていない(208b)の

ようなイベントの並記も、E1 によって示されるイベントの生起と E2 のイベントが同時である、という含意が生じるので、E1 が E2 に対して時間枠を設定していることに変わりがない。そこで、時間軸上の位置を過去に定めているのは単純過去で、半過去はその時間を単純に引き継いでいるだけなのではないかという考え方も出てくる。これは名詞が表している内容を代名詞が引き継ぐのと同じような関係であるから、元来名詞句の参照関係を表す照応(anaphore)という語を用いて、半過去を照応的時制である、とする有力な学説がある。半過去の先行詞となるのは単純過去によるイベントだけではなく、接続詞句によるスペース導入詞なども含まれる。

(209) a.　L'année dernière à Paris, il faisait chaud.
　　　　昨年のパリは暑かった。
　　　b.　Ils se rencontrèrent en juin; trois mois plus tard, ils se mariaient.
　　　　彼らは 6 月に会い、3 ヶ月後に結婚した。
(Berthonneau & Kleiber 1993: 57)

(209a)は l'année dernière(昨年)、(209b)は trois mois plus tard(3 ヶ月後)という接続詞句によって時間枠が提示されているのである。

　こうしてみると、半過去は導入されたスペースがたまたま過去スペースだったので、その中で用いられて過去を表しているにすぎず、本来は過去とは無縁なのではないか、という考え方が出てくるのも自然である。(202c)の si が導入するスペースは仮定スペースであるが、(209)と(202)における半過去の機能は共通で、どちらもスペースが要求した位置と矛盾しないイベントの位置づけを行っている、過去と仮定に共通した位置づけの仕方こそ半過去の本質なのである、ということで半過去非過去説も展開されてきた。古くは Damourette & Pichon(1991)に現れ[4]、Touratier(1996)、Le Goffic(1986)などがこの立場をとっている。最も明確に述べているのは Le Goffic(1986)で、彼によれば、半過去の本質は inaccompli(未完了)、certain(確実性)、non-présent(非現在)の 3 つであり、ここから過去の意味も仮定の意味も生

じてくる、としている。

　この立場に対する反論は、環境的に過去を表す位置にない場合でも、積極的に過去を表現しているように思われるような例を説明できないということが指摘されている。

(210)　— C'était Sait-Germain-des-Près qui la *fascinait*... Il s'en voulut, par une sorte de superstition, d'avoir employé le passé et il corrigea:
— ...qui la fascine...　　(G. Simenon *Oeuvres complètes* in Wilmet 1997)
「彼女が夢中になつていたのは、サンジェルマン・デ・プレでした...」彼は一種の迷信から、過去形を用いたことに腹を立て訂正した「いや、夢中になっている...」

(210)は Wilmet(1997)によれば、現在形と対比され、積極的に過去を表している。単に非現在というだけなら、なぜ未来ではないのか、ということが説明できないという。さらに

(211)　Galilée soutint que la Terre *tournait* autour du soleil.
　　　　　　　　　　　　　　　　　　　　　　　　(Wilmet 1997: 387)
ガリレオは地球が太陽の周りを回っていると主張した。

は内容からいけば、恒常的真理であるはずなのに半過去が用いている。これは時制の一致が原因であることが明白であり、半過去が積極的に過去を表せるからこそ一致させられたのである、という主張である。ただ、これらの反論は必ずしも的を得ているようにも思えない。Le Goffic(1986)の原理からすれば「未来」を表さないことは non-présent の既定からではなく、certain の既定から説明できるのであり、「過去性」は非現在性と確実性から必然的に導き出される属性であるから、積極的に過去を表していても問題にはならないはずである。さらに、(211)は単に原因とみるか結果と見るかの問題であり、照応説の立場からは過去はまさに主文の伝達動詞の過去性から来てい

るのであり、半過去が積極的に担う必要はないのである。

　半過去非過去説とは逆に、積極的な過去説をとる立場ももちろん多い。ただし、過去説の立場から条件性の意味へ派生していくメカニズムを明確に説明しているものは少ない。Imbs(1960)には言及があるが、過去は発話時点からの距離を表しており、その距離が心理的距離に反映されたものが法的用法になっているというような言い方である。これだと、遠方性ということを過去性と仮定性に共通するものとしてとらえ、遠方性を半過去の中心的意味ととらえたものとみなすこととあまり変わらない。単に発話時点からの遠方性というのなら、未来を表してもいいはずなのに、そうならないことの説明はできない。前述したようにLe Goffic(1986)だと、certainという属性が未来性と抵触するので未来の意味にはならない、という説明ができ、この点ではLe Goffic(1986)に軍配があがると思われる。最近ではGosselin(1999)が過去性から仮定性を導く論考を提案しているが、極めて難解で2つのレベルの説明が混在している。まず、si p, qで示される構造において、半過去で表現されているpの過去性はpossibilité(可能性)の過去性、すなわち「事態pの実現」が過去なのではなくて、「pである可能性」が過去であった、ということで過去性を説明し、次に仮定性をpossibilité prospective(前望的可能性)から生じるとする。pが起こってしかる後にqが起こる、要するに仮定条件の事態はpよりもqが後に位置しているということからくる説明である。しかしながらまず、第一のレベルで、過去性をpそのものではなく「pであった可能性」に移行したところで、(202)などの場合に、その可能性が文字通り「過去」でなくてはならない必然性は全くない。また前望的可能性の方も前件の過去性を説明するというより、後件の未来性を説明するとみるべきだろう。後に述べるような過去性と蓋然性の強さの関係もGosselin(1999)の論理では説明しきれないと思う。

　結局フランス語単独の問題として考えるなら、Le Goffic(1986)のように抽象的実体から過去性と仮定性を派生させる方がわかりやすい。しかし、(202)にみられるように他の言語でも過去性と仮定性の間には密接なつながりがあり、これらの言語の過去性と仮定性の関係を見た上で改めてこの問題

を考えてみる必要があるだろう。

5.4. 過去性と蓋然性

過去性と仮定性といっても、日本語と英仏語ではその表れ方が異なっている。英仏語の場合時間性のスケールは蓋然性のスケールに転換されている。

(212) a. If Boris *comes* tomorrow, Olga will be happy.
   b. If Boris *came* tomorrow, Olga would be happy.
   c. If Boris *had come* tomorrow, Olga would have been happy.

（Fauconnier 1985: 111）

(213) a. Si Boris *vient* demain, Olga sera heureuse.
   b. Si Boris *venait* demain, Olga serait heureuse.
   c. Si Boris *était venu* demain, Olga aurait été heureuse.

（Fauconnier 1984: 144）

Fauconnier は英語版(212)とフランス語版(213)で対応する英仏語の例文をあげ、if p, q というように前件をp後件をqとする関係にあって、pの動詞の時制形態の違いがどのような意味の違いになって現れるかを観察している。pの「ボリスが明日来る」という命題は「明日」という副詞があることからわかるように時間軸上の位置は未来であって、時制はこの位置づけにはかかわっていない。異なるのはpが成立する蓋然性の高さである。現在形に置かれた(a)の場合はpを真であるとみなしている場合か、pの真偽が不明である場合に用い、pの動詞が過去形に置かれた(b)の場合は、pの真偽が不明かpを偽とみなしている場合に用い、過去完了（フランス語の名称は大過去）の場合はpを偽とみなしている場合にのみ用いるという。要するに現在形から過去方向に行くに従ってpの蓋然性を低く見積もっているということになる。実際pの真偽が不明の場合、この規定からは現在形も過去形も可能ということになるが、(212)(213)における(a)(b)を比較した場合、(a)の

方がボリスが来る可能性を高いとみており、やはりその場合にも違いは存在する。また、いわゆる反実仮想における back shift と呼ばれている現象も、真偽性の見積もりに対するこの Fauconnier の観察を逸脱してはいない。過去の事実に反する仮定は p の偽がすでに確定した上でなされるのに対し、現在もしくは未来に対する仮定は p の偽が確定済みのこともあれば、未確定のこともあるからである。

　過去性はこのように蓋然性の低さ、言い換えれば非現実性と結びついている。メンタルスペース流に言えば、現実スペースではなく非現実スペースにイベントをおくマーカーとして働いているということである。実際条件文といっても Sweetser(1996) が認識論的条件文(epistemic conditionals)と呼んでいるイベントを現実スペースに位置づける条件文では back Shift はおこらない。

(214)　If he typed her thesis, he loves her.　　　　（Sweetser 1996: 328）

(214)は「彼が彼女の論文のタイプをしたのなら、彼女を愛しているのだ」ということで、前件がおかれるスペースはあくまで現実スペースであり、過去は文字通り過去スペースに位置づける指令である。この場合の条件は話し手がその真偽を知らないという状況で、真であると仮定するならということである。この事情はフランス語でも同様で、形態的テンスはテンスマーカーとして働き、通常の仮定文では生じないとされている単純過去も可能である。

(215)　S'il *eut* à Tokyo la première vraie nausée de sa vie après avoir mangé du poisson cru [...], Sartre, [...], fit honneur à la cuisine des grands restaurants [...].　　　　（*Le Monde* 1 août 1997: 24）
　　　サルトルが東京で刺身を食べた後で生まれて初めて吐き気を催したというなら、彼は料亭の料理を喜んで食べたのだ。

(215)はサルトルの嘔吐の内容を伝聞でしか知り得ない書き手が、それを真であると仮定すれば、ということで進めている記述であるが、話し手自身は前件の内容を疑っているわけではなく、非現実スペースに置く必要がないので、通常の直説法のテンスの使用に従って単純過去が置かれているのである。このような観察から英仏語において、非現実スペースを表す指標として通常の過去形の使用とは異なった原理に基づく過去形の使用がなされているということがわかる。

　これに対し、有田(2006)、田窪(1993)で指摘されているように日本語の場合、前件の時制形式と反事実性の間には直接の関係はない。現在と過去の時制要素に下接でき、有田(2006)が完全時制節と呼ぶ条件形式であるナラ、ノナラ、トスレバで比較しても

(216)a.　もし明日ボリスが来る {ナラ／ノナラ／トスレバ}、オルガはうれしいだろう。
　　　b.　もし明日ボリスが来た {ナラ／ノナラ／トスレバ}、オルガはうれしいだろう。

(216a)が(216b)に比べて話し手がイベント成立の蓋然性を高いとみなしていることにはならないだろう。(216)の形式は反事実条件文よりも認識論的条件文に使われることも多いのでここで扱う対象からはずれるが、反事実的条件文に用いられやすいレバ、タラ形式をみても事情はかわらない。

(217)a.　もし明日ボリスが来れば、オルガはうれしいだろう。
　　　b.　もし明日ボリスが来たら、オルガはうれしいだろう。

過去の時制要素を含まない(217a)とタ形式を含んでいる(217b)との間に蓋然性に関して差はみられない。実際タラ条件文は事実の記述にも用いられる。

(218)　その部屋で 1 人で本を読んでいたら、美智子が入ってきた。

(田窪 1993: 171)

これは完全なる描写で、同時もしくは前件 P に後続する状況として Q が描かれていると言えるだろう。タラ形式そのものが仮定の意味を持ち合わせていないことは次の比較でもよくわかる。

(219)a.　そのことはこの本を読んだら分かるでしょう。
　　　b.　そのことはこの本を読んだら分かった。　　　（田窪 1993: 170）

(219)は前件部分は(a)と(b)で全く同じであり、この部分だけでは事実描写であるか仮定であるか決定できないのである。
　このように日本語においては過去性が仮定性に貢献することはないのだが、前件の述語が状態動詞の時には仮定の解釈の方が優位になるという傾向がある。

(220)a.　時間があったら、映画を見に行こうと思っている。
　　　b.　*時間があったら、映画を見に行った。
　　　　　（過去の一回的事態に関する解釈では非文）　　（田窪 1993: 171）

(220b)が非文になるように、「ある」のような典型的な状態動詞で事実描写の解釈をするのは難しいだろう[5]。このような事実に対し、益岡(1993)やJacobsen(1990)は状態的な状況は現実の具体的な時間にアンカーされないがゆえに反事実的な仮定の解釈に導かれるという説明をしている。一方、田窪(1993)は、状態性と非現実性の間には直接的な関係はないとして、同じく状態的な述語であっても非現実の解釈をうけない(218)を反例にあげている。さらに

(221) ?あの男が本を読んでいたら、美智子が入ってきた。(田窪 1993: 174)

を(218)と対比させ、共感視点をおきにくい(221)のような形では事実描写解釈は難しいという現象を指摘する。そして反事実的解釈になるかどうかの違いは視点の置き方の違いで、現象の真偽値がはっきりと定まっている発話時の視点をとったものは反事実解釈、イベント時に視点を置いている場合にはイベントそのものの真偽値はこの段階では決定されないので事実解釈も可能という説明をしている。

5.5. 日本語における過去性と仮定性

　ここで問題にする日本語の仮定形式はタラ文である。過去要素を含む条件文としては(216)であげたナラ、ノナラ、トスレバの形式があるが、前述したようにこれらはいずれも認識的条件文の記述に用いられるものであり仮定文を表す形式であるとはいえ、認識的条件文は英仏語でも back shift は起こさないので、過去形の考察とは無縁だからである。もっともタラ形式にも認識的条件文を表す用法がある。

(222) a.　もし太郎が明後日来たラ、明日花子がかなり熱心に説得したことになるね。
　　　b.　明後日太郎が来たラ、明日花子がよっぽど説得したことになりますね。　　　　　　　　　　　　　　　　　　　　　　　(有田 1993: 46)

この用法のタラ形式もとりあえず除外する。

　日本語の場合、過去性が蓋然性の高さと無縁であるとすると、一体仮定性とどのような関係を持っているのであろうか。前章で主張したように、日本語によるスペースの認定と提示は EVENT、FOCUS、V-POINT、BASE の順でなされ、英仏語とはちょうど逆のプロセスを経て anchoring が成立する。このことはタラ形式の文でも変わらない。

(223) a. 駅に着いたら電話します。
   b. 駅に着いたら彼女が首を長くして待っていた。
   c. （私が先に）駅に着いたらどうするつもりだったの。

(223)に見られるすべての「駅に着いた」も、「駅に着いたとき電話します(113)」の場合と同様図25のスペース構成をとるものと考えられる。またタラ形式は「シタ＋ラ」であると考えられるが、ここにみられる形態素「～ラ」は、シタ形式にしか下接せず、「*スル＋ラ」の形は存在しない。ここから「{スル／シタ}時」型ではなく、「{*スル／シタ}後」型であることがわかり、

(224) p たら q

の形は4.2.で述べた原則により、pとqは時間的前後関係があり相対テンスしかとれない形式である、ということになる。従って(125)の原則とあわせると、(224)の構文では主節であるqのイベントが起こるスペースにPのV-POINTは移動し、pのイベントスペースはPASTとして指定されることになるが、後件に移る段階でFOCUSとV-POINTは重なっている。
　一方、日本語に限らず仮定表現に関する一般則として次の原理を提案したい。

(225)　仮定文における後件のV-POINTは前件のFOCUSになくてはならない。

この(225)こそ、フランス語において仮定文の前件に半過去しかくることのできない決定的な理由である。また、(224)はスペース構成上この用件を満たしていることになる。(225)は田窪(1993)の主張と矛盾するようだが、メンタルスペース理論で用いるV-POINTと田窪が問題にした共感視点の概念は一部重なる部分があるにせよ基本的に異なるものである。V-POINTはあ

くまでもスペース同士の時間関係を決定するための相対的基準を与えるスペースであって、スペース内のイベントをどのような立場から描くかということについては問題にしない。

(226) a. 太郎が大学に来た。
   b. 太郎が大学に行った。

(226)は同じ出来事を(a)は大学にいる話者の視点から、(b)は大学外にいる話者の視点から描かれており、そのレベルでは異なった視点で描かれている。しかしながら時制を決定する V-POINT はどちらも BASE にあり、その意味では V-POINT の位置は変わらない。そこから PAST で指定される位置に EVENTS と FOCUS が存在するというだけである。田窪が問題にしているのはこの(226ab)を区別するようなレベルの視点である。そしてイベント内部に視点をおくときにしか事実描写解釈が可能でないとして、外部視点を要求するような「あの男」を主語にした(221)の容認可能性が低いと主張しているのである。ただし、(221)の容認度が低いのは述語の「入ってきた」が主語よりの視点を要求するのに対し、主語の「あの男」の共感度が低いことから来ているのであって、事実性とは直接の関係はないと思われる。

(227) 先日面白いことがあったよ。あの男が本を読んでいたら美智子が入ってきてその本をとりあげたんだ。

の第2文は「あの男」を主語にした事実記述文であっても問題はない。内部にいる話し手の視点から描いているからである。また(221)と

(228) あの男が本を読んでいたら、これを渡してくれ。 （田窪 1993: 174）

を比較した時、(228)の方が容認度が高い理由も、(228)が外部視点をとって前件の真偽値の決定が可能であることによるのではなく、「渡してくれ」

という命令文が聞き手視点を要求し、(227)同様、「あの男」が観察者ではなく、被観察者の位置に置かれることで視点の矛盾が生じないからであろう。

　筆者の立場からすれば、タラ文のスペース構成は、仮定文の場合も事実記述文の場合も基本的に図26(p.100)であり[6]、前件(スペースM)と後件(スペースM1)の関係は常にM1から指定され、図25部分は変わらない。Mが事実スペースであるか、反事実スペースであるかは、最終的なFOCUSスペースであるM1の属性に依存している。M1が未実現の未来のことであったり、推量世界であって、現実世界に位置づけられなければ、そこからみた過去であるMも現実世界には位置づけられない。(219)のように前件部分は事実文も仮定文も全く同じであるが、(219a)は「分かる」という後件の事態が推量に置かれることで、前件の「この本を読む」という事態が仮定世界の出来事という解釈が生まれ、(219b)は後件の事態が現実スペースの過去に置かれることで、前件がそこからさらにさかのぼった過去の事態であると解釈されるのである。このことはここでとりあえず除外した(222)のような認識的条件文の場合も同じである。一見すると(222)は後件で述べられている事態「明日花子が説得する」が、前件「明後日太郎が来る」より時間軸上で、より以前の位置に置かれるので、図25の形式を逸脱しているように見えるかもしれないが、この場合の後件はこの事態そのものではなく、「qということになる」という結論を導く行為なのである。従ってこれは「pと言う事態が過去の確定済みな事実となった時点で、qという結論を導くことが出来る」という恒常的事実を述べた文である、と解釈することができ、あくまで図25の図式は保たれているのである。

　逆にMが事実スペースと解釈されるためにはM1が事実スペースであり、Mがそこから連続した過去のスペースでなくてはならない。タラ文の場合、新しく作られるEVENTを指定するV-POINTが直ちにFOCUSとして機能するので、このPASTはPERFECTとして実現し、特にタラ文の場合狭義完了の意味合いが強い。ここに状態性の文が現実解釈と結びつくのが難しい理由が存在すると思われる。例えば、(220b)が難しいのは「映画

を見に行った」という後件の形態が、M1を現実の過去スペースに位置づけるのに対し、そこからみて「時間がある」という状態が同じスペースのさらなる過去の状態からの変化の完了であるととらえにくいことにある。この部分に関する限り筆者の説明は益岡(1993)やJacobsen(1990)に全面的に賛成である。すでに4.4.1.で述べたように、仮定文といっても構文上は相対テンスの構文であり、タラ文の前件はPERFECTのアスペクト解釈を受ける。しかしながら状態性の言明は現実スペース上ではこの解釈をうけにくい。その一方で、状態性の完了を、現実の状態からそれとは異なった非現実の状態への認識的変化の完了、として受け止めることは常に可能であるから、状態性述語のタラ文は仮定解釈に傾くという一般的な性質を説明することができる。

これに対し(218)のような活動動詞のテイル形は状態の表現とはいっても基本的に動詞文で時間量を持ち、プロファイルされているのが活動中の状態である、というだけで認知ドメイン全体の中に状態変化を読み込むことに何の問題もない。今の具体的な例に則して言えばM1と空間を共有するスペースにおける過去の出来事として「本を読んでいる」という状態が成立し、その継続した状態をM1で完了した事態として認識するのは何の問題もないのである。しかしながらMで「時間がある」という状態が成立し、その状態が完了的事態として成立するというような状況は想定しにくい。このように「テイル」形であっても、「本を読んでいる」のような活動動詞に下接する場合は状態変化の継続的事態を意味し、それを完了的に把握することも可能だが、「結婚する」のような完了動詞に下接し、テイルが動作の継続ではなく結果状態を意味する場合、さらにその状態を完了的に把握することは難しくなる。

(229)a.　結婚したらパソコンに使う金がなかった。
　　　b.　結婚していたらパソコンに使う金がなかった。

(229a)は現実解釈、(229b)は仮定解釈が優先されるだろう。(229b)はこのままでは安定せず、後件を「〜だろう」のようなモダリティ表現でおおいた

くなる。
　なお、日本語の場合後件の仮定スペース M1 の属性を指定するのにモダリティ要素は必ずしも必要とは限らない。

(230) a.　あの時、時間があったら映画を見に行った。
　　　b.　あの時、時間があったら映画を見に行っていた。
　　　c.　あの時、俺だって時間があったら映画を見に行ったさ。
　　　d.　あの時、時間があったら映画を見に行ったと思う。

(230)は(a)のように後ろに何もつかなければかなり容認度は落ちるが、それでも仮定解釈が不可能というわけではないし、(b)のような完了相に置くと容認度は若干増加する。さらに(c)のような終助詞の付加や、(d)のように全体を想定スペースに置くことで、仮定解釈は容易になる。このことから日本語における仮定解釈は M1 のスペース解釈に依存するが、M1 のスペース解釈は語用論的なさまざまな要素の複合によってなされることがわかる。ただし、いずれの場合も M1 における述定は、そのような命題が真である、という状態性の言明である、ということについては 4.4.2.4.4. で述べた通りである。
　以下は実際の小説に現れた(230c)タイプの実例である。フランス語の翻訳は仮定文である大過去＋条件法過去の構文を用いている。

(231) a.　「わたし、肋骨さえ折らなかったら何かで日本で一番になったわよ、きっと！」と雪枝は言った。　　　（井上靖『あすなろ物語』）
　　　b.　« Si je ne m'étais pas cassé une côte, j'aurais peut-être été championne du Japon! » lui dit-elle, [...].

ここで日本語における仮定文や同じ構文を用いる事実描写文の時間指定について考えてみよう。条件文は一般に、事実描写文も含めて、後件の成立が前件の成立に依存するという構造になっているので、(214)のような認識論的

条件文を除いて、前件が時間的に後件に先行することになる。4.2. で述べたように、前件と後件の時間関係が同時ではなく、継起的である場合、前件の時制は後件との関係によってのみ決定されるのであるから、

(232)a.　書斎で本を読んでいると美智子が入ってきた。
　　　b.　書斎で本を読んでいたら美智子が入ってきた。

における違いは、相対時制と絶対時制の違いではない。どちらも相対時制をとったものであるが、事実の認識の仕方が異なるのである。(a)は「読む」という行為を進行中のものとしてとらえ描いているのに対し、(b)は進行中の状態を確認済みの過去の状態になったものとして描いているのである。タラ文の場合、M を過去とみている M1 では M で描かれているイベントはすべて成立ずみという含意をもつ。このように前件のタラに含まれる過去性は BASE との位置関係には全く依存せず、純粋に M1 との関係における PAST を表しているのである。尚、前件を「書斎で本を読んでいた時」とするならば、この「読んでいた」は同時解釈で絶対テンスとなる。

　現代日本語の「—シタ」に関しても、時間用法とは別の反実仮想とされるようなムードのタを積極的に認める立場もあるが[7]、筆者は以上のような考察から、英仏語と異なり、そのような用法を特別に認める必要はないと考えている。いわゆる「ムードのタ」と呼ばれている「—シタ」の用法も、結局は V-POINT からみた EVENT の位置を PAST として示しているにすぎない、ということを 4.4.2.4. で示した。前件に現れたシタの考察については本章の記述の通りだが、後件に現れるシタについても 4.4.2.4.4. で示した通りである。

5.6.　英仏語における過去性と仮定性

　英仏語においては、スペース導入詞の if や si はほとんど義務的であり、日本語と異なり、仮定スペース M が BASE を V-POINT として直接導入さ

れる。そして仮定文全体のスペース構成は日本語と逆で、図26におけるMとM1を逆にしたような形で現れると思われる。以下に(202a)の日本語と(202b)の英語のスペース構成を並記する。どちらの場合もMにおいて「天気がよい」という事態が成立し、M1において「(話し手が)散歩する」という事態が成立する。スペースの指定はどちらの場合も左から右(内部では上から下)になされていく。日本語の場合は

(233)　明日晴れたら(M)森を散歩するんだけど(M1)

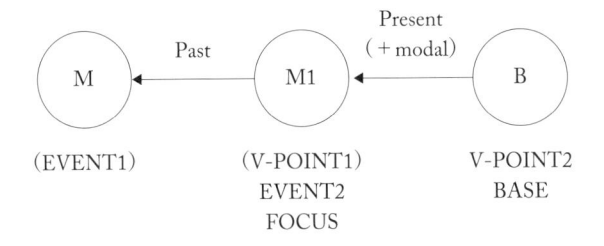

```
        Past         Present
                    (＋modal)
   M  ←――――  M1  ←――――  B

(EVENT1)   (V-POINT1)   V-POINT2
           EVENT2        BASE
           FOCUS
```

であるのに対し、英仏語の場合は

(234)　If it *was fine* tomorrow(M), I would take a walk in the forest(M1).

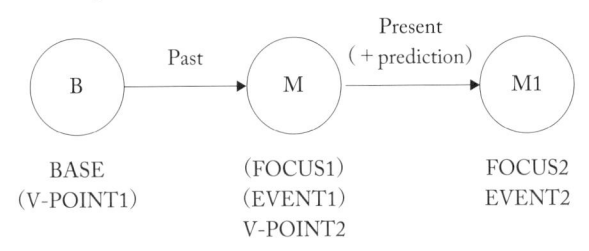

```
        Past          Present
                    (＋prediction)
   B  ――――→  M  ――――→  M1

 BASE       (FOCUS1)    FOCUS2
(V-POINT1)  (EVENT1)    EVENT2
            V-POINT2
```

である。if節が後置された場合も基本的には同じで、主文が提示される段階で、前提として(V-POINT1)(FOCUS1)(EVENT1)の構成が非明示的にあって、明示的にEVENT2まで導入された後、談話構成原理に従ってV-POINTがBASEに戻り、FOCUS1とEVENT1の内容が埋められるという構成を筆者は考えている。If節やsi節を前置することも後置することも可能なのは英仏語の場合絶対時制による指定なのでBASEから独自に指

定することが可能なためであろう。日本語のタラ条件文では相対時制による指定しか行えないので前件と後件の入れ替えはできないのである。

　こうしてみていくと、過去形で指定されている M は、日本語では(233)に示すように M1 から指定されているのに対し、英仏語では(234)に示すように常に BASE から指定されることになる。従って日本語の場合形態が指定する PAST が時間的な「過去性」を保持していると考えてよいが、英仏語の場合の PAST に時間関係を見いだすことは難しい。M に tomorrow という副詞が付されていてることからわかるように、BASE からみた M の時間は未来であっても決して過去ではない。このことは PAST が時間的指標ではなく、別の指標として働いていることを示唆する。それではその指標が表すものは何で、なぜ過去と同じ形態素で指定されるのであろうか。

　筆者は時間観念と法的観念の間の認知的共通性にその答えを見いだしたいと考えている。未来の出来事は不確実であり、「予測(Prediction)」という法的価値と未来の時制価値がしばしば同じ形態素で指定されることは広く知られている。同じように過去の出来事は記憶の中に、現場とは別のスペースで確実に起こったこととして蓄えられているのであり、「事実(Fact)＋既成立(certain)」というような法的価値と過去の時制価値との間に共通の認知的基盤が存在すると考えられる。現場スペース以外のスペースで、確実にイベントが生起したと考えられるスペースは通常は過去スペースである。しかしながら仮定スペースも全く同じで、仮定スペースの最大の特徴は提示されるイベントを生起したものと仮定するということであるから、そのスペース内にあっては定義的にその事実は真なのである。従って過去スペースを指定するマーカーが仮定スペースを指定するマーカーとしても用いられることは何ら驚くにあたらない。そして話し手が現実世界で真ではないということを知っているという環境が整えば、過去性は積極的に仮定性を表現することになる。(220b)の存在文や「私が若かったら」のような形容詞文が積極的に仮定性を表現するのも同じような理由である。日本語のタラはすでにのべたように時間的過去性を相当に保持している表現だが、形容詞文のように過去性がぎりぎりまで抑制され、現場における事態変化の解釈が不可能な状況で

は、過去スペースの指定は仮定スペースの指定として解釈されるのである。ここに過去性と仮定性に関する汎言語的な認知的共通性を見いだすことは可能であろう。日本語の場合 M1 からの過去性によって M が指定されるので、それだけでは M の仮定性を保証することができず、文脈的に M1 が現実スペースではない、という環境が与えられなくてはならない。これに対し英仏語では BASE から過去性によって直接 M が指定されるので、構造上 M の非現実スペース性が保証され、過去性は文字通り仮定性の直接のマーカーとして機能するのである。これが蓋然性の程度と過去性が直接結びついている理由であろう。従って過去要素によって指定されるのは「過去」というテンスではなく、「仮定」というモダリティーである、と規定した方がよい。フランス語において、遊びの半過去と呼ばれ、非現実世界における役割指定を行う以下のような用法は過去のマーカーが純粋に仮定のマーカーとして機能していると考えざるを得ず、過去性からの派生とみなすことは難しいだろう。実際、あくまでも仮定性が過去性からの二義的な機能にすぎない日本語の過去にはこのような用法は存在しない。

(235)　Tu *étais* la reine et moi, j'*étais* le roi.　（Berthonneau & Kleiber 1994: 60)
　　　　君は王妃、僕は王様さ。

しかしながら、仮定性は過去性からの派生ではないにせよ、過去性と同じ認知的な基盤にたつのであるから、大文字で書くテンスカテゴリーである PAST をその認知的スキーマを表すものとし、デフォルトでは「過去」スペースを、一定の条件下で「仮定」スペースを指定するもの、ととらえることが、汎用的な言語理論の構築のための最良の規定になると思われる。

5.7. 英仏語における帰結節の構造

　日本語と英仏語における仮定法構文のさらなる違いとして、日本語の場合の仮定性はあくまで前件に依存しているのに対し、英仏語の場合、後件が単

独で BASE からのアクセスパスが保証される構造になっているということがあげられると思う。

(236) a. […] a Reform government *would devolve* many powers to the provinces […]　　　　(The Canadian Hansard Corpus-E)
　　b. Un gouvernement réformiste *remettrait* beaucoup de pouvoirs aux provinces, […]　　　　(The Canadian Hansard Corpus-F)
　　c. 改革政府なら(だったら)、多くの権力を地方にゆだねるでしょう。

(236)では前件にあたる部分は主語の不定名詞句によって示されており、仮定スペースの中に reform government の役割をもつ要素が導入されているのである。ただしこの前件の構成を与えているのは後件に相当する述定部分の構造である。英語の would は形態上 will の過去形であると分析できるし、フランス語の条件法現在も「半過去＋未来形」の構造を持っている。これはどちらも PAST + PRESENT(Prediction)を表現する形態であり、PAST でアクセスされる V-POINT を構造的に前提としているのである[8]。(236ab)の場合この前提となるスペースに不定名詞句が新しい要素を導入するという構造になっている。このスペースは形態的に保証されているスペースであるから英仏の反実仮想構文において特権的な地位を占めるスペースで、筆者はこれを「仮定基本スペース(Hypothetical Base Space)」と呼ぶことにしたい。以下の特徴を備えている。

(237)　仮定基本スペース
　　a. BASE から PAST によって指定され、直接アクセス可能な仮定領域(Hypothetical domaine)に属するスペース。
　　b. BASE から PRESENT で指定され得る時間軸上に存在し、明示的に異なった属性を指定された要素以外は BASE の素性が継承される。

c. 反実仮想文の V-POINT であり、前件や後件はすべてこの子スペースである。
　　d. 仮定領域に属するあらゆるスペースはこのスペースを経由しなければアクセスできない。

日本語の場合仮定法の後件が構造的に内包するこのような特権的なスペースを持っていない。内容的には(233)におけるスペース M が対応するが、これは BASE から直接アクセスする位置にはなく、仮定的条件文と読まれるためには、前件でこのスペースが導入されなくてはならない。これが英語やフランス語は不定名詞句だけで前件の内容が表現できるのに対し、日本語では「改革政府なら(だったら)」のように述定をそなえた節の構造によって仮想スペースが導入されなくてはならないことの理由である。日本語における反実性はあくまで前件の内容に依存している。(236c)が示すように後件部分の述語は「ゆだねるでしょう」というように PRESENT(Prediction)の形態しか備えていない。英語の will devolve/would devolve やフランス語 remettra(単純未来形)/remettrait(条件法現在形)に見られる対立関係は日本語では存在しないのである。

　なお、would や条件法現在が内包する PAST で指定される V-POINT は必ずしも常に仮定基本スペースとなるわけではない。伝達動詞に支配されている場合、PAST は文字通り過去として実現し、V-POINT がスピーチスペースとして Speech domain における特権的なスペースとなることはすでに 3.2. でみた通りである。

5.8. 英語の仮定法構文のスペース構成

　それでは英仏語の仮定法構文のスペース構成はどうなっているのであろうか。以下では英語の用例を扱うが、フランス語も基本的には同じであると思われる。
　まず、仮定法過去であるが、Cutrer(1994)は

(238) If I had time now/tomorrow, I would help you.　　(Cutrer 1994: 289)

について以下のような図をあげている。

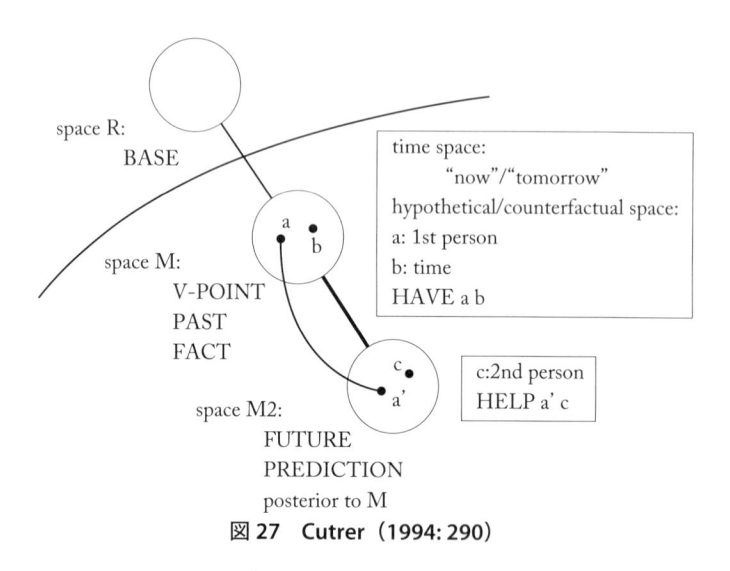

```
space R:
  BASE

space M:
  V-POINT
  PAST
  FACT

space M2:
  FUTURE
  PREDICTION
  posterior to M

a b

c
a'

time space:
  "now"/"tomorrow"
hypothetical/counterfactual space:
  a: 1st person
  b: time
  HAVE a b

c: 2nd person
HELP a' c
```

図27　Cutrer（1994: 290）

　このうち曲線を引いた下が、仮定領域であり、Space M が筆者がここで規定した仮定基本スペースであると考えられる。帰結の EVENT である Space M2 へは M から FUTURE というより PRESENT（Prediction）によってアクセスされると考えた方がよいが、それ以外の基本的な修正の必要は感じない。Space M2 のイベントは R → M → M2 の経路をたどり、PAST + PRESENT（Prediction）が実現した would help という形で示される。
　ところが、仮定法過去完了の場合は

(239)　If she had had time yesterday, she would have called.（Cutrer 1994: 312）

について

5 章　過去と仮定性　167

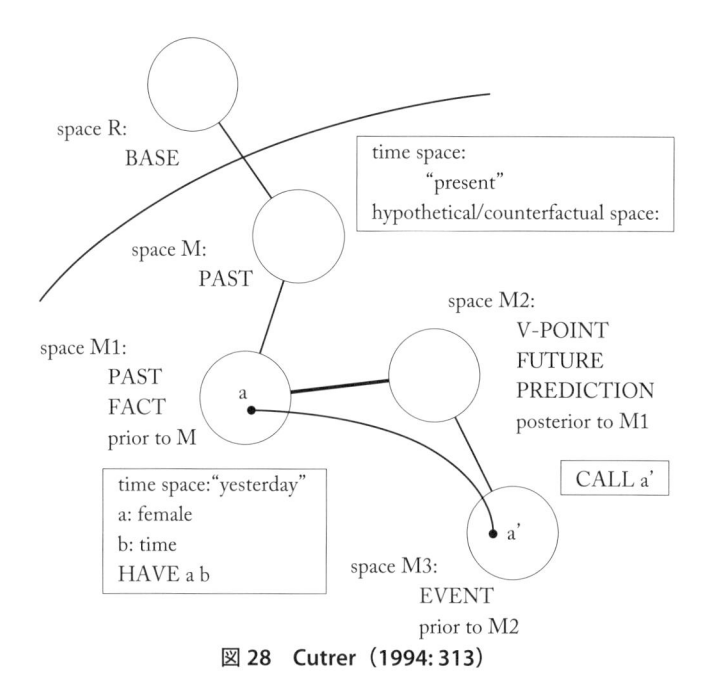

```
space R:
    BASE

                    time space:
                        "present"
                    hypothetical/counterfactual space:

    space M:
        PAST

                        space M2:
                            V-POINT
space M1:                   FUTURE
    PAST                    PREDICTION
    FACT        a           posterior to M1
    prior to M

    time space:"yesterday"                      CALL a'
    a: female
    b: time                         a'
    HAVE a b            space M3:
                            EVENT
                            prior to M2
```

図 28　Cutrer（1994: 313）

をあげているが、これはそのまま採用しがたい。この図において «a' CALL» というイベントが成立するのは M3 であるが、これはどのようにしてたどればよいのであろうか。Cutrer(1994) はただ単に «Again the counterfactual domain has special properties, which limits the tense choice in the apodosis. Only 'would' constructions are possible and they are acceced directly by BASE »(P.313) とあるだけで、何の説明も加えていない。図 28 を見る限り、M3 は M1 から M2 を経由してアクセスしているようにとれる。しかし、would have called の素性は PAST ＋ PRESENT(Prediction) ＋ PAST であるから M1 が直接 PAST でアクセスされなければならない。この保証はどこにあるのだろうか。そもそも(239)は仮定法過去では

(240)　If she had time now, she would call.

となる。(239)と(240)の関係はただ単に仮定的事態が過去に起こったか、

現在に起こったかというだけにすぎず、仮定的事態が起こった後とその帰結との関係は全く違いがないと思われる。(240)は図27のようなスペース構成になるはずだから、図27におけるMとM2の関係が図28におけるM1とM2の関係になると考えたい。従って図28におけるM3は全く不要で、« a' CALL » というイベントはM2で成立すると考えるべきなのである。そうすると帰結節のEVENTかつFOCUSであるM2へはR → M → M1 → M2とたどることになり、PAST + PAST + PRESENT(Prediction)で指定されるはずだから、would have calledの形が正しく出力されることになる。

　仮定基本スペースの特権的な役割を示すのは以下のような仮定文である。

(241)　If Lucky had won, I would be rich. I would have moved to Tahiti.

(Fauconnier 1985: 110)

このスペース構成は以下のようになっていると考えられる。

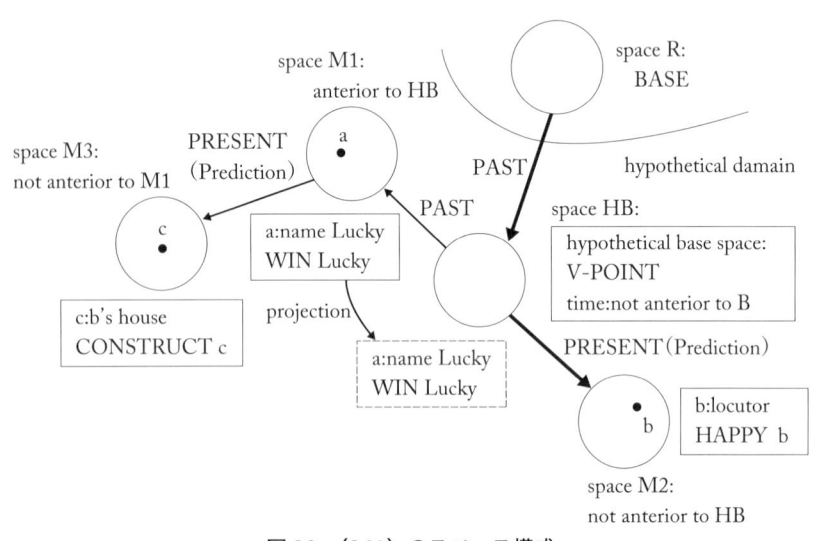

space M1: anterior to HB
space R: BASE
space M3: not anterior to M1
PRESENT (Prediction)
a
PAST
hypothetical damain
PAST
c
a:name Lucky
WIN Lucky
space HB:
hypothetical base space:
V-POINT
time:not anterior to B
c:b's house
CONSTRUCT c
projection
a:name Lucky
WIN Lucky
PRESENT (Prediction)
b
b:locutor
HAPPY b
space M2: not anterior to HB

図29　(241)のスペース構成

(241)では前件のイベントはR → HB → M1の経路を通ってPAST + PAST

によって M1 内に実現する。通常の仮定法構文は(238)(239)でみたように、この前件の FOCUS から PRESENT(Prediction)で指定される拡張スペースが帰結節となる。しかしながら帰結節の形態は would be であって、M1 からの拡張ではアクセスパスがたどれない。ここの形態が単純形の would be になるか複合形の would have been になるかは、帰結節が実現するスペースと HB との時間的前後関係によるものと思われる。従って、ここでは V-POINT である HB から新たな子スペースが作られ R → HB → M2 の経路を通って PAST + PRESENT(Prediction)によって M2 内に would be happy が実現すると考えるべきであろう。従って、前件の FOCUS も M1 ではなく HB にあり、HB と M1 の関係は PAST であるが、PERFECT のアスペクトを持つ。この時 HB は M1 で記述された属性である «WIN Lucky» が投射されている。次の would have moved は PAST + PAST + PRESENT (Prediction)であり、2 番目の PAST はあくまでも HB からの時間関係を示している。上の図では R → HB → M1 → M3 という通常の仮定法過去完了の構成を採用しているが、HB にはすでに M1 の内容は投射されているので、M1 より時間的に後で、HB より時間的に前のスペースを M1 の代わりに通ってもよいであろう。しかし、いずれの場合でも HB は必ず経由しなければならない V-POINT であり、現実世界の BASE と同じような働きをしている。このように HB は特権的なスペースであり、Initial Speech Space が V-POINT/@ の役割を担っていたのと同じような意味でここでも V-POINT/@ のような働きをしている。(241)の最後の文では FOCUS, EVENT はどちらも M3 にあり、V-POINT が M1 で R が BASE であるから、HB には V-POINT/@ しか付与することができなくなってしまうのである。

　日本語の仮定文では上例のようなケースでも帰結節のスペースは M1 からしかアクセスできない。特権的な地位をもつ HB の存在は英仏語の大きな特性の 1 つである。

5.9. 結論

　仮定性と過去性に関しては結局次のことがいえるだろう。過去性と仮定性には共通の認知的基盤が存在する。ただし、仮定解釈は非現実性という要素とむすびついており、構造上 BASE から直接仮定世界を指定する英仏語では過去性が直接仮定性のマーカーとして機能する。これに対し日本語では仮定性は過去性からの環境的派生にすぎない。

注
1　英仏語における過去形は未来の事柄を表す場合は、特に実現の可能性が低いというニュアンスを帯び、通常の仮定は現在形で表現されるが、がここでは過去形でも表現されうるということに注目する。
2　モーパッサン『女の一生』新庄嘉章訳、新潮社、1951
3　もちろん、単純に多義性を認め、それらの意味の関連性を問わない議論も存在するが、本書の立場とは異なるのでそれらの論考についてはとりあげない。様々な立場については Wilmet(1997)参照。
4　初版は 1936 年。
5　(220b)では「あったら」という過去形が用いられているが、ここでも過去性と仮定性は無縁である。(220)の「あったら」を「あれば」と言い換えても結果は同じで、「時間があれば、映画を見に行った」も普通は仮定の解釈であるか、過去の習慣で、過去の 1 回事態に対する解釈は存在しない。
6　ただし、M1 が R から指定されるテンスは後件の動詞の形態によりさまざま。
7　工藤(1997)など。
8　フランス語の場合、厳密に言えば PAST + FUTURE であるが、FUTURE の叙法的価値は PRESENT(Prediction)に等しい。

6章　フランス語における
　　« aller ＋ inf »（近接未来）

　この章と次の2つの章では、これまで規定してきたメンタルスペースの図式が、実際にどれほど個別言語の文法形式にあてはまるのかをみていく。個別言語の時制に関しては、それぞれの時制ごとに膨大な研究史があり、それらの研究成果に対し、メンタルスペースのような時制論が、どのように新しい視点を提供でき、問題の解決に寄与するか、ということを問題にしたい。このような検証によってこそ、理論的研究の真価が示されるのであって、これまで個別言語の研究者によく知られていた事柄を単に理論的枠組みにあてはめたというだけでは何の意味もないであろう。理論は普遍的な記述をめざすものであって、個別言語の特殊性は看過されがちになる。しかし逆に、そのような一般化を個別言語の実態と照らし合わせることによって、かえってその言語の特殊性が明らかになるという利点も存在するのである。

　この章では理論の側からみて、比較的その図式が適応しやすく、形式的処理によって構文制約を説明しやすいものとしてフランス語の近接未来形とされる« aller ＋ inf »の形式をとりあげる。この形式はaller が置かれるスペース S1 と inf で表現されるイベントが成立するスペース S2 の複合からなる PROSPECTIVE アスペクトの標識である。aller（英語の go に相当）はこの場合助動詞として用いられており、形態的にはアスペクト標識として典型的な構造をしているということができるだろう。英語の « have ＋ pp » が同じように S1 と S2 の複合からなり、S1 に V-POINT と FOCUS が置かれるように、« aller ＋ inf » の場合も S1 に V-POINT と FOCUS が置かれる。また英語の « have ＋ pp » のテンスが、FOCUS のおかれる have の形態によって決

定されるように、« aller + inf » のテンスも、FOCUS を担う aller の形態が決めるのである。ただし、S1 に常に V-POINT が置かれなくてはならないから、aller は IMPERFECTIVE な時制である現在形と半過去形にしか活用しない。さらに、PROSPECTIVE の性質から、EVENT は FOCUS の外側にあり、時間フレームは FOCUS より後(FUTURE)である。ここから意味的には「FOCUS において、EVENT で語られる事行は未成立であるが、その直前の状態にある」という性質を帯びることになる。

6.1. 形式

以上で述べた基本構造を図示すると以下のようになる。

(242)

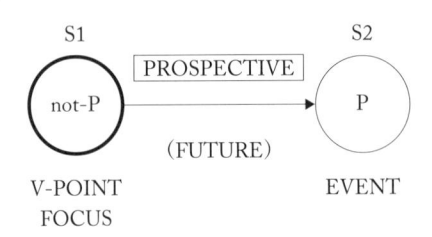

```
         S1                              S2
                    PROSPECTIVE
       ⬤                               ○
     not-P                              P
                     (FUTURE)
      V-POINT                         EVENT
       FOCUS
```

となる。

6.1.1. PRESENT PROSPECTIVE

これは基本図式が BASE から PRESENT で指定される形式である。基本的に BASE が最初の V-POINT であるから、BASE と V-POINT は同じ位置にある。

(243)

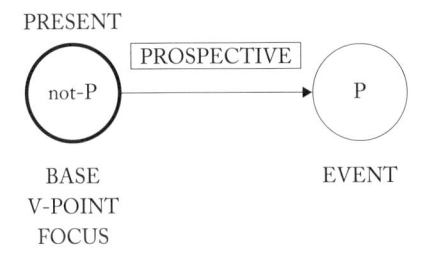

```
       PRESENT
                 ┌─ PROSPECTIVE ─┐
      ( not-P )  ──────────────►  ( P )

        BASE                      EVENT
       V-POINT
        FOCUS
```

具体例をみてみよう。

(244)　Marie *va avoir* un enfant.
　　　（Mary is going to have a baby.）
　　　メアリーはもうじき子供を産む。

(244)は、目の前に Marie がいて、彼女が妊娠中であることを伝える場合か、目の前にいなくても、聞き手もともに知っている Marie を話題にして彼女が妊娠したことを告げる文として用いられる。前者の場合はもちろん。後者の場合も BASE が現場から拡大し、話して聞き手双方の了解のもとに談話が形成される抽象的な基準スペースとみなすことができる。この BASE が FOCUS であり、話し手の意図は未来のではなく現在の Marie の状態を語ることにある。このスペースでは avoir un enfant(= have a baby)というイベントはもちろん未成立であるが、その直前の状態(妊娠中)が成立している。

6.1.2.　PAST PROSPECTIVE

　過去の場合は BASE から PAST によって指定されるスペースに V-POINT が移動して基本図式が形成され、以下のようになる。V-POINT と FOCUS が一致することから aller は半過去形に置かれる。

(245)

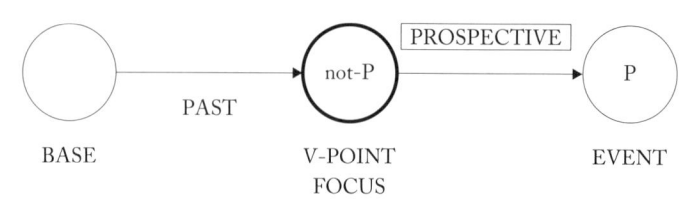

```
    ○ ─────────→ ● ──PROSPECTIVE──→ ○
                not-P                P
         PAST
   BASE        V-POINT              EVENT
               FOCUS
```

(246)　Marie *allait avoir* un enfant.

　　　(Mary was going to have a baby.)

　　　メアリーはもうじき子供を産もうとしていた。

6.2. 構造から導かれる性質

　メンタルスペースの装置を用いて(242)の構造を示せば、以下のようなこの構文について知られている性質を派生的に導くことができる。

6.2.1. 構文制約

　S1 に V-POINT が置かれるという構造は、S1 が aller の EVENT であるので、aller が IMPERFECTIVE な時制に活用することしか許さない。

(247) a.　il va pleuvoir　　　　　現在形 (is going to)

　　　b.　il allait pleuvoir　　　　半過去形 (was going to)

　　　c.　*il ira pleuvoir　　　　　未来形 (will be going to)

　　　d.　*il irait pleuvoir.　　　　条件法現在形 (would be going to)

　　　e.　*il est allé pleuvoir　　　複合過去形 (has been going to)

　　　f.　*il était allé pleuvoir　　大過去形 (had been going to)

　　　　　　　　　　　　　　　　　　　　(Jeanjean 1988: 237)

　個々にみていくことにしよう。(247ab)は(244)(246)と同様であるから問題ないだろう。(247c)は図示すると以下のようになる。

(248)

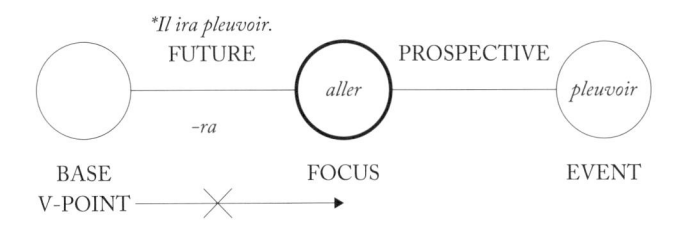

```
         *Il ira pleuvoir.
              FUTURE              PROSPECTIVE
    ○───────────────────●───────────────────○
   BASE        -ra    aller                pleuvoir
              
   BASE                FOCUS                EVENT
   V-POINT ─────×─────▶
```

これは « aller + inf » を未来に置こうとしたものである。しかしながらFUTURE は PERFECTIVE な時制であり、V-POINT を aller の FOCUS 位置に置くことができない。従ってこの構文は排除されるのである。

次の(247d)は以下のようになる。

(249)

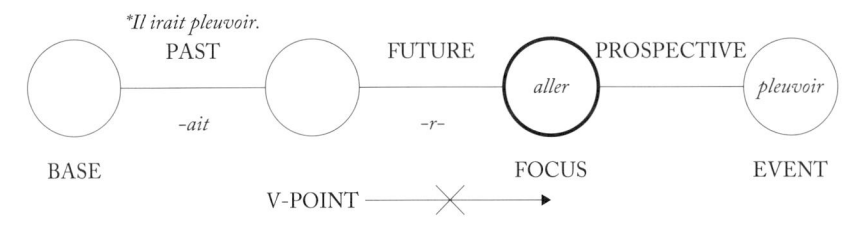

```
         *Il irait pleuvoir.
              PAST        FUTURE      PROSPECTIVE
    ○─────────────○─────────────●─────────────○
                 -ait      -r-   aller        pleuvoir
   BASE                         FOCUS         EVENT
              V-POINT ─────×─────▶
```

条件法は PAST IMPERFECTIVE + FUTURE である。V-POINT は PAST の位置までは移動できるが、FUTURE の部分でブロックされる。

次の(247e)の場合、複合過去形そのものは単純過去と同様の図式の PAST (PERFECTIVE)の場合と、PRESENT PERFECT の両方が可能だが、前者の解釈を図示すると以下のようになる。

(250)

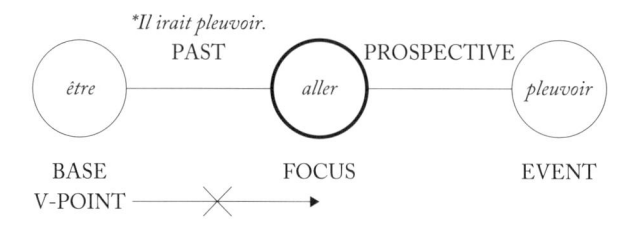

```
              *Il irait pleuvoir.
                    PAST         PROSPECTIVE
      être              aller              pleuvoir

      BASE            FOCUS              EVENT
      V-POINT ————✗———▶
```

　この場合の過去は PERFECTIVE であるので、V-POINT が aller のおかれる位置に移動できないのである。一方、PRESENT PERFECT は PRESENT PROSPECTIVE と意味的に正反対であり、内容が矛盾するのでこの解釈もとれない。

　最後の(247f)も同様である。意味的に可能な解釈は PAST PERFECT ではなく、PAST PAST のみだが、これも 2 回目の PAST が PERFECTIVE なので、ここで V-POINT の移動がブロックされるのである。

(251)

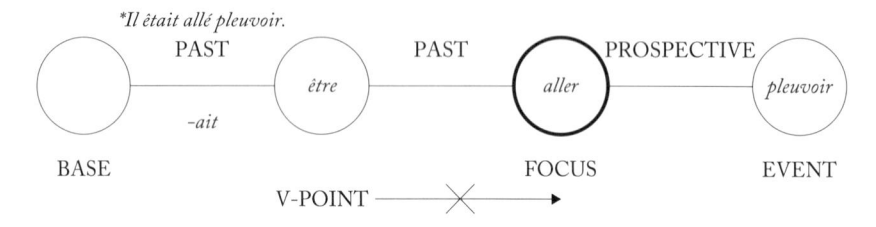

```
           *Il était allé pleuvoir.
         PAST          PAST         PROSPECTIVE
                 être          aller         pleuvoir
            -ait

      BASE                   FOCUS           EVENT
              V-POINT ————✗———▶
```

6.2.2.　quand 節の中に置くことができない

　quand 節は節内でしめされたイベントの時期によって時間軸上の位置づけをなすものだが、この位置決定は FOCUS が IMPERFECTIVE のアスペクトを受ける時には原則として成立しない。本動詞が半過去の場合も

(252) *Quand je *me promenais* dans la forêt, j'ai vu un ours.
　　　(When I was taking a walk in the forest, I saw a bear.)
　　　私は森を散歩していると、熊をみかけた。

のように原則として quand 節の中に置くことはできない。この時 se promener という行為自体は成立しているのだが、いつから生じていつ終わったのかという時期を画する側面が FOCUS の中にないので、時間軸上の 1 点を明示することができないのである[1]。さらに PROSPECTIVE の場合、FOCUS 位置では event P は生じようとしているだけであって生じていないのだから、event P の生起によって時間を画すことなどできないのである。

(253) a.　Je te prie de me prévenir quand tu *verras* l'eau bouillir.
　　　　 (I ask you to warn me when you *will see* the water boil.)
　　　　 お湯がわくのに気がついたら教えてください。
　　　b.　*Je te prie de me prévenir quand tu vas voir l'eau bouillir.
　　　　 (I ask you to warn me when you *are going to see* the water boil.)
　　　　　　　　　　　　　　　　　　　　　　　　　　　（Franckel 1984: 66）

お湯が沸くのに気がつくからこそ知らせるのであって、気がつく前の気がつきそうなときに知らせることなどできない。

(254)　La prochaine fois, quand tu {recevras/ *vas recevoir} une lettre pour moi, tu {t'abstiendras/ *vas t'abstenir} de la lire!　　　　（Lebaud 2003）
　　　 (The next time, when you (*will*) *receive* a letter for me, abstain from reading it.)
　　　 この次、私宛の手紙を受け取ったときにはそれを読まないでくださいね。

今は前半部だけを問題にするが、ここも受け取った時に問題になるのであっ

て、受け取ろうとしているときのことが問題になっているのではない。

　英語はフランス語と異なり will による未来表現自体が when 節と共起しないが、これも will の表現が基本的に modality の表現であり、modality は V-POINT/FOCUS が現在にあり、助動詞によって構築されるモダリティースペースが EVENT である、と考えれば、同じ制約で説明される可能性があるように思う。

6.2.3.　BASE から断絶した未来に FOCUS を置けない

　英語の現在完了形が持つ current relevance と同じで、現在形の場合 FOCUS はあくまでも現在であるので、現在とはっきり隔絶した未来のことに焦点をあてて述べることができない。これも V-POINT と FOCUS が同じ位置にあるという構造からくる制約としてまとめられる。すなわち、FOCUS は BASE/V-POINT にあるので、そこから意味的に離れた位置を FOCUS に置くような内容は表現できない、ということになる。

(255)　Inutile de pousser, je ne {descendrai/ *vais descendre} que quand le train sera complètement arrêté.　　　　　　　　　　　　　(Franckel 1984: 65)
　　　 (Useless to push, I will get off only when the train will stop completely
　　　 = It is useless to push, I won't get off until the train stops completely.)
　　　 押しても無駄ですよ。電車が完全に止まるまでは降りませんから。

(255)の場合、descendre(降りる)という行為は「電車が止まる」という現在成立していないイベントに完全に依存している。「降りる」という行為を表現すべきスペースはこの現在から乖離した未来のスペースであって、そこを FOCUS とすることのできる未来形は用いることができるが、aller + inf は用いることができない。(254)の後半部も同様である。「手紙を読まないでくれ」という要求は、前半で quand 節により設定された現在は成立していない、すなわち現在と断絶のある世界の中だけで問題になる話であり、そこを FOCUS とすることのできる「未来形」だけが可能なのである。

6.2.4. FOCUS においてイベント P は未実現である

PROSPECTIVE の性質から、イベント P は FOCUS より時間的に後にある EVENT スペースで実現されるので、FOCUS においては P は未実現でなくてはならない。

(256)　La voiture de Marie *va me dépasser*. (Mary's car is going to pass me.) Un quart de seconde, je pense à me laiseer tomber devant les roues, à simuler le coma. Mais brusquement, elle s'arrête.　　　(Helland 1995: 13)
　　　マリーの車が私を通りすぎようとしている。一瞬、私は車の前に身を投げ出し、失神したふりをしようかと思う。が突然車は止まる。

6.2.5. 否定文で現れにくい

Emirkanian & Sankoff(1986) によると未来形のうち彼らのサンプルでは 37％ が否定形で用いられていたが、aller + inf の形に否定形はなかったという。このほか、否定形でこの形が現れにくいということを指摘する研究は多い。特に (257a) の形は存在しない。

(257) a.　*Je vais ne pas y aller.　　　　　　　(Franckel 1984: 68)
　　　　　(I'm going not to go there.)
　　　b.　?Je ne vais pas y aller.
　　　　　(I'm not going to go there.)

これも aller + inf は PROSPECTIVE であり、FOCUS 位置でイベント P が未実現であるという性質から導かれるように思う。まず、aller + inf の意味構造は FOCUS 位置においてイベント P は未だ未実現であるが、P が実現しようとしている状態にある、ということである。否定の場合、この P = not Q と書くことが可能であり、P が未だ実現していない not P の状態は Q ということになる。(257) の例では、「そこに行く」という状態が現在成立していて、そこから「そこに行かない」というイベントが成立しようとして

いる、というような意味にならなくてはならない。おそらくそのような状況は考えられないだろう。

　否定で用いられるのは、以下のように肯定の内容が背後あって、それを否定するときに限られる。

(258)　—Fais attention, tu vas la casser.
　　　　(Take care, you are going to break it.)
　　　　気をつけなさい。壊しちゃうでしょ。
　　　　—Mais non! Je ne vais pas la casser.
　　　　(Oh no, I am not going to break it.)
　　　　そんなことないよ。壊さないよ。　　　　　　（Franckel 1984: 68）

注
1　quand 節と半過去の共起については 7.2.1.1.1. 参照。

7章　フランス語の半過去

　この章でとりあげるのは、フランス語の時制研究で最も多くの論考が重ねられてきた「半過去」である。汎用性、一般性を重視する言語理論の立場からすると、その理論はいかなる個別事象に関しても説明が可能で、有益な枠組みを提示することを示さなくてはならない。ほとんど伝統的な研究で言い尽くされた感のあるフランス語の「半過去」について、メンタルスペース理論がどれだけ新しい光をあてることができるのかを見ることによって、この理論の真価が試されることになるだろう。以下で行うことは、「半過去」のあらゆる用法について、この理論の観点から、網羅的かつ体系的に記述することである。

7.1. 概観

　フランス語の半過去はメンタルスペースの組成で記述すると

(259)　PAST + IMPERFECTIVE

である。この規定によって半過去のあらゆる用法が説明できるであろうか。IMPERFECTIVE の定義は(42)だが、半過去に表れる IMPERFECTIVE がどのような意味的実態を示しているのかについてさらに細かく規定していく必要があるだろう。実際のところ、半過去の本質であると考えられるこの視点アスペクトは、極めて抽象的なアスペクトスキーマであり、個々の発話

にあっては様々なアスペクト的価値となって実現し得るものである。

　これまで、多様な意味効果を持つフランス語の時制半過去については、その本質的属性についても様々な提案がなされてきた。半過去の研究史の流れは阿部 et al(2000)に詳しいが、そこにも述べられているように、Imbs(1960)に代表される「未完了アスペクトを表す過去時制」という見方が、最も古典的で最も広く受け入れられている考え方であろうと思う。半過去の過去性を否定する Le Goffic(1986)も、半過去の本質的属性として、"inaccompli-certain-non-présent" と、その筆頭に未完了(inaccompli)をあげているし、大久保(2007)も、「IMP [= 半過去] 論には様々なアプローチ、解釈があるが、どのような理論的立場に立つとしても、未完了性を IMP の主要な表現特性とすることに関しては大方の賛意が得られるであろう」と述べている。Imbs の記述は以下の通りである。

(260)　[...] il(= l'imparfait)exprime *le temps continu* (la durée indéfinie) sur lequel notre intelligence découpe les moments *discontinus* où se produisent les événements. La caractéristique essentielle de ce continu est qu'il n'a *de soi* ni commencement ni fin, à moins que son terme ne soit indiqué par *le contexte*, à vrai dire, ni le début ni la fin du processus n'intéresse l'imparfait en tant que tel.

　　　　　　　　　　　　　　　(Imbs 1960: 90 イタリックも原著者)
　　半過去は連続した時間(不定の長さ)を表し、その時間上に我々の知性が出来事の生じる不連続の瞬間を分割していくのである。この連続性がもつ本質的な特徴はその本性からして始まりも終わりも、文脈によってその期間が明示されない限り、持たないことであり、実際事行の始点も終点も半過去それ自体には関わらないのである。

図示すると、典型的には、時間軸を t、動詞事態を太線、事態の開始点を α、終了点を β、描かれているスペースを円で表現すると

図 30　半過去

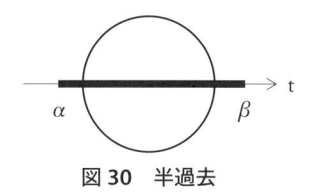

のようになる。これに対し、複合過去や単純過去は

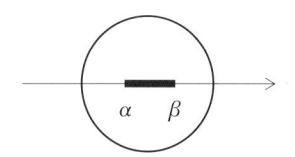

図 31　複合過去・単純過去

のように事行がスペースの内部で完結している。英語の通常用いられているimperfective[1]や日本語の「未完了」という用語は事行の終点 β が描かれない、という点が問題になるのだが、フランス語では図 30 のように始点 α も描かれない、ということが原理的に表明されることが多い。(260)の Imbs(1960) も明示的に述べているし、imperfectif というフランス語の形容詞に対して、Robert が採用している Marouzeau の定義も

(261)　Qui exprime une action envisagée "dans son cours, sans considération de son début ni de son terme"
「展開中の、始まりも終わりも考慮にいれずに」把握された行為を表す

となっている。ただ、imperfectif という用語は英語の imperfective のように β が描かれないことの方が主要な意義と感じられやすいので、α も含めて外側にある図 30 のような把握の仕方を呼ぶには Guillaume 派で用いられる aspect sécant(分割アスペクト)という名称がふさわしいと考える。この用語法では、図 31 のような見方を、動詞の事行を始めから終わりまでその全体を把握しているので、aspect global(全体アスペクト)と呼んでいる。アスペ

クトの面におけるこの違いは aspect sécant 対 aspect global と表現しようと、imperfective 対 perfective と表現しようと、その典型的な現れは同じで、多くの学者が図 30 と図 31 の違いを、半過去および現在形と複合過去および単純過去にまつわるアスペクトの違いの本質的なものであると考えている。実際典型的な例ではこの図式が完璧にあてはまる。

(262) Quand je *suis entré* dans le salon, tout le monde *regardait* la télévision.
　　　私が居間に入ると、誰もがテレビを見ていた。

この文は quand 節によってスペースが導入され、そのスペースの時間を画するイベントが「私が入った」ということであり、je suis entré という複合過去で表現されている。このときの entrer という動作は一瞬の出来事であるが、図 31 における太線の長さはどんなに短くてもよいので、この複合過去は図 31 によって示されることがわかるだろう。実際は入った後の居間の状況が問題になっており、このスペース内において、entrer という動作はすでに完結している。これに対し、半過去に置かれた regardait が表す「人々がテレビを見ていた」という動作は、話し手が居間に入る前も、また入った後も続けられていたと思われる。従ってこの半過去は図 30 が完全にあてはまるケースであろう。

　ただし、現実の用例を実際に観察していくと、このような単純な図式ですべてを説明することはできず、学者によって独自の修正をほどこしバリエーションを提示するのが普通である。まず、動作の始まりを表す α の位置である。

(263) Marie-Dominique entra, Bernard la *suivait*.　(Plisnier in Imbs 1960: 91)
　　　マリー–ドミニックが入り、ベルナールがその後についていった。

この文はもとからベルナールがマリー–ドミニックに付き従っていたととることも可能だが、彼女が入るのを見たベルナールがその後に続いたととる方

が自然だろう。この後者の解釈だとマリー–ドミニックの動作がすでに同じスペース内で単純過去によって描かれているのだから、その後に生じた動作、ということでαは必然的にスペース内部に入らざるを得ない。このような例はことさら珍しいものではなく、αが内部にあることによって半過去の使用が制約を受けるというケースは考えられない。αの位置は関与しないのではないか、という考え方がまず出てくる。一方のβについても

(264)　Quand je suis entré dans son bureau, Paul *examinait* les documents.
　　　　私が事務所に入ったら、ポールが書類をチェックしていた。

だと、(262)と異なり、「私が入った」とたんに書類のチェックを中断する可能性も高いだろう。だが、(262)と(264)の違いは純粋に語用論的な相違であって、半過去が表現するアスペクト的価値がこの2つの間で違いがあるようには思えない。(264)における行為の終わりは、(260)が断っている「文脈が指定している」場合に該当する。結局のところ問題となる時点までその行為が継続していればよく、その継続している状態を描写することに主眼があって、その後その行為が中断しようが、続けられようが実際は問題にならない。半過去に限らず、言語が表現している内容、認知言語学の用語ではprofileしている範囲はあくまでもスペースの内部に限られる。従って描かれる対象がスペースを超えた部分でどのようになっているかは言語記号の選択には関与しないのである。外的な状況による中断は、行為そのものの未完了性を表していると考えることも可能である。次例とも比較されたい。

(265)　Vous avez de la chance [de me rencontrer] : je *sortais*.　　(Imbs 1960: 92)
　　　　よかったですね。出かけるところだったんですよ。

これはImbs(1960)が「試みの半過去(imparfait de tentative)」と呼ぶ用法だが、このje sortaisは「出かけるところでした」ということで、まだ始まってもいない。相手の来訪という外的な状況によって中断された未完了の行為

を表しているといえるだろう。(264)の examiner は行為動詞(activity)であるから、すでに行為そのものは成立しているのに対し、(265)の sortir は達成動詞(achievement)であるから、行為そのものも未成立であるという違いはあるにせよ、どちらも周囲の状況によって中断させられた未完了な状態を表していることに変わりはない[2]。逆に

(266) ?L'année dernière, j'*achetais* un appareil de photo.　　　(Ducrot 1979: 9)
　　　去年私はカメラを買った。

のようにスペースが昨年全体で、行為がカメラの購入という瞬間的な出来事の場合、β は必然的にスペースの内部に置かれ、この場合は(214)のケースとは異なり、半過去の使用そのものが難しくなる。結局半過去そのものは β をスペース内部に描いてはいない、ということになる。

　以上のような内容をふまえて、図30を修正するなら、以下のようになるだろう。

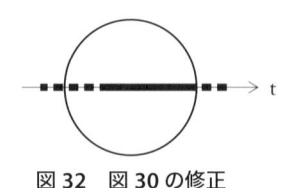

図32　図30の修正

こうしてみると、aspect sécant というよりは、狭義の aspect imperfectif という表現がより実体を反映しているように思えてくる。しかしながら、仮に図32のようにとらえたとしても、それであらゆる半過去の用法を説明することはできない。半過去のアスペクトを「未完了」ととらえることはその特質をあまりにせまく限定することになってしまうだろう。筆者にとって図30や図32のような「未完了」として実現するアスペクトは半過去が表す IMPERFECTIVE の典型的ではあるが、1つの類型にすぎず、それをもって半過去の本質的特徴とみなすことはできないと考える。

　図32に対する典型的な反例は「直前に終わった動作を表す」とされる半

過去で、(260) を主張した当の Imbs(1960) 自身の中に見られる。

(267)　Un quart d'heure après j'étais chez Prudence. Elle *rentrait* à peine.
　　　45 分後私はプリュダンスの家にいた。彼女は帰ってきたばかりだった。　　　　　　　　　　　　　　　　　　(Al. Dumas fils in Imbs 1960: 94)

この場面では Prudence は自宅に帰ってそこにいるのであるから rentrer という行為は明らかに成立している。終点 β はこのスペースの内部にあるとみてよいだろう。また「説明の半過去」と呼ばれる用法も例外的な把握の仕方になる。

(268)　Cependant on s'arrêta. Des hommes et des femmes se tenaient debout devant les portières avec des lanternes à la main. On *arrivait*.
　　　　　　　　　　　　　　　　　　　　　　　　　(Maupassant *Une vie*)
　　　そのうち馬車がとまった。下男や下女たちが、手に手に灯を持って、馬車の昇降口の前に立っていた。到着したのである[3]。

この例でも、馬車が到着し、使用人達が出迎えているという前段の描写があるわけだから、当然のことながら到着という行為は成立している。というより前段の出来事の描写をすべてひっくるめて「到着したのである」と説明していると言えるだろう。終点 β もこのスペースの内部にあり、この arriver という行為の描き方は、行為そのものを全体的にとらえる aspect global な見方でなされていると解釈するのが妥当だろう。On arrivait という半過去そのものは、文脈によっては従来のとらえ方があてはまる「到着しつつある（まだ到着していない）」という解釈になることもあるが、そのように解釈される半過去と(268)の半過去は明らかにアスペクト的価値を異にしている。(265)や「到着しつつある」と解釈される場合の on arrivait のアスペクトを未完了アスペクト、(267)のような「直前に終わった動作を表すアスペクトは結果状態アスペクト、(268)のような説明の半過去を全体アスペクトとし

て、アスペクト的に区別することが可能であるし、また狭義アスペクトの概念はこのような区別をつけるためにこそ存在していると考えるべきであろう。

　IMPERFECTIVE という視点アスペクトは、このような狭義のアスペクト概念ではなく、そのように様々な狭義アスペクトとして実現することが可能な抽象的アスペクトスキーマである。その具体的なアスペクト価のあらわれを以下に検討していくが、その価値の意味的な源泉は V-POINT が FOCUS と重なるという性質から来ている。これは「視点の移動」というようにしばしば説明されてきた。この移動は、BASE を保持したまま V-POINT を移動させる、ということであり、その意味的定位のニュアンスは春木(1999)に詳しい。筆者も基本的に同感である。さて IMPERFECTIVE スキーマの特徴を筆者は以下のように規定したい。

(269)　動詞概念を提示し、それをスペース全体に有効な属性として描く描き方。

これは図示すると

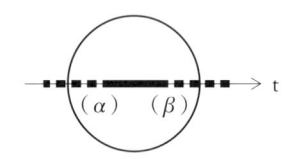

図33　IMPERFECTIVE のスキーマ

のようになる。始点や終点はどこにあってもよいが、イベントが、余韻も含めてそのスペース全体に有効なものとして存在していなくてはならない。実線、破線もしくはその両方がスペース全体にまたがっていることが必要である。V-POINT がこのスペースの内部にあって、生じている事態を同一スペース内のもの、と認識しているわけだから、αやβといった境界が認識されていない、というように考えてもよい。この見方の典型的な現れは現在形である。現在形の場合、V-POINT のみならず、最初の V-POINT である BASE

もしばしば同一スペースにあるので、感覚的に最も理解しやすいだろう。現在形で動作を表現するということは、その動作が進行中であるか、少なくともその動作の影響を現在受け続けていなくてはいけないのである。アスペクトとしては、先ほどあげた図30や図32は、1類型としてこのこの図33の中に含まれることになる。図33が具体的にどのようなアスペクトとして実現されるかにあたっては、最強意味条件 (strongest meaning condition) にそった形で実現する、と考えたい。すなわち、文脈が許す限り、意味的に最も強い実線部分を最大限に拡張する (図30) が、文脈が許さないときには破線部として読み込め、という指示である[4]。

半過去はこの IMPERFECTIVE という属性に PAST の属性が加わったものである。そのため BASE と V-POINT は必然的に分離され、半過去には「遠方性」というニュアンスが常につきまとうことになる。Le Goffic (1986) が半過去の特徴の1つとしてあげる "non présent" も、この性質を述べたものであると理解することができるだろう。この PAST もモダリティとして実現することがあるので、PAST + IMPERFECTIVE として示される半過去の本質を説明的に記述すれば

(270) 半過去は現在スペース以外のスペースに、Fact として動詞概念を提示し、それをスペース全体に有効な属性として描く描き方である。

としてまとめることが可能である。

この線にそってこれまであげた例を検討してみよう。まず、(262) についでは、α と β を確定させる要素が文脈上考えられないから実線が最大限に拡大し図21の形で実現する。(263) は文脈上 α が決定され、この α から行為を最大限に引き延ばすような形でスペース解釈がなされる。というより半過去の使用がそのようなスペースを構築し、ベルナールの行為がクローズアップされることになる。(264) は半過去が展開されるより時間的に前のスペースが予め導入されており、その文脈から β の位置が推測されるような形になっている。書類のチェックがこの話し手の登場により中断させられる、と

解釈した場合、そこがβになるから、図33のスキーマは図32として実現するのである。しかしながら(265)の場合、je sortais(出かけるところでした)と発話する話し手自身がそこにいるのだから、αもβも成立しておらずαの前の破線だけが最大に引き延ばされたスペースがje sortaisによって開かれる。この場合は半過去のもつもう1つの性質PASTが働き、現在とは断絶し、現在(BASE)からみて直前の過去の位置にこのスペースは置かれるのである。動詞sortirが有効なのはあくまでもこのスペース内部であって、BASEにおいてその事態はキャンセルされている。これとは逆に(267)では、ここで描かれているプリュダンスは自宅に帰って、そこにいるのであるからβが確定しているので、βの右の破線部分が全体に広がるようなスペースにElle rentrait à peine. が置かれるのである。またこのスペースは文脈上、直前のスペースと重なるように解釈される。

これまでみてきたように図33はあらゆる半過去の実例に適応可能なスキーマだが、この図式はあらゆるアスペクトに適応可能であるから、逆にどのようなものがこの図式からはずれ、半過去で表現できないかを示さなければほとんど何の意味もなさないであろう。

実際のところ、半過去が完全に排除される環境をみつけることは難しい。ただ、原理上図33はPERFECTIVEである図31と対立する。従って、図31のような解釈が優先される状況、とりわけ終了点βがスペースの内部にあるような事行を描くときに半過去形が排除されることになる。典型的には期間を表す副詞に限定された行為の場合で、期間の限定はその期間内に行為の完了が含まれることを表現意図とするので、図31の図式がふさわしく、図33のような解釈とは相容れない。

(271) a.　La guerre *a duré* cent ans.
　　　b.　? La guerre *durait* cent ans.
　　　　　戦争は100年続いた。

この場合実際に戦争が終わらなければどのくらい続いたのかわからないわけ

だから、複合過去もしくは単純過去に置くのがふさわしい。またそのような期間続いたことを述べることが、何らかの形でその期間をスペースとするようなスペース全体に関わるような特別なニュアンスを持つ、と解釈することも難しいであろう。特に「pendant＋期間」の表現は、積極的に限界点 β を作り出す効果があるので[5]、半過去とは共起しない。

(272) a.　J'*ai fréquenté* une école française pendant trois ans.
　　　b.　*Je *fréquentais* une école française pendant trois ans.
　　　　　私はフランスの学校に 3 年間通った。

longtemps（長い間）という副詞も、この種の期間を現す名詞の一種であると考えられる。Proust の有名な「失われた時を求めて」の冒頭部分

(273)　　Longtemps, je *me suis couché* de bonne heure.
　　　　　長い間私は夜早く寝た。　　　　（Proust *A la recherche du temps perdu*）

も複合過去で書かれいる。このままでも pendant longtemps とした場合も動詞は複合過去がふさわしく、半過去は許容されない。
　回数が限定された行為の場合も通常半過去は避けられる。

(274) *Le mois dernier Jean *allait* cinq fois au cinéma.　　（Ducrot 1979: 20）
　　　　先月ジャンは 5 回映画に行った。

行為が終了していないと何回とは数えられないわけだから、この場合も β は描かれている事態の中に内包され、そのような事実を述べるだけなら半過去より複合過去の方がふさわしいということになる。
　これ以外にも、大体瞬間的に成立する行為を時間的に幅のあるスペースの中で描く場合は、スペース内の一出来事という解釈が普通で、半過去に置かれると奇妙な印象を与えることになる。例えば、(266)は中立的な文脈では

容認されない。「カメラを買う」という具体的行為の描写が、昨年という時間的幅のあるスペースの全体に有効な概念であるという解釈よりも、スペース内で起こった1イベントとして図31のような解釈が優勢になるからであろう。このように図31の解釈と図33の解釈が排他的に存在しており、図31の解釈が優先される場合にのみ半過去が排除されるのである。しかし、図31と図33の違いは、αもしくはβ、特にβの外側の破線部分を描く表現意図があるか、ないかという違いであるから、何らかの形でこの部分を補うようなニュアンスが加わるなら、描かれるべき外的事態そのものは同一であっても半過去で表現することが可能になる。Ducrot(1979)はそのようなファクターの1つとして「対立」をあげている。

(275) L'idiot que je suis! L'année dernière j'*achetais* un appareil photo dont je n'avais pas nul besoin, et cette année je n'ai même pas de quoi me payer le cinéma. (Ducrot 1979: 9)
なんて私はばかなんだろう。去年は少しも必要のないカメラを買ったのに、今年は映画に払う金もない。

描かれている事態は(266)と同一だが、スペース間に対立が生じたことによって、「カメラを買う」という行為がスペースを代表する属性として解釈されるようになったことによって半過去が可能になっている。図に即して言うなら、図33の両端の破線部分が表現意図として読み込めることになった、ということである。この効果は回数を限定する表現がある場合も同じである。

(276) Je ne comprends pas Jean: le mois dernier il *allait* cinq fois au cinéma, et, ce mois-ci, il n'est pas sorti une seule fois. (Ducrot 1979: 20)
ジャンのことが理解できません。先月は5回も映画に行ったのに、今月は1度も出かけていません。

ここでも「5 回映画に行った」という行為全体が、先月スペースの中に置かれ、今月スペースと対比することで、先月スペースを特徴づける、言い換えれば先月スペース全体にかかわる属性として描かれるようになったということである。図の破線部分を補うことはこのようにスペース全体に関わることでもあるのである。

　半過去で描く、ということは逆に言うと、このようにスペース全体を問題にするようなニュアンスをこめて行為を描くことでもある。そのようなニュアンスをこめるために作家が通常は複合過去や単純過去で描写される動作をあえて半過去に置くことも珍しくはない。単純過去や複合過去に置き換え可能な半過去は特に「語りの半過去 (imparfait de narratif) と呼ばれるが、それらは通常図 31 で表現される teric な行為を図 33 のように表現しようという意図から来ている。

(277)　Lucas ouvrit la bouche, mais le commissaire *apportait* déjà sa propre réponse.　　（Simenon *Maigret et l'affaire Nahour* in Desclés 1995: 23）
　　　リュカスは口を開けたが、警視はすでに自分の答えを持ち出していた。

ここには、リュカスの返事を最後まで聞かずに、「こうだろう」と予め予測しておいた答えを押しつけている印象があるが、apportait を半過去に置くことで、図 33 における実線部分をできるだけ引き延ばして、対照的に単純過去に置かれた ouvrit la bouche と重ね、この単独の場面においてクローズアップした効果を生んでいる。ここで apporter を単純過去に置くと、ouvre la bouche の次に続く継起的な行為の描写となって重なりのニュアンスはなくなってしまう。Desclés (1995) が指摘するように、その場合は déjà というここで用いられた副詞と共起することはできない。
　次例にも作家の強い表現意図が感じられる。

(278)　— Je... dit-il tout contre son oreille, et, à ce moment, comme par erreur, elle tourna la tête et Colin lui *embrassait* les lèvres. Ça ne dura pas très longtemps.　　　　　　　　(Vian *L'Écume des jours* in Bres 2005: 7)
「僕は...」と彼女の耳元にすっかり口を近づけて彼は言った。とその時、彼女は何か勘違いしたかのように振り向き、コリンはそこに口づけをしたのだった。それはさして長く続かなかった。

Bres はこの例を引用し、「世界で最も美しい口づけの描写を見る思いがした (J'avais l'impression d'être devant le plus beau baiser du monde)」と述べている。ここに行為の重なりはなく、描写されている状況そのものは embrasser を単純過去に置いた場合と全く同じであろう。だが、描かれ方、視点の置き方が全く異なる。tourna, ...embrassa と2つの行為を単純過去で併置した場合、この2つの行為に軽重をつけることなく、継起的に生じたできごととして淡々と描写しているにすぎない。touna, embrassa, dura の3つのイベントは最後の2つは重なるにせよ、すべて同一スペース内の出来事として処理されるだろう。これに対し、embrasser を半過去に置いた場合、ここで V-POINT が tourna が描かれたスペース内部に移動し、embrasser の行為がクローズアップされ、スペース全体にまで時間も拡張されて描かれることになる。この半過去の描写のあとは V-POINT も BASE にもどり、FOCUS も embrasser が描かれたスペースではなく、そのスペースを包含し、embrasser を完了したイベントととらえ直す新たなスペースに置かれている。このように半過去の使用によって、スペース構成も変化すると考えるべきだろう。

　このような作家独自の表現意図によって用いられる半過去を多用した作家に、G. Simenon がいる。彼は PERFECTIVE なアスペクト解釈が自然な箇所でも半過去を用い、「Simenon の半過去」と特別に呼ばれるほど半過去を多用した。普通のフランス語話者が許容しないか困難に感じられる例として Desclés(1995) は以下のようなものをあげている。

(279)　— Une nouvelle affaire? lui demanda sa femme.

　　　　Un crime, semble-t-il, avenue du Parc Montsours［…］

　　　　Il *enroulait* la grosse écharpe autour de son coup, *endossait* son pardessus, *saisissait* son chapeau.

　　　　— Tu n'attends pas que Lapointe soit ici?

　　　　　　　　　（Simenon *Maigret et l'affaire Nahour* in Desclés 1995: 25）

　　　　「また新しい事件ですの」と妻が尋ねた。

　　　　「どうもモンスリー公園通りで犯罪がおきたらしい」

　　　　彼は大きなマフラーを首に巻き、外套を着、帽子をつかんだ。

　　　　「ラポワントがここに来るまで待っててくれないかい」

　確かに enrouler l'écharpe, endosser son pardessus, saisir son chapeau というのは継起的な行為の描写で、ここに特別のニュアンスを見いだすことは難しい。しかし、作家といえども文法的に許容されない表現を使うことは許されず、ここで半過去を用いることが許容されるような解釈を作家は意図しており、それを半過去の性質のぎりぎりのところで用いているのである。そのぎりぎりの性質は図 33 のような解釈であり、これらの継起的な行為の全体とその場面全体を特徴づけるような描写と解釈させようということであろう。

　このように図 33 のようなスキーマを想定し、半過去を(270)のようにとらえることで、半過去のあらゆる用法が説明可能になると筆者は考えている。半過去が多様な用法をそなえ、「〜の半過去」のように様々な特徴づけがなされるのは、図 33 の破線で示した部分の解釈が多岐にわたるからであろう。そもそもこの部分は現実の事態を表現している部分ではなく、含意の部分に属する。とはいえ、図 33 の実現のありかた、という観点であらゆる用法を整理することは可能であり、なぜそのような解釈が生じるのかのメカニズムの説明は決して困難ではない。

　以下では、多岐にわたる半過去の用法を個々のケースにわたって網羅的に細かく検討してみたい。まず、半過去の基本的属性である PAST + IMPERFECTIVE のそれぞれの属性について、それが実際の言表にどのよ

うに実現するのかという観点からみていきたい。ここで提起した抽象的スキーマは、それ単独では全く説明力を有せず、文脈要素とどのように統合されて具体的な価値をもつのか、そのメカニズムを説明しなくては実体を解明したことにはならないと考えるからである。

7.2. 半過去の基本的属性の現れ方

この場合、基本的属性とは PAST と IMPERFECTIVE であるが、便宜上 IMPERFECTIVE を先に述べる。

7.2.1. IMPERFECTIVE

前述したようにこのアスペクトスキーマは PERFECTIVE と対立し、PERFECTIVE の解釈が優勢になる場合以外は、分割アスペクト(aspect sécant)から全体アスペクト(aspect global)までのあらゆるアスペクトとして実現する。その際、対象となる動作をどれだけ具体的にとらえているか、ということが指標となる。より、具体的に局面レベルでのありようを描こうとする場合は分割アスペクトとして実現し、より抽象的に、とりわけスペース全体を表す属性として動詞概念を提示する場合は全体アスペクトとして実現する。この際、半過去で描かれるスペースが成立した事態の直接的記述となる現場目当てのものと、予定や総称的事態、条件文などのように非現場目当てのものとに分割することは意味があることであろう。後者は把握の仕方が抽象的なので全体的アスペクトとして実現する。

7.2.1.1. 現場目当ての場合

このケースでは IMPERFECTIVE は最強意味条件(strongest meaning condition)にそった形で実現する。IMPERFECTIVE スキーマ図 33 は実線が中核にあり、この実線の長さが最大になる図 30 がその最も強い実現形である。描かれている状況が物理的に実線として解釈され得ない場合に破線として解釈される。

7.2.1.1.1. 文脈制約が緩い場合

　文脈に制約がなく、IMPERFECTIVE が再強意の狭義未完了として実現するケースで、半過去の典型的な用法である。対象となる動詞の語彙的アスペクトは、state もしくは activity さらに accomplishment のように [＋継続性] の素性がある場合が多く、継続的事態、進行中の動作として解釈できる。

(280) a.　J'ai vu Marie ce matin. Elle *avait* l'air fatigué.
　　　　 今朝マリーに会った。彼女は疲れている様子だった。　　　state
　　 b.　Elle s'est retournée vers moi. Elle avait les cheveux dans les yeux et elle *riait*.　　　　　　　　　　　　　　　　　（Camus *L'étranger*）
　　　　 彼女は私の方を振り向いた。目の上に髪の毛がかぶさり、彼女は微笑んでいた。　　　　　　　　　　　　　　　　　　　　activity
　　 c.　Quand je suis entré à la maison, mon frère *écrivait* une lettre.
　　　　 家に帰ると兄は手紙をしたためていた。　　　　accomplishment

　この時、(263) や (264) でみたように、文脈上 α や β の位置が定められることがあるが、実線部分が最大になるようなスペース解釈がなされ、(264) のような図 32 の形であっても、スペースの境界はその β の内側にあって、半過去に置かれた動詞のアスペクトは aspect sécant となる。

　これに対し、[＋瞬間的] の素性をもつ achievement の場合、スペース全体が問題になるためには破線部分が必然的にスペースを満たすような解釈になる。最も多いのは未完了の状態で α より前の破線部分がスペース全体をみたすケースで、(265) のケースがこれにあたる。動詞事態を内部的に描こうとするとき β が描かれなくなるという現象は [＋完了性] の素性をもつ accomplishment と achievement に顕著に見られる性質で、Imperfective paradox として知られ、activity との違いが指摘されている。英語の例だが、activity である push a cart の場合

(281) a.　John was pushing a cart.

b.　John pushed a cart.　　　　　　　　　　　　（Dowty 1979: 133）

(281a)は(281b)を含意(entail)する。つまり α が実現すると β の位置がどこにあっても動詞で表されている事態は成立ずみ、となるのである。これに対し accomplishment である *draw a circle* や achievement である *reach the top* では

(282) a.　John was drawing a circle.
　　　b.　John drew a circle.　　　　　　　　　　　（Dowty 1979: 133）
(283) a.　John was reaching the top.
　　　b.　John reached the top.

のように、(282a)が(282b)を含意することもないし、(283a)が(283b)を含意することもない。accomplishment の場合、α が成立しただけでは動詞の事態が成立したことにはならないということで、事態は内在的に β を含んでいるということができる。このように事態が成立しているか否かという点で activity と accomplishment は異なるものの、IMPERFECTIVE の最強意味実現のアスペクトは図 30 であることには代わりはなく、(280)における(b)と(c)がアスペクトにおいて異なっているという印象は受けない。これに対し、achievement の場合は「未実現」のニュアンスが極めて強く出る。瞬間動詞である achievement の場合は α と β が重なるので、スペース全体に有効性をもたせるためには α の前の破線を拡張するしかないのである。これが Imbs が「試みの半過去(imparfait de tentative)」と呼ぶ半過去の用法で、先にあげた(265)の例がそうである。同様の例は

(284)　Comme il *sortait* de chez lui, la pluie se mit a tomber.
　　　 ちょうど彼が外出しようとしていたときに雨が降り始めた。
　　　　　　　　　　　　　　（三省堂『クラウン仏和辞典』comme）

などでも見られる。comme という接続詞、sortir という achievement 動詞の

場合は典型的な試みの半過去の例になる。Imbs(1960)によれば、comme のあとの半過去の使用はほとんど義務的である。展開中という側面を描きながら同時性を表すのが comme の特徴で、activity の動詞とともに用いられた場合は

(285) *Comme* le solidaire *disait* ces mots, son corps s'effaça peu à peu.
(J. Green in Imbs 1960: 91)
連帯の者はこういった言葉を発しながら、身体を少しずつ脇へ寄せた。

のように同時並行の動作を表し、achievement の動詞とともに用いられた場合は

(286) On l'a tuée ? demanda-t-elle, *comme* Maigret *s'asseyait* près de la fenêtre.
(Simenon in Imbs 1960: 91)
「彼女は殺されたのですか」と彼女は尋ねた。ちょうどメグレが窓の脇へ腰掛けようとしていたときだった。

のように試みの半過去となる。ここでも腰掛ける(s'asseoir)動作はまだ始まっていない。

　同じように同時性を表す接続詞でも quand の場合は comme とは逆に半過去との親和性が低い。quand の時間確定の機能は瞬間を定めるので、定めるべき瞬間は問題となるべきスペースの内部にあるようなものでなくてはならない。そうでなくてはそのスペースの内部では瞬間的な時間を確定できないからであろう。

(287)a. Comme il achevait son récit, le domestique entra.
　　b. Il achevait son récit quand (lorsque) le domestique entra.

c.　*Quand (Lorsqu')il achevait son récit, le domestique entra.
　　　彼が話しをおえようとしていると、召使いが入ってきた。
(Sandfeld 1965: 268)

ここで想定している内容はどれも同じである。Quand は β を描くことによって時間を確定する接続詞なので、β のあとの破線は全く不要なのである。未完了、もしくは継続中の動作と同時並行的にある事態が生じることを述べる (287)のような文では、本来主節を構成する内容を quand もしくは lorsque 節において、後置する「逆従属の quand(quand inverse)」と呼ばれる構文が多用される。このようにこの接続詞はアスペクトに関する特別な制約を課すので、quand(lorsque)とテンス・アスペクトの関係を論じた研究は古典的な Olsson(1971)をはじめとして、日本でも青井(1983)、岩田(1997)、阪上(1999)など数多い。それらの研究を通じてわかることは、quand は特定の時間、時期を aspect global としてきりとることのできるようなものとして指定する、ということである。ただし、節それ自体は aspect sécant であっても、そのスペース全体が時間軸の位置づけを可能にするような文脈であればその使用も問題なくなる。

(288) a.　??J'ai vu un ours quand je me promenais dans la forêt.
　　　私は森を散歩しているときに熊を見た。
　　 b.　Je suis allé en Suède. Tu sais ce qui s'est passé ? J'ai vu un ours quand je me promenais dans la forêt.
　　　私はスエーデンに行ったんだけど、そこで何があったと思う？
　　　森を散歩していると熊を見たんだよ。　　　（岩田 1983: 72-73）

(288)において、quand 節が持っているアスペクト的価値は全く同じで、節が表すスペース内部では時間の位置づけは行えない。だが、スペース内の一点ではなく、スペース全体がスエーデンに行ったときという親スペース内部に位置づけられることによって quand + 半過去節が可能になっているもの

と思われる。同様な例としては quand j'étais petit(私が幼かった頃)や quand j'avais dix ans(私が10歳の頃)のように、スペース全体が百科辞典的知識によって、ある人の人生を基準とする時間軸上の位置づけを行うものなどがある。しかし、これらは本質的には接続詞 quand の問題であって、半過去自体のアスペクト的性質としては、これまで述べてきたような典型的な aspect sécant であることに変わりはないであろう。

　半過去の解釈では最強意味条件が、スペース全体に事態を拡張するように促すので、持続可能な動作の併置は、同時進行の動作を表すことになる。この特徴は aspect global なアスペクト価値を持つ単純過去や複合過去とは対照的で、半過去の特徴としてあげられることが多い。単純過去の場合、V_1... V_2... V_3... と継起的に出現すれば、それぞれのイベントがその動作全体をとらえるような形で把握されるので、継起的に事態がこの順で成立したとする解釈が最も一般的ななる。これに対して、半過去の場合それぞれのイベントがスペース全体にまたがって成立していると解釈されるため、同時進行中の動作になるのである。次の Ducrot(1979)がひく Diderot の文はこの典型的なものである。

(289)　A midi M. de Villeneuve *entra*(E_1). Nous *étions* dans le salon et y *formions* un tableau très agréable(E'_2). M. Crimp *se faisait* peindre(E''_2). M. de Saint Lamber *lisait* dans un coin(E'''_3). Je *jouais* aux échecs avec Mme d' Houdelot(E''''_4)[...]　　　　　　　　(Ducrot 1979: 12)
正午にド・ビレンヌーブ氏が入ってきた(E_1)。私たちは居間にいて非常に心地よい光景を作り上げていた(E'_2)。クリンプ氏は自分の肖像画を描かせていたし(E'_2)、ド・サンランベール氏は片隅で本を読み(E'''_3)、私はウードロ夫人とチェスを指していた(E''''_4)。

(289)は(E_1)のみが単純過去で書かれ、このイベントの成立を基準として、この動作が成立したときの部屋の中の様子を描写したのが、(E'_2)(E''_2)(E'''_3)(E''''_4)でこれらはすべて半過去に置かれている。これらの動作の間に

前後関係はなく、すべてこの場面で進行中のもので、どれも図 30 があてはまる典型的な半過去の用法であるといえるだろう。ただし、このような同時性の解釈をうけるのは、(E'$_2$)(E''$_2$)(E'''$_3$)(E''''$_4$)がどれも state または activity であるという性質にも依存している。achievement や accomplishment の動詞が連続して用いられた場合は、次に述べる語りの半過去(imparfait de narratif)の解釈を受けることになるだろう。

7.2.1.1.2. 文脈制約がある場合

現場における直接指示でありながら文脈が未完了の解釈を許容しない場合、最強意味条件に従って、動作全体が余情をこめて、スペース全体にその意味合いを広げるような解釈になることがある。図 33 の図式では、実線ではなく破線となるケースである。これまで例外としてあげてきた例は大体これにあたる。

(290) (= (267)) Un quart d'heure après j'étais chez Prudence. Elle *rentrait* à peine.

この例では文脈上主語のプリュダンスはそこにいるので、最強意味の「未完了」の解釈はとることができない。そこで「帰宅」という行為がまだ完全に終了していないかのような余情をこめてこのスペースを占めていると解釈できるだろう。

(290)の rentrait は α までがスペースの外部にあり、かつこの動詞だけが単独で用いられた特殊な例だが[6]、achievement や accomplishment のような、1 回限りの生起を表す動詞が連続して用いられることがある。同じ人物の動作の描写であるなど、文脈上 α と β がスペース内部にあると必然的に解釈せざるを得ないケースで、単純過去とも交換可能なその種の半過去は、特に「語りの半過去(imparfait de narratif)」と呼ばれている。Bres(2005)は 240 ページにわたる半過去のこの用法だけを扱ったモノグラフィーである。

(291) Le 24 mai, un chat *traversait* devant le peloton et *effaçait* tout. Blessé, Marco Pantani ralliait l'arrivée à 15 km/h.　(*Le monde* in Bres 2005: 13)
5月24日一匹の猫が先頭集団の前を横切りすべてを台無しにしてしまった。傷ついたマルコ・パンターニは時速15kmで出発地点にもどってきた。

(291)は traverser と effacer が半過去に置かれているが、この2つの動詞は継起的に起こった行為を述べているもので、通常は単純過去で表現されるべきものである。事実(291)の2つの動詞を単純過去においても文意はほとんど変わらない。Bres は(291)と、単純過去には置き換えられない次例の半過去を対比させている。

(292) Comme je *descendais* des fleuves impassibles, je ne me sentis plus guidé par les haleurs.　　　　(Rimbaud *Le Bateau ivre* in Bres 2005: 13)
平然と流れる大河をくだっていくにつれて、私はもはや船頭に導かれているとは感じなくなった。

(292)は「下って行くにつれて」という展開を表す用法である。(292)の descendre を単純過去に置くと、この展開中というニュアンスが表現できなくなるので、単純過去には置き換えられない。この(292)との対比から、Bres は、語りの半過去は通常の半過去とは異なった性質を持っており、通常半過去の属性とされる [＋sécant] は [＋global] に、[＋simultanéité] は [＋progression] に置き換えられるとしている。

　しかし、問題は本来 [＋sécant] で [＋simultanéité] である半過去が、なぜ [＋global] や [＋progression] を表現できるのか、ということである。Bres(2005) の中にその解答はない。筆者としては [＋global] は IMPERFECTIVE の属性が最強意味条件に従って、文脈上実線が抑制された場合に生ずる破線解釈ということになる。(291)と(292)の違いは文脈・環境の違いに他ならず、IMPERFECTIVE の実現形であるという点ではど

ちらも同じである。(291)で用いられた traverser や effacer は accomplishment であり、rallier は achievement である。これらは連続して用いられており、最初の2つは同一の主語についてのものだから継起的な解釈をとらざるを得ない。従って半過去は、行為の影響をその場にいるように感じられるという事態の破線部分を感じるという文体的効果だけが残るのである。これに対し、(292)は用いられた動詞句 descendre des fleuves がこのスペースのスパンでは十分 activity と解釈することができるので、IMPERFECTIVE は最強意味である [+ sécant] として実現するのである。

[+ simultanéité] も IMPERFECTIVE から自動的に導かれる。IMPERFECTIVE のイベントや状態はそのスペース全体に有効なのだから、同一スペースに置かれたものは、単純過去で導入されたイベントであれ、半過去で導入された状態であれ、必ず重なり、[+ simultanéité] の性質をもつ。ところが「語りの半過去」の場合は、実際のスペースの中に破線部分が生じてしまうために、実線部分だけを問題にすれば重ならず、これが [+ progression] の素性になるのである。

このように IMPERFECTIVE の実現の仕方によって、通常の実線解釈の時には [+ sécant] で [+ simultanéité] であり、これが「語りの半過去」で破線になった場合に [+ global] で [+ progression] となることが説明できるのである。

語りの半過去が文体的効果を除いてアスペクト的には単純過去と同じになるということは、半過去の用法としてはぎりぎりのところにあることを示している。前にあげた(279)のような Simenon の半過去はこのぎりぎりのところで用いられた語りの半過去なのである。

通常の半過去と語りの半過去を区別するのが、主として動詞の語彙アスペクトに起因する個々の状況であるという事実は、状況そのものは千差万別であるから、用法として連続したものであるということもできる。実際 achievement や accomplishment の動作であっても、単独の動作であれば、それを時間的スパンが短いスペースに置き、そのスペース内全体に動作がかかるように終点 β をスペース境界ぎりぎりにまで引き延ばすことが可能であ

る。こうして動作をクローズアップするような効果をもたらせて表現した例が(278)であり、Bres(2005)はこれを語りの半過去の1例としてあげているが、通常の［＋sécant］な半過去と語りの半過去の中間に位置するような用法であると筆者は考えている。典型的な語りの半過去は(291)のように動作が複数あって、個々の動詞ごとにクローズアップスペースを構築するわけにいかないような場合の解釈である。

7.2.1.1.3. 繰り返しによる抽象化

　現場目当ての用法でありながら、時間的スパンを広く取り、繰り返される動作を抽象化してスペース全体を覆う状態として把握するというあり方も、IMPERFECTIVE の現れ方の1つである。反復の半過去として知られ、半過去の用法としても典型的なものの1つであるが、直接的描写としては抽象度が少しあがった用法である。実際「繰り返し」と認識されるためには、それ以前の行為の記憶がなくてはならず、ステージレベルにおける1回ごとの生起の描写とは次元が異なるであろう。アスペクトも繰り返される動詞の状態としてメタレベルにおける把握では［＋sécant］であるが、動作そのものは［＋global］として把握されている。次の例は訳文とも朝倉(2002)のものである。

(293) a. Sa pomme d'Adam *montait et descendait* sous sa peau, à chacune de sa réponses.　　　　　　　　　　　　　　（Malraux *La Condition humaine*）
　　　　彼の喉仏は返事をするたびに、上がったり下がったりしていた。

　　b. L'image de Jenny *passait et repassait* devant ses yeux.
　　　　　　　　　　　　　　　　　　　　　　（Martin du Gard *Les Thibault*）
　　　　Jennyの面影が目の前を行ったり来たりした。

　　c. Elle fit le tour du bassin rempli de navires, *se heurtait* contre les amarres.　　　　　　　　　　　　　　　　　（Flaubert *Un coeur simple*）
　　　　船で一杯の碇泊場を回って、幾度かもやい網にけつまずいた。

反復の解釈を受ける半過去の場合、その解釈を導くような他の文脈要素も見つかることが多い。(293a)では、monter et descendre(上がったり下がったり)という往復を表す語彙が選択されているし、à chacune de sa réponse(返事をするたびに)という契機となる事行の複数性が認められる。(293b)でもpassait et repassait(行ったり来たり)という対句表現がある。(293c)はその意味で最も他の文脈的要因が少ないが、それでも faire le tour(1周する)というような表現の解釈と反復性は隣接している。作家による文体的好みもあり、Flaubertはこの半過去を多用したようである。実際、代表作の1つである『感情教育(Éducation sentimentale)』の冒頭部分にも現れている。

(294) Le 15 septembre 1840, vers six heures du matin, la Ville-de-Montereau, près de partir, *fumait* à gros tourbillons devant le quai Saint-Bernard. Des gens *arrivaient* hors d'haleine; des barrique, des câbles, des corbeilles de linge *gênaient* la circulation;[...]　　(Flaubert *Éducation sentimentale*)
1840年9月15日、朝の6時頃、出帆まぎわのヴィル＝ドゥ＝モントロー号がサン＝ベルナール河岸の前で、もくもくのうずを上げていた。人々は息せき切って駆けつけた。樽や索や洗濯物の籠などが往来を邪魔している[7]。

ここでは主語の複数性が反復の解釈をうんでいると思われる。
　この反復の半過去の抽象度がさらにあがったものが、習慣の半過去であるが、筆者は習慣の半過去を非現場目当ての半過去に分類する。しかし、反復の半過去と習慣の半過去は連続しており、そのアスペクト的価値も同じである。すなわち、個別の動作というミクロのレベルでは［＋ global］であるが、習慣という価値をもったマクロの状態としては［＋ sécant］である。

7.2.1.1.4.　総括としての属性的イベント把握(高度な抽象化)
　単一のイベントであっても、それがそのスペースを代表するようなイベントとして描かれるとき、言い換えるならそのイベントがスペースのありよう

を決定づける属性として解釈できるとき、影響力という破線も含めたイベントはスペース全体に影響をおよぼしており、これも IMPERFECTIVE の1つの現れとなる。現場目当ての半過去の用法としては最も抽象度があがったものであり、アスペクト的には［＋ global］になる。

　代表的なのは対立の半過去であうろ。すでにあげた(275)と(276)の例を再掲する。

(295)　(＝(275)) L'idiot que je suis! L'année dernière j'*achetais* un appareil photo dont je n'avais pas nul besoin, et cette année je n'ai même pas de quoi me payer le cinéma.　　　　　　　　　　　　　(Ducrot 1979: 9)

(296)　(＝(276))) Je ne comprends pas Jean: le mois dernier il *allait* cinq fois au cinéma, et, ce mois-ci, il n'est pas sorti une seule fois.

(Ducrot 1979: 20)

どちらもアスペクト的には［＋ global］で、事実単独の描写としてはPERFECTIVE な把握である単純過去の方が半過去より適切であるが、対立のニュアンスを帯びることによって、このイベントはスペースを代表する属性としての意味合いを獲得するのである。(295)においては acheter un appareil de photo(カメラを買う)というイベントが l'année dernière(昨年)というスペースを代表する属性としてスペースを総括している。これによって半過去のイベントがスペース全体にかかわっているのである。(296)も同様で、aller cinq fois au cinéma(5回映画に行く)という通常は PERFECTIVE に把握される事態が、le mois dernier(先月)というスペースを総括する属性として機能している。ここで、それぞれのスペースは、この半過去のイベントを述べるためだけに存在しているという形になっており、スペースと半過去は相互にその存在価値を保証するような関係にあるのである。

　次の例も対立はないが、スペース全体を総括しているという性格は濃厚である。

(297) (= (268)) Cependant on s'arrêta. Des hommes et des femmes se tenaient debout devant les portières avec des lanternes à la main. On *arrivait*.

ここも文脈上「到着しつつある」というような未完了の解釈は不可能である。その一方で、「止まった(s'arrêta)」から始まる描写はすべてが、この arriver の一部であるとも解釈できる。そう考えるならこの半過去に置かれた動詞の行為がスペース全体を満たしており、on arrivait(到着したのだった)という描写は、s'arrêta 以降の描写を統括し、このスペース全体の属性を代表しているということができるのである。

さらに、「切断の半過去(imparfait de rupture)」として知られる有名な用法も、この統括の半過去の一類形であると考えることができる。

大久保(2002)があげるその特徴は

(298) a. 文学的テキストに限られ、先行文脈の結論、話の結末、まとめの役割を果たす。
b. 前の文脈との隔たりを表す時の状況補語が不可欠である。
c. 多くの場合、動詞は partir, mourir などの完了動詞(verbe perfectif)である。 （大久保 2002: 15）

である。典型的な例として Ducrot(1979)がひいているものをあげておこう。

(299) 語り手は、インドシナの役人だった時の上官とのもめ事を語る。"Je me secouai, outré de colère contre lui, je répondis sèchement:《Je vous remercie, mais je crois que j'ai assez voyagé: il faut maintenant que je rentre en France.》Le surlendemain, je *prenais* le bateau pour Marseille.
(Sartre *La Nausée*)
私は身震いした。彼に対して腹が立ち、冷たく答えた。「ありがとうございます。しかしもうずいぶんと各地を渡り歩いてきましたから、もうフランスに帰らなくてはと思います。」その翌日、私はマ

ルセイユ行きの船に乗り込んだのだった。

(298)の規定通り、これは文学テキストであり、役人とのもめ事を描写したあと、その話の結末まとめ、として「マルセイユ行きの船に乗った」ことが示されている。前の文脈との隔たりを示す le surlendemain があり、用いられた動詞 prendre le bateau は partir(出発する)を意味する完了動詞であるといってよいだろう。

しかし、これらの属性は総括としての半過去の特徴そのものである。le surlendemain というスペース導入詞によって導入されたスペースは、前文脈で展開されたスペースと併置される関係にあり、そのスペース内で語られた行為はそのスペースを総括し、その属性を付与している。この le surlendemain のスペースは、正に話しの結論となる prendre le bateau の行為を述べるためにだけ存在しており、この行為がスペースを代表する関係にあるのである。Ducrot(1979)の言い方ではスペースがテーマであり、半過去で表された動詞句がそのレーマという関係になる。

アスペクトとしては総括の半過去はいずれも［＋ global］である。これはスペース全体に関わる属性としてやや距離を置いて行為全体を抽象的にとらえる見方から来ていると思われる。IMPERFECTIVE の規定上 V-POINT は FOCUS のおかれたスペースにあるが、全体を制御する BASE の視点を無視できない。把握の抽象度があがるということは BASE からの視点が V-POINT のそれよりも強くなるということでもあるのである。

7.2.1.2. 非現場目当ての用法

IMPERFECTIVE と並ぶ半過去のもう1つの性質である PAST は、その典型的な現れこそ現実の時間的「過去」であるが、その過去がもつモーダルな属性である「確実性」「遠方性」という性質から、必ずしも観察をベースにした現実世界のできごとに描写が限られるわけではない。典型的にはスペース導入詞 si が構築する反実仮想スペースであるが、総称やまだ実現していない予定などのように、直接事態が生起したことを述べていると考えら

れない用法をここではまとめて非現場目当ての用法と呼ぶことにする。この場合も事態把握の抽象度は高く、実現するアスペクトは [+ global] である。

現場を離れた抽象的な把握とは、観察した対象の直接の描写ではなく、観念的な把握の仕方をする、ということだが、その方向には 2 種類がある。繰り返しという複数の生起を全体として観念的にとらえるという方向が 1 つ、もう 1 つは未実現の事態を観念的に描くという方向である。

7.2.1.2.1. 複数生起の抽象的把握

非現場的用法とはいっても、個々の用法は現場的用法から連続している。前節でも述べたが (293) や (294) のような反復の半過去は 1 回限りの動作を描く場合に比べて、事態把握の抽象度はあがっていても、いまだ現場密着型である。これに対し

(300)　Quand j'étais petit, j'*allais* à l'école avec ma sœur.
　　　　幼い頃私は妹と一緒に学校に通っていた。

のような習慣を表す半過去になると、かなり長い時間的なスパンをもつスペースを構築しなくてはならず、擬似的にせよ観察行為を想定できる現場とはもはや言えず、このスペースは観念の中でしか形成されない。このとき習慣として描かれた行為は状態化し、習慣を描くべく導入されたスペース全体を満たしている。このため IMPERFECTIVE というスキーマがあてはまるのだが、描かれる行為そのもののミクロなアスペクトを問題にするなら、行為全体がとらえられており [+ global] である、ということができるだろう。

個人的な習慣から、一般的な人の習慣となるとさらに抽象度はあがる。

(301)　Autrefois en entrant à l'école normale, on *allait* directement au SNI [Syndicat national des instituteurs] et à la FEN parce qu'il n'y avait que cela.　　　　　　　　　　　　　　(*Le monde* 15 mars 1997: 10)
　　　　かっては高等師範学校にはいると、自動的に SNI (全国教育者組合)

や FEN に行ったものだった。それしかなかったからである。

これがさらに抽象化をあげると総称としての用法になる。

(302) (= (211))Galilée soutint que la Terre *tournait* autour du soleil.

(Wilmet 1997: 387)

ガリレオは地球が太陽の周りを回っていると主張した。

総称のベースにあるのは複数の生起であり、それが一般化し属性化したということだろう。この属性化こそ IMPERFECTIVE の中心的な性格だが、属性化される動詞のアスペクトは［+ global］である。

7.2.1.2.2. 未実現の事態の観念的把握

複数の生起を抽象化してとらえる、という把握の仕方の他に、未実現の事態を思い描くという形の把握の仕方もある。この場合も思い描かれる動作はその全体が問題になるので［+ global］である。

現在形も確定している未来の予定を表すことができるが、それが過去に移行した用法が以下のものである。

(303) Qu'est-ce que maman a dit qu'on *mangeait* demain?

(Wilmet 1997: 384)

ママ、明日何を食べるって言っていた？

(303)は明日の食事の予定を尋ねているのであるが、把握されているのは食べ始めてから食べ終わるまでの全体であろう。観念的に動作をとらえるときのアスペクトは［+ global］である。

典型的な非現場である si に導入された反実仮想スペースも同様である。

(304) Le père implora la grâce pour son fils et il lui fut annoncé dans un rêve que s'il *construisait* une église sur ce lieu, celui-ci recouvrerait la vue.
(http://www.30giorni.it/fr/articolo.asp?id=2357)
父親は息子のためにその恩寵を神に祈った。すると、夢の中で、もしもこの地に教会を建てるなら息子の視力は回復するだろうというお告げがあった。

この場合、construire une église(教会を建築する)という行為は典型的なaccomplishmentであるが、ここで描かれているのは「教会を建てつつある」という中間的な状態ではない。反実仮想のこのスペースは正にこの仮想する動詞句のためにのみ存在し、その事態は観念的にとらえられ、アスペクトは[＋global]である。しかし、この事態を描くことそのものがスペースの存在意義であり、事態はスペース全体に有効なのでIMPERFECTIVEの事態把握であることに変わりがないのである。

条件文の前件に現れた半過去以外に条件文の後件に現れる半過去もある。渡邊(2007)が「間一髪の半過去(imparfait d'imminence contrecarrée)と呼ぶ、以下の用法がそうである[8]。

(305) Une minute de plus, le train *déraillait*. (Riegel et al 1994: 309)
あと1分で列車は脱線していた。

実際は脱線していないのであるから、非現実スペースにおける実現を表しているということができるだろう。同じ内容は条件法過去を用いても表現できる。

(306) Une minute de plus, le train *aurait déraillé*.
あと1分で列車は脱線していただろう。

半過去が用いられた(305)と条件法過去が用いられた(306)では、同一の内

容を表現していながら、(305)では、「脱線」がほとんど現実であるかのように感じられ、(306)では純粋に仮定の世界での帰結であると感じられる。Le Goffic(1995)は次のように述べている。

(307) C'est même très vraisemblablement pour cette impression de vérité qu'on utilise l'imparfait(fictif), et non pas un conditionnel (*aurait déraillé*) qui dénote directement par lui-même la non-réalité du procès.
(Le Goffic 1995: 140 渡邊(2007)にも引用)
(反実的)半過去を用いる場合この真実性の印象は、ほとんどそれが非常に蓋然性の高い現実であると感じられるものであり、条件法(*aurait déraillé*)を使用した場合とは異なる。条件法はその事行が非現実であるということをその形式によって直接示すのである。

こういった観察をひいて、渡邊(2007)は条件法との違いを半過去の現実性に求めるべきであるとし、(305)は法的用法ではなく、時制的な用法であると主張している。

(308) 「仮構的」どころか，むしろ「半過去があらわす事行が成立しかかっていた」ことが，全き「現実」としてとらえられることこそが，「間一髪」の半過去たるゆえんではなかろうか。　(渡邊 2007: 157)

このように、渡邊(2007)の立論の要諦は、(305)のような半過去と(306)のような条件法との違いを説明することにある。表現されている内容自体は同じでも、「間一髪」の半過去には条件法にはない迫真性・真実性があり、その要因を半過去のもつ「現実性」に求め、条件法の「反実仮想性」と対比させているのである。そして半過去が現実を表現しているとすれば、時制的な用法ということになり、(265)のような「試みの半過去」にひきつけて理解しようとしている。

(309) （=(265)）Vous avez de la chance [de me rencontrer]: je *sortais*.

(Imbs 1960: 92)

　間一髪の半過去が法的な用法ではなく、時制的な用法として使われているということについては筆者も賛成だが、その非現実性を半過去の未完了性に求めることには賛成しがたい。条件法と半過去の間の迫真性の度合いの違いも、条件法にはPredictionのモーダルな価値をもつ未来要素があるのに対し、半過去にはないという形態的な差異が、法的用法と時制的用法という用法的な差異以上に大きいと思う。つまり(305)と(306)の違いは次の現在形と未来形の差異に平行している。

(310) a.　Demain, il *part* pour Paris.
　　　　　明日、彼はパリに出発する　　　　　　　　　　　現在形
　　　b.　Demain, il *partira* pour Paris.
　　　　　明日、彼はパリに出発するだろう　　　　　　　　未来形

　一見すると(305)と(306)および(310ab)の平行関係は形式的なずれを内包しているように思える。形態的には現在形と未来形の関係は半過去形と条件法現在形の関係に対応するのに対し、(305)と(306)では、半過去形と条件法過去形が対立関係にあるからである[9]。
　確かに(305)と(306)の違いは説明しなくてはならない問題だが、そのために渡邊(2007)が採用した見解は、結局筆者と2つの点で大きく相違する。まず、(305)のFOCUSだが、渡邊(2007)は筆者の解釈では［［もう少しで列車は脱線する］ような状態にあった］というように、脱線前の現実スペースにおいているのに対し、筆者はune minute de plusはスペース導入詞であり、FOCUSはこれによって導入された反実仮想スペースであると考えている。さらに、(305)が表しているアスペクトも、渡邊(2007)は(309)のように、［+ sécant］ととらえ「もう少しで脱線しつつある」と解釈しているが、筆者は(306)同様［+ global］で「脱線していた」と解釈している。

まず問題となるのはFOCUSである。メンタルスペース理論では、文頭に置かれた時空を限定する副詞句はスペース導入詞であり、原則としてそのようにして導入されたスペースがFOCUSになる。(305)の場合も、une minute de plusが反実スペースを導入し、そのようにして導入されたスペース内で、le train déraillaitという事態が成立したとするのが最も自然な解釈であるように思える。濱上(2008)も渡邊(2007)の解釈を厳密に解釈しようとすると無理が生じるということを次のような図を用いて説明している。

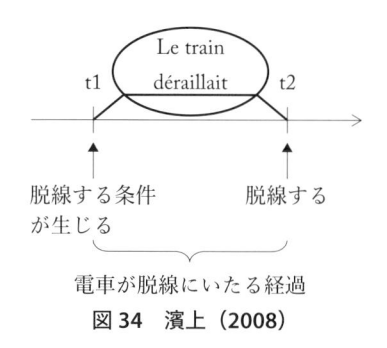

図34 濱上（2008）

まず、t1(脱線する条件が生じる時点)とt2(脱線する時点)を時間軸上で想定する。渡邊(2007)によるdéraillaitの解釈はt1-t2(電車が脱線にいたる経過)においてt2を含まない部分を指すことになる。そして「劇的な提示」、「切迫」のニュアンスはt2に近づきつつあったからであると説明されることになる。しかし、これではune minute de plusという副詞句をどこに位置づけてよいかわからなくなる。ということである。この疑問はune minute de plusによって指定されるスペースを自然にFOCUSとして読み込もうとする直感から来ているものと考えられる。渡邊(2007)の立場はおそらく、une minute de plusはt2の時点を指定するが、文全体が記述しているのはt1-t2の全体であるということであろう。メンタルスペース的な言い方に直せば、t1-t2がFOCUSであり、t2はEVENTということになる。しかし、そのような解釈が可能になるのは副詞句が後置された

(311) Le train déraillait *une minute de plus*.
(あと1分で，列車は脱線したのだった[10]。)　　　（渡邊 2007: 154）

の場合であって、前置された場合は無理だろう。そして間一髪の半過去は副詞句が前置されることが条件であるから、筆者の立場からすると、それらの副詞句はすべてスペース導入詞であり、間一髪の半過去は未実現の事態の観念的把握の用法ということになる。一方渡邊（2007）は「副詞句を後置すると、「間一髪」の解釈は阻止され、事実的解釈となる」と述べたあと、(311)について、「事態としては完了的な過去を、説明的ないし描写的に（つまり、ある種の未完了相として）とらえなおした結果として半過去がもちいられていると解される。(p.154)」としている。ところが、副詞句が前置された間一髪の半過去の用法は、半過去の時制的用法で未完了と分析されるのであるから、副詞句が後置された(311)における半過去と同じになってしまうと思われる。しかも(311)の通常の解釈は、事実としても列車は脱線しているのであるから、副詞句が前置された場合に限り、なぜ実際には脱線しなかったという含意が生じるのか説明されなくてはならない。結局渡邊（2007）は(305)と(306)の違いを説明しようとして、(305)と(311)の違いが説明できなくなってしまっているように思われる。筆者の立場では(305)はスペース導入詞が未実現の反実的スペースを構築するために、現実には実現しなかったという解釈を得るのに対し、(311)はそれまでの FOCUS を引き継いでいるために現実解釈になるのである。FOCUS も(305)では実際に脱線した反実スペースにあるのに対し、(311)は脱線する前の現実スペースにあり、脱線はこの現実スペースと隣接した EVENT スペースで行われるのである。

　ただし、反実性そのものは現実スペースではない、というスペース構成によるのであって、ここで用いられた半過去が仮定基本スペースを指定しているとは筆者も考えていない。前述したように、この半過去は時制的用法であって法的用法ではない、という点に関しては筆者も渡邊（2007）と同意見である。これは未実現の事態の観念的把握であって、予定を表す(303)の用法の延長にある。実際間一髪の半過去の部分を現在形に直しても間一髪の

ニュアンスはそのまま表現できる。

(312)　Une minute de plus, le train déraille.
　　　　あと一分で列車は脱線する。

(312)もこの時点でまだ列車は脱線していない。ここにおいて列車の脱線が未実現であるという事実は現在形に置かれた dérailler のアスペクトによるのではなく、une minute de plus という副詞句が1分しか離れていないにせよ、BASE とは別のスペースを PRESENT によって指定するからに他ならない。これは

(313)　Demain (le 7), je suis à Bruxcelle.　　（Le Goffic & Lab 2001: 78)
　　　　明日 (7日) は、ブリュッセルにいます。

のような予定を表す現在形が現在実現していない事態を表現していることと同じである。現在形の用法としては(312)と(313)を区別する必要は全くないだろう。確かに(305)のような半過去の場合、現実世界においては実際には実現しなかったというニュアンスが残り、現実には実現する可能性が高い(303)のような予定の用法と区別することも可能であるが、それはあくまでも派生的な含意のレベルの問題であって本質的な問題であるとは思えない。現在形では(312)でも、実際に1分後に脱線する可能性が残っていて、その点で半過去と異なるが、

(314)　Sans vous, je m'ennuie.
　　　　あなたがいないと私は退屈します。

だと、sans vous という事態が現実に実現するという含意はない。(314)の現在形は予定を表しているとは言えないが、(312)(313)(314)のいずれも、BASE とは異なったスペースに PRESENT でアクセスし、そこで現実には

生じていない事態を観念的に述べているということでは共通している。間一髪の半過去も(312)の PRESENT が PAST になっているだけであるから、une minute de plus によって導入された現実と異なるスペースが FOCUS となり、現実とは異なるそのスペースの事態を観念的に把握している、ととらえるべきであると思われる。

　もっとも、談話全体の解釈という高次のレベルでは、観念的にとらえられたスペースの全体が現実スペースに統合(consolidation)され、「あと 1 分で列車は脱線する」そのような状態にあったという状態文として解釈することはできる。このレベルでは筆者の解釈は渡邊(2007)の解釈に接近するが、筆者はあくまでも非現実スペースの事態を通じて現実の状態を述べていると考える点で渡邊(2007)と異なる。過去の事態に対する反事実条件文が過去の状態を記述することになる、というプロセスについては、4.4.2.4.4. で述べた内容と同じであり、「間一髪の半過去」の用法は、そこで指摘したように、(182)に見られるシタの用法と同じものであると筆者は考える。

　以下の例ではスペース導入詞によって導入されたスペースと実際の FOCUS との間に et という接続詞が挿入されずれがあるが、maintenant という副詞が示すように FOCUS は現在にあり、「億万長者になりつつあった」過去のスペースにあるのではない[11]。

(315)　Un peu plus/un brin de chance/je jouais cœur, et j'*étais* maintenant milliardaire.　　　　　　　　　　　　　(Wilmet 1997: 384)
　　　　{もう少しで／あと少しチャンスがあったら／ハートを出していたら} 私は今頃億万長者だった。

渡邊(2007)のもう 1 つの問題はアスペクトである。渡邊(2007)は「未実現」のニュアンスの根拠を(309)の sortir が「出かけるところだった(が外的状況により中断された)」と解釈されるようなアスペクト的性質に求めている。この考え方の最大の問題点は、そのような未実現中断の解釈は通常 sortir のような achievement の動詞に限られるということである。全く同じ文脈で

あっても、state な動詞ではそのような解釈は生じない。次の文を(309)と比較してほしい。

(316) Vous avez de la chance [de me rencontrer]: je *m'ennuyais*.
　　　ちょうどよいときにいらっしゃいました。退屈していたのです。

現実の状況を描写する半過去は「最強意味条件」が働き、実現部分が文脈上最大になるように解釈される。(316)の状況では sortir(外出する)は実現不可能だが、s'ennuyer(退屈する)は実現可能なので、実際に退屈していたという解釈になる。間一髪の半過去についていえば、半過去に置かれるべき動詞の語彙アスペクト(Aktionsart)の制約は一切ない。(305)の dérailler は確かに achievement の動詞だが、渡邊(2007)は(314)を半過去に置いた

(317) Sans vous, je *m'ennuyais*.
　　　あなたがいなければ私は退屈していました。

のような渡邊(2007)が「非時間型」と呼ぶ条件文も間一髪の半過去に入れている。(317)の s'ennuyer は(316)でみたように未実現解釈を引き起こさない state な動詞である。(317)は文脈によっては、「あなたがいなかったので退屈でした」という現実解釈も可能だが、現実解釈と非現実解釈の間にアスペクトの違いを見いだすのは不自然であろう。筆者の立場では、非現実解釈の場合は、sans vous がスペース導入詞として未実現スペースを導入し、その中で観念的に事態を思い浮かべる用法なのに対し、実現解釈の場合、sans vous は単なる副詞句の前置で、FOCUS は前から引き継いだ過去スペースであり、スペース属性の違いによるのである。
　さらに非時間型の用例の中には

(318) Une caisse de plus, on ne *fermait* pas la porte.

(Berthonneau & Kleiber 2006: 78)

あと一箱で扉が閉まらなかった。

のようなものもあるが、これは否定形に置かれている。渡邊(2007)が記述する未実現のアスペクトは筆者が規定した « aller + inf » のアスペクトに近い。しかしながら « aller + inf » も 6.2.5. で見たように、否定文では用いられにくい。否定の事態へ向かう未実現を想定しにくいからである。このような動詞の語彙的アスペクト制約が全く存在しない未完了アスペクトは非常に特殊なものであり、語彙的アスペクトに依存する(309)のようなものとは全く異質なものであると考えざるを得ないのである。

未完了アスペクト解釈が受け入れがたいもう1つの理由は、アスペクトはあくまで時間的概念でありながら、une minute de moins(1分早ければ)のような「早期型」や(317)のような非時間型のようなものもある。これらに対して渡邊(2007)は、仮想的にそのような事態へ向かう時間的運動のようなものを考えているが、この説明には相当無理があると思う。(318)のように連続した動作が背後に含意されるものならともかく、(317)は「あなたがいない」という状況を想定してみただけにすぎず、あなたがいて、退屈していない状態から、いなくなって退屈する状態にいたる運動を想定し、さらにそれが中断されるというような解釈はほとんど不可能である。そもそも(317)には「間一髪」と呼べるほどのニュアンスはなく、Sans vous という非現実スペースを想定した条件文ととらえるのが最も自然な解釈ではないだろうか。筆者にとって間一髪の半過去は観念世界目当ての [+ global] な動詞概念の属性的提示にすぎず、導入されるスペースが「間一髪」となるスペースであったときに成立する用法にすぎない。アスペクトに関しては、これまで述べてきたように未実現の事態を観念的にとらえているのであるから、抽象的な把握であり、[+ global] にならざるを得ないのである。このことは同じく IMPERFECTIVE の属性をもつ現在形の場合も同様で、(312)(313)(314)の現在形はいずれも、[+ global] なアスペクト素性を持っていると思

われる。

　それでは渡邊(2007)が出発点とした(305)のような半過去と(306)のような条件法過去の違いはどこにあるのだろうか。まず、(310)で確認した違いがある。形態的に条件法は半過去要素と未来形の要素からなっている。未来形の要素は Prediction のマーカーであると考えられるから、少なくともこの点において現在形と未来形の対立に対応するような関係が半過去と条件法の間にも存在すると認めなくてはいけないだろう。

(319)a.　Dans une minute, le train déraille.
　　　　　１分後に列車は脱線する。
　　b.　Dans une minute, le train déraillera.
　　　　　１分後に列車は脱線するだろう。

この違いは未来形のところで問題にした Fact と Prediction の違いである。すなわち、(319a)は例えば爆弾をあらかじめ仕掛けていた犯人が、脱線を確定ずみの予定(Fact)として述べているのに対し、(319b)はそれを予想(Prediction)として述べているのである。

　しかしながらもう１つ注意しなくてはいけないのは、間一髪の半過去に対応するのは条件法現在ではなく、条件法過去であるということである。その意味を改めて考えてみなくてはならない。比較の対象となる(305)と(306)のアクセスパスを考えてみよう。

　間一髪の半過去である(305)のアクセスパスは単純である。

(320)　Une minute de plus, le train *déraillait*.

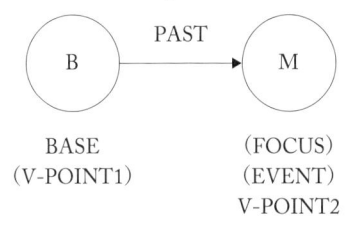

```
           PAST
    B ──────────→ M

  BASE          (FOCUS)
(V-POINT1)      (EVENT)
                V-POINT2
```

(320)に図示したように、スペース導入詞 une minute de plus によって新たなスペースが導入され、談話構成原理に従ってここに FOCUS がおかれ、半過去であるから V-POINT も BASE からここに移動する。M は BASE より過去にあるのでこの新しいスペースには PAST でアクセスされるのである。現在形で表現された(312)の場合も、M を PRESENT でアクセスする以外は全く同じである。

これに対し、(306)の条件法過去は仮定構文なので、5.7. で述べたように必ず仮定基本スペース(HB)を経由しなくてはならず、以下のようになる。

(321)　Une minute de plus, le train *aurait déraillé*.

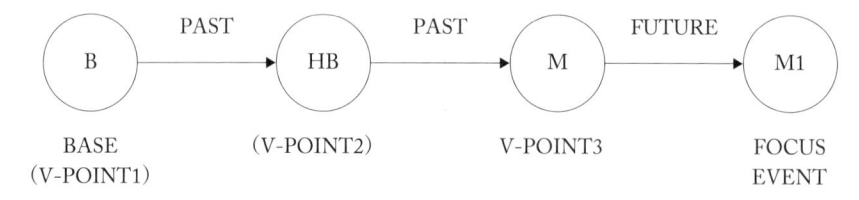

```
         PAST            PAST              FUTURE
   ┌───┐ ───→ ┌────┐ ───→ ┌───┐ ───→ ┌────┐
   │ B │      │ HB │      │ M │      │ M1 │
   └───┘      └────┘      └───┘      └────┘
   BASE      (V-POINT2)   V-POINT3    FOCUS
(V-POINT1)                             EVENT
```

ここでも une minute de plus はスペース導入詞だが、これによって導入される M が直接 FOCUS になるのではなく、条件文の前件に相当する V-POINT である。これは HB より過去にあるから、一旦 HB を経由して PAST + PAST によってアクセスされる。Le train aurait déraillé は仮定構文の後件に相当するもので、前件にあたる M を V-POINT として FUTURE によって指定される M1 内で成立するのである。従ってアクセスパスは PAST + PAST + FUTURE となり aurait déraillé という形になるのである。この時最初の PAST は HB にアクセスするためのもので、法的なものであり、次の PAST が時制的なものである。(320)と(321)を比較すると、法的に用いられた PAST と条件法の未来要素がもつ FUTURE の部分が条件法過去の場合に多くなっている。従って違いはこの2つの要素の働きと考えればよいだろう。(321)の最初の PAST はまさに渡邊(2007)が指摘したように、仮定領域を明示的に示しているということができる。間一髪の半過去の PAST は時制要素であって、仮定スペースアクセスのためのマーカーではな

い。これに対し、条件法過去では 2 番目の PAST（形態的には複合形として実現している）が時制の指示として働いているものの、最初の PAST（形態的には条件法が内包する半過去要素）は仮定領域に対する明示的マーカーになっているのである。もう 1 つの FUTURE の部分はすでにのべたように現在形と未来形の差である Fact と Prediction という属性の違いである。間一髪の半過去は「脱線」という事態を Fact として提示しているのに対し、条件法過去の場合は Prediction として提示しているのである[12]。この 2 つの違いから渡邊(2007)が当初問題にした間一髪の半過去がもつ迫真性・真実性は十分説明が可能であると思われる。

　さらに、この 2 つの違いに比べればそれほど本質的な違いではないが、間一髪の半過去では une minute de plus で導入されたスペース M の内部で直接脱線が描かれるのに対し、条件法過去の場合は M からさらに FUTURE でアクセスされる拡張スペースに帰結的事態として脱線が導入される構造になっている。間一髪の半過去の場合、しばしば等位接続詞 et がスペース導入詞の後に挿入されることがよく知られているが、これは仮定法構文と同様の拡張スペースを作り出すマーカーとして働いているのではないか、と筆者は考えている。FUTURE は未来の意味内容をともなっており、et は時間的経過を含意するので、そこに共通性を見いだすことができる。まれに et の挿入が困難な間一髪の半過去があるが、条件文的なニュアンスが希薄であることが多い。

(322) a. 　Une minute après, il *était* KO.
　　　b. 　*Une minute après, et il *était* KO.
　　　　　　あと 1 分で彼は KO だった。

(322) は渡邊(2007)がひく Berthonneau & Kleiber の例だが、une minute de plus のスペース解釈が、未実現の事態を仮定的に導入している、というより、純粋な時間的経過のスペースの記述であるように感じられる。Une minute de plus というわざわざ後方の時間を指定しているのに、そのあとで

それからさらに et というようにその次のスペースを導入する必要性が希薄なためにそれを嫌っている、と筆者は解釈している。

7.2.1.3. IMPERFECTIVE まとめ

　以上のべてきた IMPERFECTIVE の具体的なあらわれをまとめると図 35 のようになる。このうち○を付したものが狭義の未完了で aspect scécant を表すもの、□を付したものが動詞概念の全体をとらえた aspect global なアスペクトを表すものである。こうしてみると、純粋に未完了を表す用法は具体的な局面レベルの記述で、文脈が未完了を許すという用法に限られ、何らかの形で抽象化が進んだ場合、動詞概念を完成相のように全体的に把握しいることがわかる。なお、「繰り返しによる時間的抽象化」や「習慣」を表す用法では、繰り返しの全体や習慣としてとらえた場合は「未完了」的な把握であるが、個々の動詞概念自体は全体的に把握されている。IMPERFECTIVE といってもその現れは様々である。

7.2.2. PAST

　IMPERFECTIVE と並ぶ半過去の属性は PAST であるが、5.6. の最後で述べたように、これも一種の認知的スキーマであって、常に時間的な「過去」を表すわけではない。モーダルな仮想性として実現することもあるし、IMPERFECTIVE のアスペクトスキーマを持っているので V-POINT が常に同一のスペースに置かれることから、半過去が時間軸上の位置決定の指標（repérage temporel）として用いられることはない。quand 節の中で用いられにくいのはこのためである[13]。そのため「過去」の意味を半過去の意味の中から排除しようとする理論家がいることはすでに述べた。ただ、PAST はデフォルトでは「過去」として実現するのだから、仮想性として実現することもあるという留保をつけた上で、「過去性」を積極的に認めた方が理論上も好ましいと思われる。Wilmet(1997) があげる (210) の例を (323) に再掲する。

7章 フランス語の半過去　225

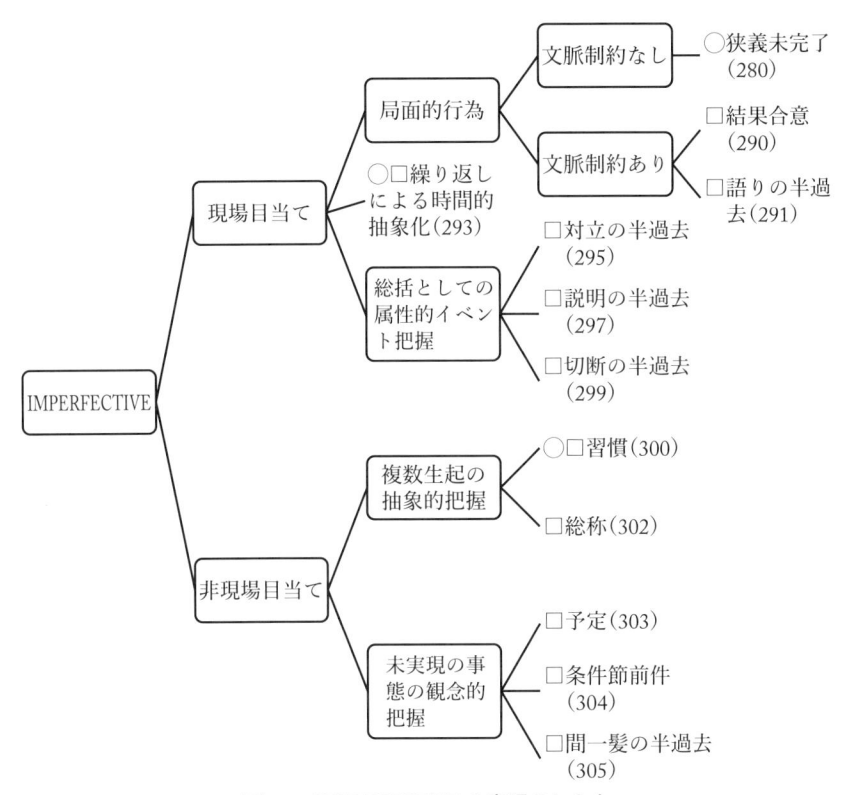

```
                              ┌─ 文脈制約なし ──○狭義未完了(280)
              ┌─ 局面的行為 ──┤
              │               │                  ┌─□結果合意(290)
              │               └─ 文脈制約あり ──┤
              │                                  └─□語りの半過去(291)
    ┌─現場目当て┤
    │         │  ○□繰り返しによる
    │         ├─ 時間的抽象化(293)
    │         │                      ┌─□対立の半過去(295)
    │         │  総括としての         │
    │         └─ 属性的イベント把握 ──┼─□説明の半過去(297)
    │                                 │
IMPERFECTIVE                          └─□切断の半過去(299)
    │
    │           ┌─ 複数生起の   ┌─○□習慣(300)
    │           │  抽象的把握 ──┤
    │           │               └─□総称(302)
    └─非現場目当て┤
                │                      ┌─□予定(303)
                │  未実現の事態の       │
                └─ 観念的把握 ─────────┼─□条件節前件(304)
                                       │
                                       └─□間一髪の半過去(305)
```

図 35　**IMPERFECTIVE** の実現のしかた

(323)　(=(210))　— C'était Sait-Germain-des-Près qui la *fascinait*... Il s'en voulut, par une sorte de superstition, d'avoir employé le passé et il corrigea:
　　　— ...qui la fascine...　(G. Simenon *Oeuvrers complètes* in Wilmet 1997)

ここでは C'était という主節の過去に引っ張られているとはいえ、qui la fascinait(半過去)と qui la fascine(現在形)は明らかに paradigme を構成し、この環境ではどちらも選択することができる。その選択を決定するファクターは時間的にその事実が過去だけのものか現在も継続中のものか、という時間的なものであるので、半過去に積極的な「過去性」を与えなくては説明が難

しい。

　PAST の 1 つの実現形として「過去性」を半過去の基本的属性として認めることのもう 1 つの根拠は、法的な「仮想性」を表す用法と時制的な「過去性」を表す用法は厳然と区別されたものであり、中間的な用法が存在しないということがある。法的な用法でなければ、必ず時制的な用法であり、そこに「過去」の意味合いは必ず含まれるのである。法的な用法か否かはいわゆる back shift と呼ばれる現象の有無によって判定できる。これは仮想を意味する場合、BASE と時間的に同時であれば「過去」の形式が、時間的に過去であれば「過去完了」の形式が用いられ、時制を 1 つさかのぼって表現される現象のことである。これによって、一見すると中間的な実現形態のように思われる「間一髪の半過去」も前節で述べたように、れっきとした過去の用法であることがわかる。(305) の例で言えば、Une minute de plus を過去のスペースとして想定しているから le train déraillait と半過去が用いられているのであって、現在のスペースとして想定されるならば le train déraille と現在形になる。仮想的な過去ならば le train avait déraillé と大過去になるはずだが、そうなっていないので半過去は時制的過去を表しているのである。

　同じことは si 節が仮定ではなく、譲歩を表す場合についても言える。

(324)　Louise Filon possédait un revolver?　—Si elle en *possédait* un, je ne l'ai jamais voulu.　　　　　　　　　　　　　（Simenon in Imbs 1960: 98)
「ルイーズ・フィロンはピストルを持っていましたか。」「持っていたかもしれませんが、それをほしいなどとは決して思いませんでした。」

(324) は Imbs も条件文の条件節に現れた半過去と並んでとりあげ、これは過去時制を表すものだ、としている。「持っていたことは認めるが」というように posséder で示される事態を現実の過去スペースに位置づけている。仮想スペースに位置づけるなら elle en *avait possédé* と大過去にならなくてはならない。

判断がゆれるのは(315)の例である。3番目の文だけとりあげてみよう。

(325)　Je jouais cœur, et j'*étais* maintenant milliardaire.　　(Wilmet 1997: 384)
　　　　ハートを出していたら、今頃は億万長者だった。

この前件は back shift が行われていないので、時制的過去である。内容的には大過去で表現される Si j'avais joué cœur と同じ内容を表していることを確認してほしい。問題は後件部分である。一見すると FOCUS の時間枠が maintenant で示されているのに半過去でアクセスしているのだから étais の半過去は仮想性を表しているととれないこともない。しかし、筆者はこの場合も時制的に用いられていると解釈した方がよいと思う。前件部分によって観念的なスペースが過去に作られ、そこが V-POINT になったあと、等位接続詞 et によってその拡張スペースである後件が導入される。それが PRESENT によって指定されるため PAST + PRESENT の全体が半過去の形態となったと考えられる。PRESENT は not anterior to V-POINT であるから、ハートを出したときより後であればよく、解釈としては、予定を表す半過去のように「(ハートを出した時点で)今億万長者であるという事実が確定していた」のように解釈されるのである。従って(315)もすべて「間一髪の半過去」と考えてよい。4.4.2.4.4. で述べた日本語の反事実条件文の帰結節に用いられた「—シタ」の用法と同じである。実際のところ、PAST が法的用法として仮想的に用いられるのは特殊な環境に限られる。

7.2.2.1.　時制的実現「過去」

　PAST が純粋に「過去」として実現する例は、これまであげてきたほとんどの例がそうであるから、ここで改めて例示する必要はないだろう。ここではこの時制的な用法からの派生と考えられるいくつかの用法をあげておく。いずれの場合も、直接的に述べているのは過去スペースの事態であるが、表現意図はその記述から含意される内容にあるケースである。半過去が指定するのは過去のスペースであり、現在スペースのありようについては何も語る

わけではない。しかし、過去は現在と連続しており、現在の状態に関して様々な含意をもたらし得る。まず、過去の状態として述べられている内容はIMPERFECTIVE であり、その状態の終わりは表現されていないのだから、特に何も起こらなければ、その状態は現在まで続くという含意である。一方、過去から現在に至るまでずっと変わらない同じ状況に対応するのは現在形で、Grice の量の公理からいって、そのような場合は現在形で表現するはずだから、過去に関してだけ述べているのは、現在はそうでないからだ、という含意も成立し得る。このように相反する含意をもたらし得るが、いずれもそれは含意にすぎず、半過去が積極的に表している意味ではない。従って、含意の方にこそ表現意図がある場合、なぜわざわざ過去スペースを問題にするような回りくどい言い方をしたのか、ということは説明されなくてはならない。

最初にあげる 3 つの用法はいずれも Imbs(1960)があげているもので、Imbs(1960)はこれら 3 つの用法をいずれも半過去によって現実世界から仮想的に退避した世界を描くことによって生じるニュアンスであると説明している。その退避がなぜ半過去でなくてはならないのか、など必ずしもその説明は完全に成功しているとは思えない。筆者はむしろ半過去に「過去性」を積極的に認めることで説明が可能であると考える。

Imbs の 3 つの用法に残りの 2 つの用法を加えた以下の 5 つの用法は、4.4.2.4. で扱った日本語の「BASE 属性の過去スペース言明の用法」と共通しており、そこであげた(161)の特徴をここでも確認できる。再掲すると

(326) a.　静的な状態を EVENT で叙述している。
　　　b.　EVENT は V-POINT(BASE)からみて PAST の位置にある。
　　　c.　EVENT で言及されている状態が BASE でも成立しており、かつその成立が話し手の表現意図の中に含まれている。

である。(326a)は、半過去の IMPERFECTIVE アスペクトからからくる必然的な属性として認めることができるだろう。ここでも特徴は(326c)にあ

り、BASE で成立している属性を述べることが表現意図の中にありながら、なぜ過去スペースに言及する必要があるのかということが問われなければならない。

7.2.2.1.1. 語調緩和の半過去（imparfait d'atténuation）

　これには「丁寧の半過去（imparfait de politesse）」「慎みの半過去（imparfait de discrétion）」などの名前も与えられている。venir, vouloir など特定の動詞にのみ限られる用法で、「〜したかったのですが」のような語調緩和の意味をもつ。

(327)　Je *voulais* te dire quelque chose pendant que nous sommes seuls.

(Duhael in Imbs 1960: 97)

　　　２人だけになったときにお話ししたいことがあったのですが。

これは過去に持っていた願望を述べ、その願望が現在も有効であるという含意をこめたものである。この場合、直接現在の願望を述べることは厚かましい印象を与えかねないので、過去の願望であり、場合によっては現在は取り消してもよいという含意をもたせることで語調緩和を行っているものである。過去性から説明するのは困難ではない。

　このような表現効果をもつためには、願望の内容が不定詞の形で表現されていなくてはならない。(327)の場合は、動詞が vouloir（〜したい）という直接願望を表す表現であるから、te dire 以下がそれにあたるが、直前行為の目的という形で表現されるものもある。

(328) a.　Je te *téléphonais* pour te demander un renseignement.

　　　　聞きたいことがあって電話したんだけど。

　　 b.　Je *venais* te voir au sujet de notre voyage.

　　　　旅行のことで会いに来たんだけど。

(曽我 2006: 26 イタリック訳文とも)

(328a)は pour te demander un renseignement(君に情報を求める)、(328b)は te voir au sujet de notre voyage(旅行のことで君に会う)がいずれも、この願望にあたるが、どちらも直前の行為の目的という形になっている。この願望は半過去が置かれた過去のスペースにおいても存在し、かつ現在も有効で、現在まだ未実現のものでなければならない。語調緩和の半過去の用法が特定の動詞に限られるのは、このような条件を満たす願望内容を表現する手段が限られていることによる。そのことを例示するために、語調緩和の半過去と同じような内容を表現できる条件法と比較してみたい。

(329) a.　Je *voudrais* te demander un petit service.
　　　b.　J'*aimerais* te demander un petit service.
　　　　　ちょっとお願いしたいことがあるのですが。

条件法に置かれた場合、vouloir と aimer を用いた(329)はどちらも同じような意味の文として理解できる。だが、語調緩和の半過去として用いられるのは vouloir だけである。

(330) a.　Je *voulais* te demander un petit service.
　　　b.　J'*aimais* te demander un petit service.

この違いに対し、曽我(2006)は「aimer は『好ましく思う』を表す動詞であって意欲や願望の動詞ではありません。だから」aimer を半過去に置いた表現は「『好ましく思う状態が(今のことではなく)過去にあったのだ』ということが伝わるだけです。願望の気持ちが伝わらないのは、こういう単純な理由からです。」と述べている。筆者も全面的に賛成である。曽我(2006)の内容を筆者の図式で説明しなおすと、(330b)で用いられた aimer の目的語は現在未実現の事態であるという含意を欠き、「願望」の要件を満たさないのである。

（331）J'aime jouer au tennis.
　　　　私はテニスをするのが好きだ。

では「テニスをする」行為を好ましいと思っていることが表現されるだけで、その行為が現在未実現であることを含意するものではない。テニスをプレーしている最中にこの発言をしても全く問題ない。一方(329b)の条件法の場合は形の上で、「現在未実現の状態を仮想し、そのような状態を好ましく思う」という内容が表明されるから、願望の婉曲的な表現になり得ている。

　このように、願望内容を表す不定法の動詞句を備えることのできる特定の動詞が半過去に置かれた場合に、過去の意味からくる直接表明の回避が語調緩和の半過去の本質なのである。

7.2.2.1.2. 軽蔑の半過去（imparfait de mépris）

　Imbs(1960)は次の例をあげている。

（332）Elle a des yeux bleus, que votre mari n'*avait* pas.　　（Imbs 1960: 97）
　　　　彼女は青い眼をしていますね。あなたの旦那がそうでなかった青い眼を。

(332)は、離婚した女性を相手にその子とまだ生きている前夫のことを話題にする際に用いたものとされ、avoir を半過去に置くことによって心理的な距離を示していると説明している。しかし、この場合も「過去性」が積極的に関与している。本来、現在もそうであるのだから現在形で表現しても問題がないはずなのに、あえて過去スペースのことを言及することで、現在どうであるかは全く自分の関心の外にあり、言及するに値しないという含意をもたらしているのである。

7.2.2.1.3. 愛情表現の半過去（imparfait hypocoristique）

　母親が赤ん坊に話しかけるような時に用いる用法で、特に3人称で用いら

れる。

(333)　Ah! qu'il *était* joli, mon petit Maurice.　　　　（Imbs 1960: 97）
　　　　まあ、何てかわいいのでしょう。私のモーリスちゃん。

ここに過去性を見いだすことはいささか難しい。しかし、Maurice est joli は現在スペースでも有効な性質であるから、半過去 était が反実仮想スペースを指定しているとも考えにくい。ここはやはり「過去」であり、「過去」ですでに確定済みの状態として現在も続く性質を述べていると考えたい。あえて、過去スペースのこととして語る意義は、そこで語られる内容が一過性の現在スペースだけで有効な性質ではないことを示すことと、確定済みであるから対話の返答を期待できるものではないという内容を示すことであろう。3人称を用いることで対話性のニュアンスをさらに低下させている。この半過去は愛情表現の半過去と呼ばれているが、半過去そのものに愛情を示す属性はない。現実を確定済みで返答不要の内容を語りかけているという性質が、ペットや赤ん坊にむかって話しかける場合によく用いられるので、このような名前で呼ばれるのであろう。

7.2.2.1.4.　市場の半過去（imparfait forain）

　Imbs（1960）はあげていないが、「愛情表現の半過去」と似たような用法で、「市場の半過去」と呼ばれる用法もよく知られている。「愛情表現の半過去」同様3人称でのみ生じるもので、一種の語調緩和であるが、庶民的な市場などで用いられる。

(334)　Qu'est-ce qu'elle *voulait*, la petite dame?
　　　　　　　　　　　　　　　　　（Berthonneau & Kleiber 1994: 60）
　　　　何にしましょうか、お嬢ちゃん。

ここでも、半過去が積極的に表しているのは過去である。現在、この瞬間に

成立することになった状態を語っているのではなく、あえて「過去の状態」に言及することで、過去から現在にいたる広い状況をとらえているのである。愛情表現の半過去と共通するのは、どちらも過去スペースをとりこむことで、問題となる世界の拡大をはかっている、ということである。3人称の使用も共通しており、直接的な対話のニュアンスの緩和という点では共通だが、市場の半過去は基本的には対話で、相手に話しかけている。ただ、3人称を用いることで、自分と相手だけでなく、それをみている観客も同じ世界に引き入れる効果が生まれるように思う。3人称は、この状況を外側から眺める観察者がこの相手にアクセスする人称である。あえて、その視点をとり、時間も拡大することで、現場を広げ、劇場化していると考えられる。「市場の半過去」という名称も半過去が表している意味を表しているものではなく、使用される状況を表現したものにすぎず、半過去そのものは過去を表す機能しかなく、そこから派生する世界拡大のニュアンスが、市場という環境で頻繁に用いられた、ということにすぎない。

7.2.2.1.5. je t'attendais 型半過去

阿部(1989)が je t'attendais 型半過去と呼ぶ「直前状況スペース」に言及する用法の中に、日本語のいわゆる「ムードのタ」と共通する用法がいくつか見られる。

(335) a. （見つけて）Ah! vous *étiez* là.
       ああ、ここにいたのですか。
   b. （確証を得て）Tu *avais* raison.
       君の言うとおりだったね。
   c. （同意を得て）Je *savais* que tu serais contente.
       同意してくれるだろうとわかっていました。

（阿部 1989: 55 訳文は筆者）

(335a) は 4.4.2.4.1. で述べた「発見のタ」と同じである。あえて探していた

時の過去のスペースに言及したものだろう。(335b)は 4.4.2.4.2. の「関連づけ」に相当する。その内容の真偽が問題になっていた過去スペースが対象になっている。(335c)は 4.4.2.4.3. の「忘れていたことの想起」と原理上共通で、前からその知識にアクセスしていたということを修辞的に表現しているものである。なお、je t'attendais 型半過去については後に 7.3.2.1. でもとりあげる。

7.2.2.2. 法的実現「仮想」

PAST のもう 1 つの実現素性は「仮想」である。これまで述べてきたように、「過去」と「仮想」は共通の認知的基盤にたっており、同一の記号が用いられているが、画然と区別されるべき意味素性である。図式的に書けば「過去」→「仮想」もしくは、「仮想」→「過去」というような関係は存在せず、

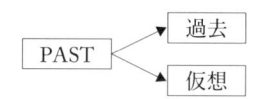

```
           ┌→ 過去
   PAST ───┤
           └→ 仮想
```

というように理解されるべきものである。現に英語では「仮想」として実現する PAST の 1 人称単数の形態は were であり、過去の was とは異なっている。「仮想」として実現する PAST は仮定基本スペース(HB)へのアクセスパスを一義的に提供するが、HB は BASE とは時間的に PRESENT の関係にあり、PAST の時制的実現素性である「過去」とは相容れない。

このように「過去」と「仮想」は機能的多義とも言えるもので、環境的にも明確に区別される。以下の環境でしか現れない。

7.2.2.2.1. si に導かれた条件文前件

基本的にほとんどはこの環境である。次は代表的な作例

(336)　S'il *faisait* beau demain, j'irais me promener dans la forêt.
　　　　明日もし晴れてくれたら、森に散歩にでかけるのですが。

(336)は未来を表す副詞 demain と共起していることからもわかるように、時間軸上の過去とは無関係で、非現実な世界(HB)の構築を行っている。HB は BASE と PRESENT の関係で、not prior to BASE であるから demain と共起するのである。(336)は現在雨が降っていて、晴れる見込みがほとんどないと判断しているときに用いられる。もし晴れる可能性も十分あるような純粋な仮定の場合なら、未来の事象に対する仮定は現在形を用いて行われる。

(337)　S'il fait beau demain, j'irai me promener dans la forêt.
　　　　明日晴れれば、森に散歩にでかけます。

(336)と(337)の違いは「晴れる」という事態を話し手が実現可能なものととらえているか、実現の可能性は低く純粋に仮定世界のできごととしてとらえているかの違いを示す。実現可能な場合は現実スペースにおいて表現し、可能性の低い場合に HB で表現するということである。このように接続詞 si は仮想スペース HB を導くマーカーとして用いられはするが、必ず HB を導かなくてはいけないということではない。
　HB の属性を参照される現実の時間軸上の位置が現在にあるか未来にあるかで、さらに非現実(irréel)と潜在(potentiel)に分けることがある。

(338)a.　Si j'*étais* riche, j'achèterais une voiture.［非現実 irréel の価値］
　　　　金持ちだったら車を買うんだけどなあ。
　　b.　Si je *gagnais* au loto, j'achèterais une voiture.［潜在 potentiel の価値］
　　　　ロトがあたれば車を買うんだけどなあ。　　　（Gosselin 1999: 29）

(338a)は「現在もし金持ちなら」ということで「非現実」の仮定であり、(338b)は「これから宝くじをあてるようなことがあれば」という将来の可能性を問題にした仮定であるから「潜在」ということになる。しかしながら、どちらの HB も BASE と PRESENT の位置にあることには変わりなく、理論上は

区別されるものではない。

7.2.2.2.2. comme si で導入される仮想世界

典型的な用法そのものであるが、表現が固定化している。「まるで〜のように」として現実ではないが、現実から想像し得る仮構の世界を構築し、その類似を述べるものである。

(339)　Deux secondes il resta immobile, comme s'il *se recueillait*.

(Martin du Gard in Imbs 1960: 99)

一瞬彼の動きが止まった。まるで瞑想でもしているかのように。

(339)は実際は se recueillir（瞑想する）していないのだから、このイベントは現実世界では成立していない、仮想世界でのみ成立しているのである。接続詞 si が用いられていることからもわかるように、これも前節の1つのバリエーションである。

7.2.2.2.3. 仮定構文の帰結に用いられた条件法

半過去ではないが、仮定法構文の帰結節に用いられた条件法も HB へのアクセスパスを内包しており、「仮想」スペースを指定する PAST の一実現形態であり得る。

(340)a.　Sans votre aide, il ne *réussirait* pas à l'examen.
　　　　あなたの助力がなければ、彼は試験に受からないでしょう。
　　b.　Son professeur a dit qu'il ne *réussirait* pas à l'examen.
　　　　担当の教員は彼は試験に受からないだろうと言った。

(340)の réussirait はどちらも PAST + FUTURE のアクセスパスを持っているが、最初の PAST が HB を指定するのは(340a)のみである。ここでは反実仮想の条件が意味的に内包されているか否かが、環境上の決め手になる

が、これはさして難しい区別であるとは思われない。

7.2.2.2.4. 遊戯の半過去（imparfait ludique）

フランス語では、仮定法構文以外に、PAST が「仮想」として実現する周縁的な用法がある。形態は半過去で、子供が仮想世界の中で王子や姫になって遊ぶ際に、その役割付与に用いられるものである。「遊戯（前）の半過去（imparfait(pré)ludique）」と呼ばれている。

(341)　Tu *étais* la reine et moi, j'*étais* le roi.　（Berthonneau & Kleiber 1994: 60）
　　　　君はお后様、僕は王様さ。

(341)は日本語や英語の場合だと過去形は用いないと思われる。このようにフランス語だけが発展させてきた特殊な用法だが、PAST が「王様ごっこ」の世界を HB として指定していると解釈できるので、この用法を理解するのは難しいことではない。

7.2.2.3. PAST まとめ

7.2.1.3. にならって PAST の諸相をまとめるなら以下のようになる。日本語との最大の違いは「法的実現」が存在することだろう。

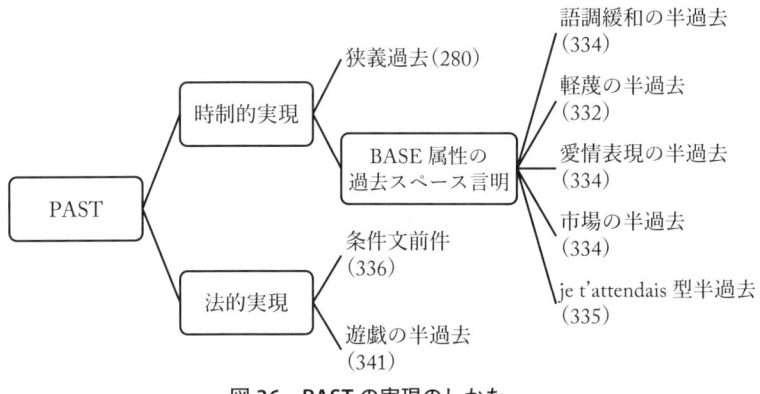

```
                    ┌─ 狭義過去 (280)           ┌─ 語調緩和の半過去 (334)
         ┌─ 時制的実現 ┤                          │
         │           └─ BASE 属性の              ├─ 軽蔑の半過去 (332)
PAST ────┤              過去スペース言明 ────────┤
         │                                      ├─ 愛情表現の半過去 (334)
         │           ┌─ 条件文前件 (336)         │
         └─ 法的実現 ┤                          ├─ 市場の半過去 (334)
                    └─ 遊戯の半過去 (341)       │
                                               └─ je t'attendais 型半過去 (335)
```

図 36　PAST の実現のしかた

7.3. 半過去がもつ派生的性質

これまで述べてきたように PAST と IMPERFECTIVE で半過去のあらゆる用法は説明が可能である。ここではこの 2 つの属性からくる半過去の表現効果について考えてみたい。

7.3.1. 含意

半過去の表現効果としてまず特筆すべきことは 7.2.2.1. で述べたように、BASE などに関する含意を生むことである。過去の一回限りの出来事であれば、BASE にあたえる影響はそれほどでもないが、IMPERFECTIVE でスペースを代表する属性として提示された場合、それ以外のスペースと暗黙のうちに併置されるべき属性として機能することになる。「過去」は語彙的意味素性として「現在もしくは未来」と対立の関係にあるので、ことさら「過去」の状態として言及することは、Grice の量の公理から、「現在」の状態はそうではない、という含意を生むことになる。

(342) Autrefois, elle *était* belle.
かって彼女は美しかった。

(342)は、現在に対する言及がなくとも、「現在はそうではないが」という含意を読み込むだろう。対立する現在スペースが明示的に併置されることもある。

(343) Il *employait* autrefois 4000 hommes. Maintenant, il n'en emploie aucun.
(The Canadian Hansard Corpus)
かっては 4000 人の従業員を抱えていたが、いまでは一人もいない。

また対立の文脈があれば半過去が安定することは、6 で述べたとおりであるし、(299)のような「切断の半過去」の用法にも「対立」を感じることがで

きる。このように「対立」は半過去と極めて親和性の高い属性であることから、Le Guern(1986)はこれを半過去の本質的属性とまで考えている。もちろん、その一方で

(344)　(＝(302))Galilée soutint que la Terre *tournait* autour du soleil.
　　　　　　　　　　　　　　　　　　　　　　　　（Wilmet 1997: 387）

のように全く対立を感じさせない半過去もあることを見逃しているわけではない。Le Guern(1986)は Benveniste(1974)以来の伝統的な「語り(récit)」と「対話(discours)」の違いを採用しており[14]、「語り」で用いられた半過去は対立の素性を持たず、「対話」で用いられた半過去を対立の素性を本質的に持つと考えている。その上で、「語り」の半過去と「対話」の半過去は同音異義である、とまで主張するのである。
　確かに(344)は典型的な「語り」の文であるが、(342)や(343)を「対話」に限定することは相当に無理があろう。これらの発話は「語り」にも「対話」にも現れ得るものであるし、典型的な「対話」の文である「語調緩和の半過去」(7.2.2.1.1.)にも対立はない。筆者は「語り」と「対話」の対立は口語や文語という文体的なレベルの違いにとどまり、文法機能の働き方の異なりまでもたらすものではない、と考えている。「対立」はあくまで含意であって半過去の形態が持っている意味機能ではない。(342)の発言のあとに、「現在ももちろんそうだが」と付け加えても矛盾にはならないし、対立の含意のメカニズムも Grice の公理の典型的な適応で説明できる。
　(323)の例も示唆的である。

(345)　(＝(323))— C'était Sait-Germain-des-Près qui la *fascinait*...Il s'en voulut, par une sorte de superstition, d'avoir employé le passé et il corrigea:
　　　— ...qui la fascine...　　（G. Simenon *Oeuvres complètes* in Wilmet 1997）

この発話者は当初半過去を用いて fascinait と述べたあと、それが生じる含意に気づいて現在形で fascine と言い直したのである。最初に半過去を用いたときは、そのような含意に気づいておらず、純粋に過去の状態の記述として用いている。その後に気づいて言い直しているということは、これがあくまでも含意であって、本質的な意味ではないことを示しているように思う。

一方 Grice の「適切性」の公理から、過去のみに言及する十分な理由があるときには「対立」の含意が生じないことも説明できる。(344)は時制の一致によって、過去の視点から述べるという意図があるために対立を感じさせていないし、7.2.2.1. で問題にした「語調緩和の半過去」「軽蔑の半過去」「愛情表現の半過去」「市場の半過去」はいずれも、過去のみに言及する語用論的理由があるので、「対立」がないのである。最後の4つの半過去は「対立」ではなく、現在もそうであるという逆の含意を持っていることにも注目したい。

このように「対立」にせよ「継続」にせよ、現在スペースに対する含意を持ちやすいということは半過去の大きな特徴としてあげられることがらなのである。

7.3.2. 直前状況型スペース構成

半過去が自身で時間枠の確定(repérage temporel)を行うことができず、この確定を他の文脈要素に依存することはよく知られている。7.2.1.1.1. で述べた quand 節の中で用いられにくいというような性質はそれを例示するものである。この現象は半過去が IMPERFECTIVE であり、V-POINT が常に FOCUS にあるので時間確定ができない、ということから説明可能であると思う。実際の時間確定を行う要素を先行詞とし、半過去の時間軸上の位置はそれを照応するという見方は妥当なものであると思う。先行詞は副詞や接続詞などのスペース導入表現であることもあるが、時間確定を行う単純過去や複合過去によって示されるイベントであることも多い。

(346)　Paul entra. Marie *faisait* la vaisselle.　　　（Molendijk 1996: 109）
　　　ポールが入ってきた。マリーは食器を洗っていた。

(346)は「ポールが入ってきた」という単純過去で示されるイベントが先行詞になっている。
　先行詞と半過去の時間関係は同時性である。先行詞のイベントと半過去で示されるイベントが同一スペースにあると解釈されなければ、照応関係は成立せず、半過去の使用も難しくなる。

(347) a.　Jean se mit en marche. Il *s'avançait* dans la neige jusqu'aux chevilles.
　　　　ジャンは歩き始めた。雪の中をくるぶしまでつかりながら進んでいった。
　　 b.　Jean se mit en marche. *Il *tombait* dans un trou dans la glace.
　　　　ジャンは歩き始めた。氷の中にできた穴の中に落ちていった。
　　　　　　　　　　　　　　　　　　　　　　　　（Molendijk 1996: 120）

(347)は第1文の「ジャンが歩き始めた」というイベントが先行詞になっている。Molendijk(1996)が言うように、(347a)の第2文はその同じ行為を描いており、同時性が成立するのに対し、(347b)の第2文は歩く行為と落ちる行為が同時共存できないから照応が成立せず、容認されなくなったものだと思われる。代名詞照応の先行詞と照応詞の関係が同一指示であるように、半過去の先行詞と半過去の関係も同時性、メンタルスペース的に言えば同一スペース性にあると筆者は考える[15]。
　典型的な同時性は(346)や(347)のように半過去で示される状態が先行詞のイベントを包含するという関係であるが、先行詞が半過去のイベントの右方限界を示すような関係も1類型として存在することをここでは指摘しておきたい。これはちょうど(346)の状況において、ポールが入ってきたことによってマリーが食器を洗うのを止めるような状態に対応する。この場合もポールが入ってこなければ、その状態は続いていたととることができ、同時

性は保証されるであろう。問題となるのは入ってくるまでの状態である。入ってきた後の状態は描かれているスペースの外にあるのだから、実際は問題にならない。このように、先行詞が半過去がおかれたスペースの最終時点を示すようなスペース構成を「直前状況スペース構成」と呼ぶことにしたい。先行詞のイベントによって行為が中断された場合も、そうでない場合もあるが、描いている状況は先行詞のイベントが生じるまでに成立していた状況である。これは一見すると時間をさかのぼったような記述になり、理解に苦しむような構成をなしているが、これも同時性の1つのパターンであり、半過去の特徴的なありようであると言ってよい。このパターンに対応するか否かの1つのテストは先行詞のイベントが存在しなければ、半過去で述べられた事態がそのまま継続していたと考えられるか否かである。なお、この半過去のアスペクトは図32で図示される内容であり、[＋sécant]である。具体的な1回限りの動作で、現場目当ての指示であるから当然であろう。中断されたことは記述の全体から理解できるが、半過去が描いている状態そのものは中断される直前の状態なのである。

7.3.2.1. je t'attendais 型半過去

7.2.2.1.5. でも一部あげたが、先行詞が発話状況によって与えられ、口語で用いられる「直前状況スペース構成」の半過去を阿部(1989)は je t'attendais 型半過去と呼び、以下の例をあげている。

(348)(＝(335))a. （人が来て）Je *t'attendais*.
　　　　　　　　 待ってたよ。
　　　　　　b. （人に会って）Je te *cherchais*.
　　　　　　　　 探していたんだよ。
　　　　　　c. （人が入ってきて）Je *dormais*.
　　　　　　　　 眠ってた。
　　　　　　d. （確証を得て）Tu *avais* raison.
　　　　　　　　 君の言うとおりだったね。

e. （見つけて）Ah! vous*étiez* là.

ああ、ここにいたのですか。

f. （同意を得て）Je *savais* que tu serais contente.

同意してくれるだろうとわかっていました。

(阿部 1989: 55 訳文は筆者)

先行詞を構成するのは、現場で成立した、括弧内で示されたイベントである。阿部(1989)はそれを「異質なファクター」と呼んでいる。(348)では、この異質なファクターが生じる前に半過去で示される均質な状態が継続しており、その過去の状態を半過去が述べていることがわかる。(348abc)では異質なファクターが介入したあと、半過去の均質な状態は中断させられているが、(348def)ではそのまま継続している。しかし、どちらの場合も関心があるのはそれ以前の過去の状態であり、先行詞である異質なファクターがFOCUSスペースの右方境界を示していることは明らかだろう。中断が認められる(348abc)については、いずれも「異質なファクター」が介入しなければ半過去の状態は継続していたという解釈が自然に得られるので、同時性が成立していると考えてよいだろう。

7.3.2.2. 論理構成同一スペース型

直前状況スペース構成の場合、半過去で示される状態と先行詞のイベントとは最後の瞬間にしか重ならない。従って時間的にずれがあると解釈されて照応に失敗する状況と隣り合わせであり、半過去と先行詞が同一スペースなのだと解釈される論理がしばしば必要となる。

(349) a. Jean se réveilla à 8 heures. #Il *dormait* bien.

ジャンは8時に目が覚めた。彼はよく眠っていた。

b. Jean se réveilla à 8 heures. Il *avait bien dormi*.

ジャンは8時に目が覚めた。彼はよく眠っていた。

c.　Jean se réveilla à 8 heures. Quel malheur! Il *dormait*(si)bien!
　　　　ジャンは 8 時に目が覚めた。何たる不幸。彼は実によく眠っていたのに。

（Molendijk 1996: 116–117　訳文は筆者）

　Molendijk(1996)は半過去使用の条件を、論理的一貫性の原則(principe de cohérence)に求め、その直前の文との間に論理的整合性がとられなくてはならず、この制約によって(349)を説明しようとしている。確かに論理的一貫性は半過去のみならず、あらゆる談話において必要なものであるが、偶発的に継起する事態を述べることもあり、通常要求される脈絡はそれほど厳しい制約を構成しているわけではない。(349a)も第 1 文と第 2 文を入れ替えたら全く矛盾なく読める内容であるので、通常の一貫性は破られておらず、半過去固有の論理によって排除されていると考えなくてはならないだろう。(349ab)の比較から単純に考えられるのは「よく眠る」というのは「目が覚める」以前の状況であって、連続してはいるが、重ならないから、「目が覚めた」時点で「よく眠った」ことを述べるためには大過去形を用いなくてはならない、ということではないだろうか。説明を要するのは(349c)の場合であるが、筆者はこれを論理構成による同一スペース型と考えている。すなわち、Quel malheur! という感嘆文の挿入によって、先行詞のイベントが、本来の自然な覚醒ではなく、Jean に不幸をもたらす、例えば目覚まし時計による不自然な覚醒のイベントと解釈され、このイベントのおかげで、これがなければ継続していた dormir という状態が、このイベントによって中断させられたという解釈が生まれることによると考えている。この解釈によって同時性が成立し、半過去の照応が可能になるのである。必要なのは抽象的な論理の一貫性ではなく、同一スペース性を確保する論理である。
　Molendijk(1996)の議論の出発点になったのは Berthonneau & Kleiber (1993)らによる今ではすっかり有名になった

(350)　Jean se mit en route dans sa nouvelle Mercedes(E1). Il attrapa une contravention(E2). Il *roulait* trop vite(E3).
　　　 ジャンは自分の新しいベンツに乗った(E1)。違反切符を切られてしまった(E2)。スピード違反をしてしまったのである(E3)。
(Berthonneau & Kleiber 1993: 65)

の解釈をめぐる問題から来ている。Berthonneau & Kleiber(1993)は半過去について全く新しい「部分照応時制(un temps anaphorique méronomique)という考え方を提起した。それによると、半過去は先行詞が喚起する状況の部分的な状況を示すという。それを例示するのが(350)で、先行詞は E2 でそれが喚起する「交通違反」という状況の原因として E3 がある、原因は全体の部分を構成しているので、E3 で用いられた半過去は適格なのであると説明される。これに対比させられるのが次の(351)である。

(351)　Jean se mit en route dans sa nouvelle Mercedes(E1). Il attrapa une contravention(E2). ?Il *roulait* avec plaisir(E3).
　　　 ジャンは自分の新しいベンツに乗った(E1)。違反切符を切られてしまった(E2)。気持ちよく運転していた(E3)。
(Berthonneau & Kleiber 1993: 65)

「気持ちよく運転していた」という状態は「交通違反」という状況の部分にならないので E3 の半過去は適格性を欠くことになる。
　(350)に対する比較の対象が(351)であっては、Molendijk(1996)ならずとも言語一般の論理的一貫性を問題にしたくなるだろう。E2 と E3 はこのままでは全く結びつかない。Berthonneau & Kleiber(1993)の部分照応説は(351)のような例では有効性を発揮するが、より基本的な(346)などの説明のためには装置が大きすぎる。「ポールの入場」が「マリーの食器洗い」を包含するどのような状況を喚起するというのか、にわかにはイメージしにくいし、ましてやその全体状況の部分になるか否かの判定は容易なことではな

い。

　筆者は(350)もここで述べた論理構成による同一スペース型に属する直前状況スペースの構築になっていると考えている。確かに、物理的な状況だけを考えるなら「違反切符を切られる」という先行詞のイベントと「スピード違反の運転をする」という状態は重ならない。しかしながら、やや全体的な視点にたって状況を解釈してみると、「スピード違反をしている」という状況が背景にあって、その状況が「違反切符を切らせる」というイベントを惹起したわけだから、この論理構成によって同一スペース解釈を得ることができる。もしも「違反切符を切られる」というイベントが成立しなければ、「スピード違反の運転を続けていた」という解釈も自然に得られ、同時性の意味論的テストにも合格するのである。これに対し、(351)のE2とE3のイベントは完全に独立したものであり、これを同一スペースに解釈する論理が全く見いだせない。しかしながら

(352)　Jean se mit en route dans sa nouvelle Mercedes(E1). Il attrapa une contravention(E2). Il *roulait* pourtant avec plaisir(E3)
　　　　ジャンは自分の新しいベンツに乗った(E1)。違反切符を切られてしまった(E2)。気持ちよく運転していたのだけれど(E3)。

(Berthonneau & Kleiber 1998: 59)

のようにE3にpourtant(しかしながら)という逆説の副詞が挿入されたり、E2とE3の間に(349c)のようにQuel malheure!(何たる不幸！)という感嘆文が挿入されたら問題なく容認されることになる。これらの要素の導入は、E2に対して、E3の状況を不幸にも中断させてしまうイベントという解釈を付加することになり、E2とE3を同一スペースに置くことを可能にするからである。E2が起こらなければE3がずっと続いていたと解釈できることは確認するまでもないだろう。(352)についてBerthonneau & Kleiber(1993)はpourtantの挿入によって概念的部分化が可能になる、というのだが、その説明は難解である。

部分照応説の場合、全体を構成する状況として様々なものが考えられるから、その部分を構成できず、半過去が使用できないという説明を与えることがなかなか難しい。次の例はMolendijk(1996)が出した反例である。

(353)　Jean se mit en route dans sa vieille Fiat. Il attrapa une contravention. #Il *brûlait* un feu rouge.
　　　ジャンは自分の古いフィアットに乗った(E1)。違反切符を切られてしまった(E2)。赤信号を無視してしまったのである(E3)。
　　　　　　　　　　　　　　　　　　　　　　　　　(Molendijk 1996: 111)

(350)で、「スピード違反の運転」が「交通違反」の状況の部分を構成するのだから、「信号無視」も同じ状況の部分を構成するはずである。部分照応説では(353)が説明できない、というものである。また、(353)では un feu rouge と単数の不定冠詞が使われていて、無視した信号は1基だけだが、これが les feux rouges と複数の定冠詞を用いて、そこにある信号をすべて無視し続けているような解釈になると半過去の使用も容認されるようになる。

(354)　Jean se mit en route dans sa vieille Fiat. Il attrapa une contravention. Il *brûlait* les feux rouges.
　　　ジャンは自分の古いフィアットに乗った(E1)。違反切符を切られてしまった(E2)。あらゆる赤信号を無視していたのである(E3)。
　　　　　　　　　　　　　　　　　　　　　　　　　(Molendijk 1996: 119)

この(353)と(354)の違いも部分照応説では説明できないだろうとしている。しかしながら(353)と(354)の違いに関する Molendijk(1996)の説明はいただけない。ここでは直前の単純過去のイベントとの論理的一貫性が問題になるのではなく、先行詞との時間的幅を問題にしている。Molendijk(1996)はこれら一連の文の先行詞をE2の違反切符を切られたことではなく、E1の結果「車に乗って運転している状況」であると考えている。そして(353)

ではこの先行詞の状況と E3 が部分的にしか一致しないのに対し、(354)では全体的に一致されるので容認されるというものである。(353)や(354)はそもそも E1 が導入された第 1 文は文脈を補う働きしかしておらず、E2 と E3 だけが書かれた談話でも成立する。時間確定を行うのは単純過去であるから、Berthonneau & Kleiber(1993)が考えているように E3 の先行詞は E2 でなくてはなるまい[16]。そもそも典型的な半過去の用例である(346)では全体的同時性など存在せず、仮にこれ以前の文脈の中で「マリーが食器を洗っている」状況と重なるスペースが導入されていなくても成立すると思われる。

　一方の Berthonneau & Kleiber(1998)は Molendijk(1996)の批判に対して次のように反論している。(350)の rouler trop vite の語彙的アスペクトは activity であり、半過去に置かれた進行中のアスペクトの段階で違反が成立し「交通違反」の状況を構成する部分になり得る。これに対し、(353)の brûler un feu rouge の語彙的アスペクトは accomplishment であって、半過去に置かれた未完了アスペクトの段階では違反は成立しない。従ってこのままの形では「交通違反」の部分を構成することはできないが、この行為を完遂させて Il avait brûlé un feu rouge. と大過去にすれば、交通違反の原因となり、状況の部分を構成するので何の問題もなくなる。さらに(354)の場合は、目的語が複数になり、イベント自体が activity になるので、(350)同様「交通違反」の状況の部分を構成することができるのである。

　(353)と(354)の説明に関する限り Berthonneau & Kleiber(1998)の説明の方がむしろ納得がいく。筆者の説明も表現の仕方は異なるが、実質的な内容は Berthonneau & Kleiber(1998)と同じである。直前状況スペース構成の場合は、具体的な現場目当ての記述なので狭義アスペクトも［+ sécant］であり、語彙的アスペクトも activity や state でなければ右方境界におけるイベントの重なりをもたらすことは難しい。(353)に関して同時性に関する意味素性テストを行ってみても、先行詞である「違反切符をきられる」というイベントが成立しなければ brûler un feu rouge というイベントが継続していたということにはならないから、同時性は担保されない。一方 brûler les feux rougesの方は、違反切符を切られなければ、この状況は続いていたと解釈できるから問題なく、(354)はE2とE3を同一スペースに置くことができるのである。

　確かに(353)と(354)の問題は「全体／部分」の問題をアスペクトの問題に帰着することができるので部分照応説でも説明が可能だが、「結果―原因」のような明確な論理構造をもたないような「全体／部分」の問題は同じようにうまくいくだろうか。例えば(349a)でも、先行詞の「目覚め」が喚起する状況の部分として「目覚め」が入らないというのは理解に苦しむ。(346)において、「ポールの入室」が喚起する状況の部分に「マリーの食器洗い」が含まれるのなら、(347b)において、「ジャンの歩行」が喚起する状況の部分に「穴への落下」が含まれても問題ないだろう。このように状況の部分をなすかどうかの判定は客観的に下せるようなものではない。

　肝心なのは照応であって、代名詞の照応が同一指示にあるように、時制の照応は同時性であり、イベントの重なりにある。

(355)　Jean attrapa une contravention. Il *pleuvait*.
　　　ジャンは違反切符を切られた。雨が降っていた。
　　　　　　　　　　　　　　　　　　（Berthonneau & Kleiber 1998: 55）

は違反の内容がスピード違反であって、降雨との間に原因や結果といった論理関係が成立しなくても問題ない。同時性の解釈が可能だからである。一方

(356)　Jean a attrapé une contravention aujourd'hui. *Il *roulait* trop vite hier.
　　　ジャンは今日違反切符を切られた。昨日スピード違反をしたからだ。　　　　　　　　　　　　　　　（Berthonneau & Kleiber 1998: 58）

だと、「原因―結果」の関係が(350)と同様に成立するはずだが、時間副詞によって異なったスペースに位置づけられるために照応が成立しないので容認されないのである。

このように同時性・イベントの重なりに注目した方が、論理の一貫性や全体部分の関係の判断より、照応の成立の可否を客観的に判定できるのではないだろうか。

(357)　Jean tourna l'interrupteur. La lumière éclatante l'*ébrouissait*.

(Touratier 1996: 124)
　　　a.　ジャンは明かりを消した。輝く光がまぶしかったからだ。
　　　b.　ジャンは明かりをつけた。輝く光がまぶしかった。

(357)の第1文の動詞句 tourner l'interrupteur は「スイッチをひねる」ということで、明かりをつける場合にも消す場合にも用いることができる。そのどちらの解釈をとるかによって、第2文が(357a)のように直前状況スペースとも、(357b)のように直後状況スペースとも解釈できる。直後状況スペースの場合は単なる記述の連鎖で問題ないが、ここで問題にしてきた直前状況スペースの場合は論理構成型であり、直前スペースが先行詞イベントの原因というような論理関係が読み込まれることになる。しかしながらこの論理関係はあくまでも同時性・イベントの重なりを補強するためのものであって、半過去使用の本質的要因ではないのである。

(358)　Paul est tombé de la falaise. On le soigna/ *On le *soignait*.
　　　ポールが崖から落ちた。手当をした。

(Berthonneau & Kleiber 1998: 62)

(358)は Berthonneau & Kleiber(1998)が Molendijk(1996)の主張する論理の一貫性では説明できない例としてあげている。しかしながら自説による説明はなされていない。(358)は Molendijk(1996)に対する反例のみならず、部分照応説に対する反例にもなっているように思えてならない。事故の状況において、世話をすることは十分その部分を構成するはずだからである。(358)は直前状況スペース型ではないので、先行詞のイベントが半過去状況

の中断要素たりえるか否かという筆者のテストは使えない。しかしここでも基本は同時性であって、半過去が使用できるか否かは、先行詞のイベントと同一スペース内にあって、そのスペース全体に有効な属性として半過去の事態を把握できるか、ということになる。要するに基本的なアスペクトの制約に還元されるのであり、(358)は［+ global］でPERFECTIVEで表現される方が適切であると判断されて単純過去が採用されたものと思われる。落下に続くイベントの記述であり、語りの半過去として記述すべき特別なニュアンスをこめる必要はない。7.1.で最初に述べた原則である「終了点βがスペースの内部にあると解釈されるイベントを描くときには半過去は用いられない」が適応されたものだろう。この原則の例外についてはこれまで述べてきたとおりである。

7.4. 半過去まとめ

　以上の考察により、半過去のあらゆる性質はPAST + IMPERFECTIVEという性質に還元することができ、これによって総ての用法を説明することが可能であることが示されたと思う。半過去のもつ照応的な性質も結局のところIMPERFECTIVEという性質からの帰着であり、最も単純な同時性の原則で、その制約も説明される。

　しかしながら、メンタルスペースの装置が提供するのはあくまでもPASTとIMPERFECTIVEという大枠のみであって、その内実に関しては個々の用例に細かく当たって考察を進めていくという古典的手法が欠かせない。理論的研究はその種の実証的な研究に支えられて初めて意味をもつのである。

注

1　この用語は、Microsoft Bookshelf v.3では"indicating incomplete action: used to describe a verb aspect expressing action that is not completed"と定義されている。フランス語でこれに対応するのはimperfectifである。本書はCutrer(1994)の用語法

に従い、このIMPERFECTIVEという用語を採用しているが、大文字で書いて一般的な用語法と区別していることはいうまでもない。

2 この種の動詞の意味的分類に関してはVendler(1967)を参照。

3 訳文は新庄嘉章訳(新潮文庫)による。

4 最強意味仮説についてはDalrymple et al(1998), Winter(1996)などを参照。意味の強さはpがqを含意(entail)し、その逆が成立しないとき、pの方がqより強い意味である、ということになる。ここでは破線は影響だから、実際に行為が成立していたら当然この影響も存在するが、逆は成立しないので、実線の方が破線より強い意味ということになる。

5 阿部(1991)参照。「期間」の部分は長さを明示する場合と時期を明示する場合があるが、後者は必ずしも半過去を排除しない。Pendant l'été, les enfants du village *venaient* se baigner à cinquante mètres à peine en contrebas de l'hôtel.(*Asunaro*)

6 この文で1章が完結し、プリュダンスの会話から始まる次の章に続いている。

7 訳文は生島遼一訳『感情教育』(岩波文庫)による。

8 この用法は研究者によって様々な名前が付せられている。他に、imparfaits contrefactuels, imparfait fictif(いずれも「非現実の半過去」)、imparfait de réalisation antidatée(寸前実現)などと呼ばれているらしい。田中(2006)も独自にimparfait de dramatization(劇的効果の半過去)という名称を与えている。

9 この指摘は渡邊氏からの個人談話による。

10 訳文も渡邊(2007)による。

11 ただし、(315)の半過去étaitは基底仮定スペースにアクセスしている法的用法とも考えられる。その場合はここで問題にした「間一髪の半過去」とは異なる。

12 改めて付け加えるまでもないが、Factは現実性とは何の関係もない。仮定文の前件は英語でもフランス語でも過去形でアクセスされるが、これはFactの属性を持つからである。

13 7.2.1.1. 参照。

14 Benveniste(1974)の用語はhistoireとdiscoursであるが、Le Guern(1986)はその後のWeinrich(1973)の分析と統合させてWeinrich(1973)が用いたrécitをhistoireの代わりに用いている。

15 半過去を照応的時制と考える学者はそれぞれに名詞句の照応関係との類似性を考えている。筆者の場合、同時性が基本の古典的考え方にのっとっており、時間幅の完全な一致ではないものの先行詞と代名詞の関係になぞらえることになるが、部分照応説をとるBerthonneau & Kleiber(1993)はA house → the windowのような連想照応になぞらえ、東郷(2008)は時には先行詞なしにも用いることのできる不完全定名詞句(部屋の描写でthe windowが出てくるようなケース)になぞらえている。

16 厳密に言うと Berthonneau & Kleiber(1993)は先行詞を瞬間的なイベントではなく、状況と考えているので、E2 が喚起する状況ということになる。

8章　結論

　本書の議論を通じて、メンタルスペース理論が、言語現象を記述するための汎用的・一般的枠組みを提供することができ、これによって現代のフランス語、英語、日本語という言語が個別に備えている時制体系を、統一的に、一般言語学的観点から記述することが可能であることが示されたと思う。

　言語における普遍性と多様性は、言語学が常に念頭に置いておかなくてはならない問題であり、言語学の目的は究極のところ、この普遍性と多様性を記述仕分けることにあると言っても過言ではない。一口に「過去」「現在」「未来」といっても、そのそれぞれのカテゴリーを表す標識が各国語にあり、それらの標識の守備範囲が完全に重なることはない。また、その各々の標識はそれがテンスの標識であると同時に、アスペクトやモダリティーの標識としてもあるのであるから、いかなる属性を汎用的な属性として抽出し、記述の手段にするべきか、という問題が理論の最初に問われるべき問いである。メンタルスペース理論は、言語は複数のスペースを順次生成し、それらの間の関係を規定する標識を備えているという前提のもとに、あらゆる言語を規定しようという試みである。

　この前提のもとに、テンス・アスペクトを直接的には2つの隣接したスペース間の関係に還元し、大文字で書かれる BASE, V-POINT, FOCUS, EVENT といった談話とともに構築されるスペースや、PAST, PRESENT といった時制、PERFECTIVE, IMPERFECTIVE といったアスペクトをスペース間の関係を基準に設定される抽象的スキーマとして規定する。これらのスキーマをうまく組み合わせて記述することで、言語の普遍性と多様性が

効率よく記述できると考えているのである。

　本書によって、この目標はある程度達せられたと筆者は思う。この理論の適応によって、対照研究という観点からも、有益な手段を提供し得たし、それのみならず、個別言語の現象の説明にも応用が可能である。対照研究はともすれば、単なる図式の適応に終わり、A の言語ではこうなっているが、B の言語ではこうである、A の言語の過去形の方が B の言語より守備範囲が広い、といったような現象面での対比に終始しがちである。しかしながら、理想的な対照研究は生成文法が「原理とパラメータのアプローチ」で志向しているように、様々な多様性や差違を生むより抽象的な原理を発見し、その原理におけるパラメータの違いとして差違が説明されるようなものでありたい。本書が提案する談話構成原理の修正は、このようなパラメータの1つとして、談話が BASE から始まるように構成されているか BASE で終わるように構成されているか、ということがあり、これが言語ごとに異なっているということである。日本語は語順からいっても後者の構造をしており、この違いを認めることで、日本語と英語やフランス語における視点の置き方の違いや、時制の選択、仮定文の構造制約など、一見無関係に見える様々な違いが、統一的に説明されるのではないか、と考えている。

　認知言語学もこの種のパラメータの違いを問題にし、言語の多様性のあり方をより効率的に、体系的に説明する段階に来ている。今後、本書が提案する図式を多方面に適応することで、これまでにわからなかった多くのパラメータが提案され、より多くの現象の説明が可能になるのではないか、と筆者は思う。今後はこの種の原理的なパラメータの発見と、個別言語における素性の表れ方の違いが問題になるだろう。後者は、例えば同じ IMPERFECTIVE のアスペクトでも、日本語のテイル形と、本書で問題にしたフランス語の半過去とではさまざまな違いが出てくるはずで、それらは個々の言語データの緻密な観察による他はない。本書は常に抽象的な理論の精緻化と具体的な言語現象の記述のバランスをとることに留意してきた。今後の研究も、これら2つのバランスをとりながら発展していくはずである。

　本書がそれらの研究へ向かう出発点として機能することを願っている。

参考文献

阿部宏(1989)「Je t'attendais 型の半過去について」『フランス語学研究』23, 55–59.
阿部宏(1991)「pendant について」『フランス語学研究』25, 43–50.
阿部宏他(2000)「半過去研究」『フランス語学研究』34, 56–69.
青井明(1983)「"Quand" と「～とき」について」『日仏対照言語学的研究論集』, 9–20.
有田節子(1993)「日本語の条件文と知識」『日本語の条件表現』くろしお出版, 41–71.
有田節子(2006)「時制節性と日英語の条件文」『条件表現の対照』くろしお出版, 127–150.
朝倉季雄(2002)『新フランス文法事典』白水社.
Benveniste, E.(1974), *Problèmes de linguistique générale*, Gallimard.
Berthonneau, A. -M. & G. Kleiber(1993), "Pour une nouvelle approche de l'imparfait: L'imparfait, un temps anaphorique méronomique", *Langages* 112, 55–73.
Berthonneau, A. -M. & G. Kleiber(1994), "L'imparfait de politesse: rupture ou cohesion?", *Travaux de linguistique* 29, 59–92.
Berthonneau, A. -M. & G. Kleiber(1998), "Imparfait, anaphore et inférences", *Cahiers Chronos* 3, 35–65.
Berthonneau, A. -M. & G. Kleiber(2006), "Sur l'imparfait contrefactuel", *Travaux de linguistique* 53, 7–65.
Borillo, A.(1984), "Pendant et la Spécification Temporelle de Durée.", *Cahiers de Grammaire* 8.
Bres, J.(2005), *L'imparfait dit* narratif, CNRS éditions.
Collins easy learning French dictionary 2nd ed.(2001), Harper Collins Publishers.
Cutrer, M.(1994), *Time and tense in narrative and in everyday language.* Ph. D. thesis, University of California San Diego.
Dalrymple, M. et al(1998), "Reciprocal expressions and the concept of reciprocity", *Linguistics and Philosophy* 21, 159–210.
Dancygier, B.(1998), *Conditionals and prediction: time, knowledge, and causation in conditional constructions*, Cambridge University Press.
Desclés, J. -P.(1995), "Les référentiels temporels pour le temps linguistique", *Modèles linguistiques* 32, 15–2, 9–36.
Dinsmore, J.(1991), *Partitioned representations: a study in mental representation, language understanding and linguistic structure*, Kluwer Academic Publishers.

Ducrot, O. (1979), "L'imparfait en français", *Linguistische Berichte* 60, 1–23.
フォコニエ(1996)坂原茂他訳『メンタル・スペース：自然言語理解の認知インターフェイス』白水社.
フォコニエ(2000)坂原茂他訳『思考と言語におけるマッピング：メンタル・スペース理論の意味構築モデル』岩波書店.
Fauconnier, G. (1984), *Espaces mentaux*, Les Editions de Minuit.
Fauconnier, G. (1985), *Mental Spaces*, Cambridge University Press.
Fauconnier, G. (1994), *Mental Spaces*, Cambridge University Press.
Fauconnier, G. (1997), *Mappings in thought and language*, Cambridge University Press.
Fauconnier, G. & M. Turner (2002), *The way we think: conceptual blending and the mind's hidden complexities*, Basic Books.
Franckel, J.-J. (1984), "Futur "simple" et futur "proche"", *Le français dans le monde* 182, 63–70.
Fleischman, S. (1982), *The future in thought and language: diachronic evidence from Romance*, Cambridge University Press.
Gosselin, L. (1999), "Les valeurs de l'imparfait et du conditionnel dans les systèmes hypothétiques", *Cahiers Chronos* 4 Rodopi, 29–51.
Guillemein-Flescher, J. (1981), *Syntaxe comparée du français et de l'anglais: problème de traduction*, Editions Ophrys.
濱上桂菜(2008)「話し手の心的な視点の移動からの半過去理解再考―愛称語の半過去・市場の半過去・遊戯の半過去・間一髪の半過去について―」(関西フランス語学研究会ハンドアウト).
春木仁孝(1999)「半過去の統一的理解をめざして」『フランス語学研究』33, 15–26.
Imbs, P. (1960), *L'emploi des temps verbaux en français moderne*, Klincksieck.
井元秀剛(2001)「未来形はテンスなのか？」『Gallia』大阪大学フランス語フランス文学会, 3–10.
井元秀剛(2003)「メンタルスペース理論からみたフランス語の近接未来」『言語文化共同研究プロジェクト2002 言語における時空をめぐって』大阪大学大学院言語文化研究科, 1–8.
井元秀剛(2004)「スペースと名詞句解釈」『言語文化共同研究プロジェクト2003 言語における時空をめぐってII』大阪大学大学院言語文化研究科, 1–12.
井元秀剛(2005)「メンタルスペース理論に基づく英仏語の未来時制対照」『言語文化共同研究プロジェクト2004 言語における時空をめぐってIII』大阪大学大学院言語文化研究科, 1–10.
井元秀剛(2006)「英仏日本語における時制の基準点」『言語文化共同研究プロジェクト2005 言語における時空をめぐってIV』大阪大学大学院言語文化研究科, 1–10.

井元秀剛(2007a)「過去と仮定性」『言語文化共同研究プロジェクト2006 言語における時空をめぐってV』大阪大学大学院言語文化研究科, 1–10.
井元秀剛(2007b)「日本語の視点、英仏語の視点」『水声通信』19, 88–97.
井元秀剛(2008a)「未完了は半過去の本質的属性か」『言語文化共同研究プロジェクト2007 言語における時空をめぐってVI』大阪大学大学院言語文化研究科, 1–10.
井元秀剛(2008b)「過去形に対応する現在形」『テキストの生理学』朝日出版社, 167–180.
井元秀剛(2010)「日仏言語における「現在」—V-POINTをめぐる対照研究」『言語文化研究』大阪大学大学院言語文化研究科, 36.
井上優(2001)「現代日本語の「タ」—主文末の「…タ」の意味について—」つくば言語文化フォーラム(編)『「た」の言語学』ひつじ書房, 97–164.
岩崎卓(1999)「マエ節・アト節内のル形・タ形について」『光華日本文学』光華女子大学日本文学会, 7, 15–29.
岩崎卓(2000)「日本語における文法カテゴリーとしてのテンスとは何か」『日本語学』19(5), 28–38.
岩田早苗(1997)「フランス語の"Quand + imparfait"に関して」『関西フランス語フランス文学』3, 67–75.
Jacobsen, W. (1990), "The Multifaceted Character of Stativity in Japanese", *On Japanese and how to teach it*, The Japan Times.
Jeanjean, C. (1988), "Le futur simple et le futur périphrastique en français parlé, Etude distributionnelle", BLANCHE-BENVENISTE, C.; CHERVEL, A.; GROSS, M. dir. *Grammaire et histoire de la grammaire: Hommage à la mémoire de Jean Stéfanini*, Publications de l'Université de Provence.
紙谷栄治(1979)「「た」の特殊な用法について」『京都府立大學學術報告　人文』31, 17–31.
川端善明(1978)「形容詞文動詞文概念と文法範疇—述語の構造について—」『論集日本文学日本語5巻(現代)』角川書店, 186–207.
金田一春彦(1955)「日本語動詞のテンスとアスペクト」『日本語動詞のアスペクト』むぎ書房, 27–61.
金水敏(1998)「いわゆる'ムードの「タ」について—状態性との関連から—」東京大学国語研究室創設百周年記念国語研究論集編集委員会(編)『東京大学国語研究室創設百周年記念国語研究論集』汲古書院, 170–185.
金水敏(2000)「時の表現」金水敏・工藤真由美・沼田善子『時・否定と取り立て』岩波書店, 3–92.
金水敏(2001)「テンスと情報」音声文法研究会(編)『文法と音声III』くろしお出版, 55–79.

国立国語研究所(1985)『現代日本語動詞のアスペクトとテンス』(国立国語研究所報告82)秀英出版.

工藤真由美(1995)『アスペクト・テンス体系とテクスト―現代日本語の時間の表現―』ひつじ書房.

工藤真由美(1997)「半事実性の表現をめぐって」『横浜国立大学人文紀要第 II 類(語学・文学)』44, 51–65.

久野暲(1973)『日本文法研究』大修館書店.

Lebaud, D. (2003), "Autour du FUTUR: valeurs contextuelles et conditions d'emplois du futur simple de l'indicatif et du futur périphrastique ALLER + INFINITIF", *Conférence au Centre-Alliance d'Osaka le mercredi 19 novembre 2003*, .

Le Goffic, P. (1986), "Que l'imparfait n'est pas un temps du passé", *Points de vue sur l'imparfait*, Centre d'études linguistique de l'Université de Caen, 55–69.

Le Goffic, P. (1995), "La double imcomplétude de l'imparfait", *Modèles linguistiques* 31, 133–148.

Le Guern, M. (1986), "Notes sur le verbe français", *Sur le verbe*, Presses Universitaires de Lyon, 9–60.

Leech, G. (2004), *Meaning and the English Verb. (4th edn.)*, Longman.

益岡隆志(1991)『モダリティの文法』くろしお出版.

益岡隆志(1993)「日本語の条件表現について」『日本語の条件表現』くろしお出版, 1–20.

Matlock, T. (2004), "The conceptual motivation of fictive motion", Radden and K. Panther (Eds.), *Studies in linguistic motivation [Cognitive Linguistics Research]*, Mouton de Gruyter.

Mellet, S. (1980), "Le présent 'historique' et de 'narration'", *L'information grammaticale* 4, 6–11.

三原健一(1992)『時制解釈と統語現象』くろしお出版.

Molendijk, A. (1996), "Anaphore et imparfait: la référence globale à des situations présupposées ou impliquées", *Cahiers Chronos* 1, 109–123.

中山眞彦(1984)「源氏物語仏訳の研究―物語構造試論(その 1)」『東京工業大学人文論叢』10, 109–126.

大久保伸子(2002)「切断の半過去について」『フランス語学研究』36, 14–29.

大久保伸子(2007)「フランス語の半過去の未完了性と非自立性について」『茨城大学人文学部紀要 人文コミュニケーション学科論集』茨城大学人文学部, 2, 19–39.

Olsson, L. (1971), *Étude sur l'emploi des temps dans les propositions introduites par Quand et Lorsque et dans les propositions qui les complètent en français contemporain*, Uppsala.

尾上圭介(2001)『文法と意味 I』くろしお出版.

Palmer, F. (1990), *Modality and the English Modals. (2nd edn.)*, Longman.

Quirk, R. et al (1985), *A Comprehensive grammar of the English language*, Longman.

Reichenbach, H. (1966), *Elements of symbolic logic* (c1947), Macmillan.
Riegel, M. et al (1994), *Grammaire méthodique du français*, Presses Universitaires de France.
定延利之 (2004)「ムードの「た」の過去性」『国際文化学研究』神戸大学国際文化学部, 21, 1–68.
Serbat, G. (1980), "La place du présent de l'indicatif dans le système des temps", *L'information grammaticale* 7, 36–39.
Serbat, G. (1988), "Le prétendu ⟨présent⟩ de l'indicatif, une forme non déictique du verbe", *L'information grammaticale* 38, 32–35.
島岡茂 (2000)『フランス語統辞論』大学書林.
曽我祐典 (2006)「伝え方のフランス語動詞編」『ふらんす』4–6 月号.
Sweetser, E. (1996), "Mental Spaces and the Grammar of Conditional Constructions", *Spaces Worlds and Grammar* (eds.) *Fauconnier, G. & E. Sweetser*, The University of Chicago Press, 318–333.
田川拓海 (2009)「連体節における状態のタの統語的分析と否定辞の統語的位置」(KLS34 回大会ハンドアウト).
田中善英 (2006)『フランス語における複合時制の文法』早美出版.
寺村秀夫 (1984)『日本語のシンタクスと意味 II』くろしお出版.
東郷雄二 (2001)「定名詞句の指示と対象同定のメカニズム」『フランス語学研究』35, 1–14.
東郷雄二 (2008)「半過去の照応的性格―連想照応と不完全定名詞句の意味解釈」『フランス語学研究』42, 17–30.
Touratier, C. (1996), *Le système verbal français*, Armand Colin.
Vendler, Z. (1967), "Verbs and Time", *Linguistics in philosophy*, Cornell University Press, 97–121.
和田尚明 (2002)「時制現象から見た日英語比較―間接話法と物語文を中心に―」『茨城大学人文学部紀要 人文コミュニケーション学科論集』12, 11–34.
渡邊淳也 (2007)「間一髪の半過去 (imparfait d' imminence contrecarrée) をめぐって」『文藝言語研究 言語篇』筑波大学人文社会科学研究科文芸言語専攻, 52, 151–173.
Weinrich, H. (1973), *Le Temps, Le récit et le commentaire*, Seuil.
Wilmet, M. (1997), *Grammaire critique du français*, Hachette.
Winter, Y. (1996), "What does the strongest meaning hypothesis mean?", *Proceedings from Semantics and Linguistic Theory* 6, 295–313.
山村ひろみ (2006)『日・英・仏・西語における対照研究―時制・アスペクトを中心にして (平成 15 年度～平成 17 年度科学研究費補助金 (基盤研究 C1) 研究成果報告書)』.

あとがき

　筆者のメンタルスペース理論との初めての出会いは、最初に留学したパリ第 8 大学における Fauconnier のセミナーだったと思う。名詞句の指示をめぐる多様な解釈の現象に気づかされ、またその分析の面白さにすっかり魅せられた 2 時間半だった。残念ながらこの時はそれ以上続けて講義や指導をうけたりする機会には恵まれなかったのだが、1987 年に帰国してみると、この理論が当時の格好の話題になっていた。Fauconnier のもとで博士論文を書き上げた坂原茂先生などが中心になって『メンタル・スペース』の翻訳が出版され、それをもとにした田窪行則先生や金水敏先生などによる談話管理理論、などが展開され、研究会なども盛んに催されていた。そんなことから筆者も自然とその研究の流れのなかにのみ込まれていって、1988 年に東京大学人文科学研究科の仏語仏文学専攻に提出した修士論文以来、この理論に基づく名詞句の指示の研究を一貫して行ってきた。1993 年に大阪大学に職を得た後もこの傾向は変わらず、1999 年にパリ第 8 大学に提出した博士論文 Le problème linguistique de la référence des syntagmes nominaux en français et en japonais(フランス語と日本語における名詞句指示の言語学的問題)で一応の区切りをつけた形になった。

　研究の方向がかわっていったのは 1999 年から 2000 年にかけて当時大阪大学文学部の院生であった田村幸誠、貞光宮城、初谷智子、田中英理、各氏と行った Cutrer(1994) の読書会である。当時、名詞句の分析以外にも理論の適応の可能性があると思っていなかった筆者にとって、これは一つの衝撃であった。学生たちとの議論を通じて、Cutrer(1994) にはまだまだ改良の余地はあるものの、意欲的な試みであり、大いに応用発展することが可能な時制論である、という印象を得た。フランス語学を専門とする筆者にとって英語学を専攻する学生たちとの読書会は貴重で、彼らの英語および英語学の知

識から数多くのものを学ばせてもらった。あれから 10 年ほど、その時以来細々と続けてきた研究がある程度まとまり、このような形で発表することができ感慨深いものがある。読書会のメンバーも皆、今では立派な研究者になっている。その機会を与えてくれた彼らに改めて感謝したい。

理論は常に全体の整合性をめざすものであり、個々ばらばらの雑誌論文の形では、その全体像を示しきれないものであると思う。今回出版助成を得て、このようなある程度まとまった形で発表できることを本当にうれしく思う。

ここに至るまでに、多くの方にお世話になった。細かい最初のアイデアの構築の段階で貴重な議論におつきあい下さった関西学院大学の曽我祐典先生にはとりわけ感謝したい。関西フランス語学研究会の会員の方々や、筑波大学の渡邊淳也氏、和田尚明氏との議論も有益であった。大阪大学の同僚達も絶えず励ましてくれたし、私の授業に出席し、本書で展開する議論についてきてくれた院生達からも大いに力づけてもらった。ひつじ書房の細間理美さんには、校正のたびに細かなところまで丁寧にチェックしていただき、雑ばくな性格の私は大いに助けられた。この場を借りて皆様に御礼を申し上げたい。

最後に、自分に研究者の道を歩かせてくれた両親や、絶えず見守ってくれた義父母、常に応援してくれた妻に感謝したい。

なお、本書の核をなすのは 2005 年度から 2008 年度の科学研究費補助金「基盤研究 C」『メンタルスペース理論に基づく仏英日本語の時制対照研究』(課題番号 17520259) の助成をうけて行われた研究であり、2009 年度科学研究費補助金「研究成果公開促進費」(課題番号 215056) を受けて出版するものであることを付記しておく。

索引

A
« aller + inf »（近接未来） 3, 59, 171, 220
accomplishment 197, 198, 202, 204, 248
achievement 197, 198, 199, 202, 204, 219
activity 197, 202, 248
activity の動詞 199
anchoring 98
aspect global（全体アスペクト） 183, 200
aspect sécant（分割アスペクト） 183, 200

B
back shift 226
BASE 25
BASE final 言語 132
BASE initial 言語 132
BASE 乖離の用法 117
BASE 属性の過去スペース言明の用法 121
be going to 形 55

C
Cutrer 1, 25, 27, 29, 56, 67

D
Dinsmore 23

E
EVENT 25

F
Fact 73
Fact/Prediction 原理 1, 61, 70, 73, 77
Fauconnier 1, 25, 26
FOCUS 25
FUTURE 30

G
Gosselin 149
Grice 228, 238
Guillaume 派 183

I
Imperfective paradox 197
IMPERFECTIVE（未完成相） 34, 188, 196, 207, 224

J
je t'attendais 型半過去 233, 242

M
Mellet 50, 52

P
paradigme 225
PAST 30
PERFECT（完了相） 33, 42
PERFECTIVE（完成相） 34, 207
Prediction 21, 54, 60, 73, 221
PRESENT 30
PROGRESSIVE（継続相） 33
PROSPECTIVE（将然相） 33, 171, 172, 172, 173

Q
quand 199, 200, 224
quand 節 176
Quirk et al. 57

R
Reichenbach 27, 57

S
Serbat 50, 51
Simenon の半過去 194
Speech domain 108, 165
Speech Space 67, 108
state 197, 202, 219

V
V-POINT 25
V-POINT/@ 70, 73
V-ra 形 58
V-ra 未来形 55

W
will 未来形 55, 56, 60

あ
愛情表現の半過去（imparfait hypocoristique） 231
アクセス制約 69, 93
アスペクト 5, 6, 32
アスペクトスキーマ 188

い
異質なファクター 243
岩崎 29

お
尾上 9, 17
思い出しのタ 125
親スペース 63

か

蓋然性　150
回想　121
外的時間　6, 15
外的時間関係　14
隠していた正解を明かすタ　125
過去形　62
過去性　154, 160
仮想　234
仮想世界　236
語り（récit）　239
語りにおける現在形　134
語りの半過去（imparfait de narratif）　193, 202, 204, 205
仮定　143
仮定解釈　114
仮定基本スペースHB　63, 164, 166, 216, 234
仮定性　3, 154, 160
間一髪の半過去（imparfait d'imminence contrecarrée）　212, 214, 216, 226
関係節　83
完成相過去　43, 107
間接話法の原理　70
完了アスペクト　6
完了相現在　43, 107
関連づけ　125, 234

き

期待の実現　120
基本スペース　25
逆従属のquand（quand inverse）　200
金水　18

く

工藤　5, 9, 14

け

繰り返し　205

け

「継承」（inheritance）　23
軽蔑の半過去（imparfait de mépris）　231
形容詞文　121
現在形　45
現在形無時間説　50

こ

語彙アスペクト（Aktionsart）　204, 219
試みの半過去（imparfait de tentative）　185, 198, 213
語調緩和の半過去　229, 230, 239

さ

最強意味条件（strongest meaning condition）　189, 196, 201, 202, 203, 219
参照時（R: point of reference）　27

し

時間観念　162
事行　5
市場の半過去（imparfait forain）　232
時制形態　45
―シタ　42, 104, 106, 115
視点アスペクト　34
視点制約　137
習慣スペース　47
習慣の半過去　206
主観的時間設定　120
照応（anaphore）　147, 249
照応関係　241

照応説　35, 148
条件文　145
状態性　110, 112

す

推量　20
スピーチスペース　67, 165
スペース　22
「スル／シタ」の対立　14

せ

絶対テンス　13, 28, 31, 96, 107, 137
切断の半過去（imparfait de rupture）　208
説明の半過去　187
前過去　38, 40
全体アスペクト（aspect global）　196
前望的可能性　149
前未来　41

そ

総称スペース　47, 48, 49
総称のベース　211
相対テンス　13, 28, 31, 96, 110, 111, 137

た

ターゲットスペース　73
大過去　38, 39
対照研究　17, 18
対立　192, 238
対話（discours）　239
単純過去　40, 41, 63, 144
談話構成原理　3, 36, 37, 53, 95, 97

ち

知識修正のタ　125
超時的現在　113

直前状況型　240
直前状況スペース　246, 250
直前状況スペース構成　242

つ
慎みの半過去　229

て
丁寧の半過去　229
出来事時（E: point of the event）　27
「適切性」の公理　240
寺村　18
テンス　5
伝達動詞　68, 69

と
統括の半過去　208
統合（consolidation）　23, 130, 218
同時性　241
動的事態　120

な
内的時間　6

に
認識論的条件文　151

は
発見のタ　122, 124, 233
発話時（S: point of speech）　27
発話領域　70
半過去非過去説　147, 149
反事実条件文　128
反事実性　152
反実仮想構文　164

ひ
非現場目当て　209
否定文　179

ふ
フォーカスアスペクト　33
複合過去　58, 63
複合過去形　11
部分照応時制（un temps anaphorique méronomique）　245
部分照応説　245, 249
分割アスペクト（aspect sécant）　196
文脈制約　197, 202

ほ
法的観念　162

み
見通しの獲得　120
未来形　54, 68, 91

む
ムードのタ　121, 233

も
モダリティ　19, 58

ゆ
遊戯の半過去（imparfait ludique）　237

よ
予測（Prediction）　162

り
量の公理　228, 238

れ
歴史的現在　52

ろ
論理的一貫性の原則　244

わ
忘れていたことの想起　125, 234

【著者紹介】

井元秀剛（いもと ひでたけ）

〈略歴〉1960年生まれ。福岡県出身。
東京大学人文科学研究科仏語仏文学専攻博士課程単位取得退学。パリ第8大学言語学科博士課程修了。Docteur en sciences du langage（言語学博士）。大阪大学大学院言語文化研究科准教授。
〈主な著書・論文〉Le problème linguistique de la référence des syntagmes nominaux en français et en japonais (ANRT、2003年)、『余裕！ のフランス語』(白水社、2004年)、"L'expression de la "réflexivité" en japonais et en français : étude comparative" (Modèles linguistiques, tome 28-2, vol. 56, pp.11–35, 2007年)。

ひつじ研究叢書〈言語編〉第79巻
メンタルスペース理論による日仏英時制研究

発行	2010年2月15日 初版1刷
定価	6800円＋税
著者	© 井元秀剛
発行者	松本 功
本文フォーマット	向井裕一（glyph）
印刷所	三美印刷株式会社
製本所	田中製本印刷株式会社
発行所	株式会社 ひつじ書房
	〒112-0011 東京都文京区千石2-1-2 大和ビル2階
	Tel.03-5319-4916 Fax.03-5319-4917
	郵便振替 00120-8-142852
	toiawase@hituzi.co.jp　http://www.hituzi.co.jp

ISBN978-4-89476-458-3

造本には充分注意しておりますが、落丁・乱丁などがございましたら、小社かお買上げ書店にておとりかえいたします。ご意見、ご感想など、小社までお寄せ下されば幸いです。